하나님과 함께하는 여행

EXODUS & NUMBERS

| 김영길 지음 |

쿰란출판사

어떤 성도님이 들려주셨던 이야기다.

"교회에 처음 나올 무렵이었어요. 성경도, 예배도, 성도의 교제도 모두 낯설던 시절이었지요. 어느 날 밤 꿈에 '출애굽! 출애굽!' 하는 소리가 들렸어요. 처음 듣는 말이었습니다. 저보다 신앙생활을 더 오래 하신 분에게 출애굽이 무슨 뜻이냐고 물었더니 그분이 말했어요. '자매님에게 세상으로부터 나오라는 하나님의 음성 같군요.' 왜 내가 세상에서 나와야 하는지 잘 이해가 되지 않았습니다. 그런데 지난 몇 년 동안 신앙생활을 하면서 그 뜻을 깨달아가고 있습니다. 그리고 저는 지금도 세상에서 나오는 출애굽 여행 중입니다."

가슴으로 출애굽기와 민수기를 읽어보자. 이 두 책을 하나로 묶은 이유는 단순하다. 이스라엘 백성들이 애굽에서 나와 가나안 땅으로 들어가는 40년 여행기의 전편과 후편이기 때문이다. 전편 없이는 후편을 이해할 수 없고, 후편 없이는 전편의 끝 장면이 어색하다. 시간으로 보면 출애굽기에는 약 14개월의 여정이 기록되어 있고, 민수기에는 나머지 38년 10개월의 여정이 기록되어 있다. 지리적으로 보면 출애굽기는 고센 땅에서 시내 산까지, 민수기는 시내 산에서 바란 광야와 신(Zin) 광야를 거쳐 요단 강 동편에 있는 모압 평지까지 다루고 있다. 내용으로 보면 출애굽기는 이스라엘의 출생

기록이고, 민수기는 이스라엘의 성장과 성숙에 대한 이야기이다. 그래서 출애굽기와 민수기는 떼어놓을 수가 없다.

낯선 분들과 버스로 여행을 해본 적이 있는가? 처음에는 서로를 탐색하느라 하루를 보낸다. '저 부부는 어떤 사람들일까? 어디에서 왔을까? 무슨 일을 하고 있을까? 나이는 몇 살일까?' 별별 생각을 다하면서 서로 말을 아낀다. 그래서 대개 첫째 날이나 둘째 날에는 가이드만 혼자서 말을 많이 한다. 그러나 하루 이틀 지나고 나면 간식들을 주고받으며 통성명도 한다. 여행이 끝나갈 무렵이면 분위기가 딴판이다. 가이드는 졸고 여행객들은 이야기보따리를 푼다. 짧은 시간에 서로를 알아가는 데 여행보다 더 좋은 방법이 있을까?

하나님께서 이스라엘 자손들과 함께 40년 동안 여행을 하셨다. 원래의 계획은 1년 반 정도였다. 그런데 이스라엘 자손들의 불순종 때문에 40년으로 늘어났다. 이 여행은 하나님께서 시작하셨다. 이스라엘은 전혀 여행할 생각이 없었다. 그래서 여행 중에 몇 번이나 다시 애굽으로 돌아가겠다고 떼를 쓰기도 했다. 스스로를 '인자하고 자비하신 분'으로 소개하신 하나님의 인내가 없었다면 여행은 중간에 중단되었을 것이다.

나는 35년 동안 섬겨 왔던 교회에서 은퇴한 후 몇 가지 일을 하고 있다. 그중의 하나가 '가슴으로 읽는 성경'이라는 주제로 책을 집필하는 일이다. 첫 번째 책은 《은혜와 회복》이라는 제목으로 창세기를 다루었다. 두 번째 책은 《제자 되기》라는 제목으로 마태복음을 읽어냈다. 그리고 이번에 출애굽기와 민수기를 《하나님과 함께 하는 여행》이라는 제목으로 풀어보고자 한다.

'가슴으로 읽는 성경'에는 몇 가지 집필 의도가 담겨 있다. 우선 처음으로 성경을 읽는 분들이 물어볼 수 있는 질문들을 찾아낸다. 성경공부를 하면서 질문도 못하고 가만히 듣기만 한다면 지루하고 답답할 것이다. 그래서 그분들의 가슴으로 성경을 읽어 보려고 한다. 또 하나는 성경에 나오는 인물들의 생각과 말과 행동을 가슴으로 읽어 보려고 한다.

성경의 인물들도 때로는 변명하고 싶은 말이 있을 것이다. '이런 일들은 특별히 조심하라'고 우리에게 당부하고 싶은 말도 있을 것이다. 가끔은 칭찬을 듣고 싶어 우리를 쳐다보기도 할 것이다. 마지막으로 하나님의 가슴을 읽어 보려고 한다. 하나님의 생각을 더 깊이 이해하고 하나님께서 왜 그렇게 일하셨는지, 그분의 행동양식을 발견해 보려고 한다. 무엇보다 하나님의 느낌에 동참해 보려고 한다.

가슴으로 출애굽기와 민수기를 읽다 보면 어떤 그림이 그려질까?

오랫동안 신앙생활을 하신 분들의 입장에서 보면 이스라엘은 목이 곧고 고집 세고 감사할 줄 모르는 민족이다. 맞는 말이다. 그러나 이스라엘 자손들에게 변명할 기회를 준다면 그들은 뭐라고 말할까? 어느 날 갑자기 모세가 나타나서 "너희를 애굽에서 구원해내기 위해서 하나님이 나를 보내셨다"고 말할 때 그들의 반응은 시큰둥했다. 우선 애굽에 살고 있던 이스라엘 자손들은 하나님이 누구신지 잘 알지 못했다. 오죽했으면 모세가 "내가 돌아가서 당신을 어떻게 소개하면 좋을까요?"라고 하나님께 물었겠는가? 백성들 중 대다수는 왜 애굽을 떠나야 하는지 이해할 수도 없었다. 모세와 아론이 바로의 궁전을 몇 번 드나들더니 괴로움이 갑절이나 더해졌다고 원망했다. 왜 멀쩡한 곳을 긁어서 부스럼을 만드느냐고 볼멘소리를 했다.

출애굽기와 민수기를 읽으면서 이스라엘 자손들에 대하여 조금만 더 관대해보자. 그들에게는 400여 년의 잃어버린 세월이 있었다. 아브라함과 이삭과 야곱이 하나님을 만났던 드라마틱한 이야기들이 그들에게는 없었다. 요셉이 애굽의 국무총리였다는 전설 같은 이야기만 입에서 입으로 전해왔을 뿐이다. 대한민국의 역사를 빌려 말한다면, 내 조상의 사촌 형제 가운데 한 사람이 '이조(李朝)시대의 명종(明宗)이 다스리던 시절(1545-1567년) 영의정을 지냈다'는 식의 이야기다. 그 일이 나와 무슨 상관이 있겠는가? 이스라엘 자손들은 지금 애굽 사람들의 종 노릇을 하고 있는데….

야곱이 요셉을 만나러 애굽에 들어올 때는 남자만 70명인 대가족이었다. 그가 증손자까지 보았다 쳐도 기껏 6촌 이내의 가족들이었다. 그들은 나름대로 하나님과 개인적인 만남이 있었지만 자손들은 하나님에 대한 지식이 거의 없었다. 종교적인 제도나 의식도 전해 내려온 것이 없었다. 이런 이스라엘 자손들에게 하루아침에 성숙한 신앙을 기대하는 것 자체가 무리였다.

이스라엘 자손들은 왜 모세가 멀쩡하게 잘살고 있는 자기들을 광야로 인도해서 고생을 시키는지 이해할 수가 없었다. 홍해와 마라의 쓴 물 앞에서 했던 원망이 그들 입장에서 보면 당연했다. 왜 금송아지를 만드는 일이 그렇게 큰 잘못인지도 이해할 수 없었다. 잡신을 섬기는 애굽에서 뼈가 굵었으니까. 왜 채소도 없는 광야에서 매일같이 똑같은 만나를 먹고 살아야 하는지 짜증이 났다. 원래 이스라엘 자손들은 '감사'가 생소한 민족이다. 그래서 불평 좀 했는데 왜 그때마다 무서운 진노가 임하는지 이해할 수가 없었다.

물론 이스라엘 자손들이 '우리는 아무것도 몰랐다'고 변명할 수는 없을 것이다. 하나님께서 여러 번 그들에게 전후사정을 들려주셨고, 걸어가야 할 바른길에 대하여 가르쳐 주셨으니까. 사실 그들이 원망하고 불평할 때에 그들보다 더 힘든 분은 하나님이셨다. 금송아지를 만들 때와 가나안 땅 앞에서 '우리는 들어가지 않겠다!'며 모세에게 폭력을 행사하려고 할 때가 결정적인 위기였다.

그때 하나님은 모세에게 '내가 그들을 멸하고 너로 새로운 백성을 시작하겠다'고 말씀하셨다. 하나님은 능히 그렇게 하실 수 있었다. 물론 백성에게 직접적으로 이 말씀을 하시지는 않았다. 그저 모세에게만 속마음을 보여주셨다. 하나님께서 그의 무거운 짐을 모세와 나누시기를 원하셨다. 그때마다 모세는 '그러실 바에는 차라리 내 이름을 지워 주세요' 하며 중재자로 엎드렸다. 가끔 모세를 생각하면 큰 인공호수를 연상하게 된다. 모세는 그 호수 앞에 솟아오른 튼튼하고 높은 댐(dam)과 같은 사람이었다. 혼자서 민족의 재난을 막은 것이 한두 번이 아니었다.

하나님은 이스라엘을 잘 알고 계셨다. 그러나 이스라엘은 하나님을 알지 못했다. 그런 상태로 40년의 여행이 시작되었다. 이스라엘은 하나님을 알아가는 여행 과정에서 여러 번 넘어졌다. 그때마다 하나님은 참고 용서하시며 기다리셨다. 대부분의 포유동물은 태어난 그날부터 걷기 시작한다. 그러나 인간은 걸음을 배우는 데 1년이 걸린다.

하나님께서 이스라엘을 어린아이처럼 품에 안고 기르셨다. 세상에 부모만큼 인내심 많은 존재도 없다. 이유는 간단하다. 자기가 낳은 자식이기 때문이다. 하나님도 마찬가지다. 그가 이스라엘을 자기 백성으로 낳으셨다. 온유하고 참을성 많은 모세도 궁지에 몰리자 '내가 이 백성을 낳았느냐?'고 하나님께 항의한 적이 있었다. 짐이 너무 무거워서 견딜 수가 없었던 것이다. 그러나 하나님은 이스라엘을 끝까지 붙드시고 견디셨다. 하나님이 낳으신 백성이니까. 이것이 출애굽기와 민수기의 핵심내용이다.

광야 40년 생활이 끝나갈 무렵에 모세는 이렇게 회상했다.

"네 하나님 여호와께서 이 사십 년 동안에 네게 광야 길을 걷게 하신 것을 기억하라. 이는 너를 낮추시며 너를 시험하사 네 마음이 어떠한지 그 명령을 지키는지 지키지 않는지 알려 하심이라. 너를 낮추시며 너를 주리게 하시며 또 너도 알지 못하며 네 조상들도 알지 못하던 만나를 네게 먹이신 것은 사람이 떡으로만 사는 것이 아니요 여호와의 입에서 나오는 모든 말씀으로 사는 줄을 네가 알게 하려 하심이니라. 이 사십 년 동안에 네 의복이 해어지지 아니하였고 네 발이 부르트지 아니하였느니라. 너는 사람이 그 아들을 징계함같이 네 하나님 여호와께서 너를 징계하시는 줄 마음에 생각하고 네 하나님 여호와의 명령을 지켜 그의 길을 따라가며 그를 경외할지니라"(신 8:2-6).

하나님께서 특별한 의도를 가지고 이스라엘과 여행하셨다. 이스라엘이 거룩해지길 원하셨고, 자자손손 복 받기를 원하셨다. 이스라엘 자손들은 의식하지 못했지만 애굽에서 살아온 400여 년도 이미 하나님의 계획 속에 포함되어 있었다. 이스라엘은 하나님을 잊어버렸지만 하나님은 하루도 그들을 잊으신 적이 없었다. 모세는 이스라엘 백성들이 이런 사실을 깨닫기를 원했다.

신앙생활은 하나님과 함께하는 여행이다. 우연히 만나서 며칠 동안 함께 지내는 그런 여행이 아니다. 하나님께서 우리를 그의 자녀로 부르시고 하나님의 나라까지 함께 여행하신다. 우리는 이 여행에서 하나님을 더 깊이 알아가게 된다. 하나님께서도 기꺼이 자신을 우리에게 보여주신다. 그의 선하심과 인자하심, 그의 공의로우심, 죄와 악을 간과하지 않으시는 거룩하심, 그럼에도 불구하고 우리의 죄를 그의 아들에게 담당시키시는 사랑을 보여주신다.

그렇게 여행을 하는 동안, 우리는 이전에 하나님의 마음을 아프시게 해드렸던 일들을 뉘우치며 회개한다. 우리가 존재하기도 전에 우리를 가슴에 품으셨던 그 신비한 은혜, 우리가 하나님을 알기도 전에 이미 우리의 이름을 부르시며 찾아오신 그 신비한 은혜를 깨닫고 감사드린다. 바울은 그 은혜를 이렇게 표현했다.

> "찬송하리로다 하나님 곧 우리 주 예수 그리스도의 아버지께서 그리스도 안에서 하늘에 속한 모든 신령한 복을 우리에게 주시되 곧 창세 전에 그리스도 안에서 우리를 택하사 우리로 사랑 안에서 그 앞에 거룩하고 흠이 없게 하시려고 그 기쁘신 뜻대로 우리를 예정하사 예수 그리스도로 말미암아 자기의 아들들이 되게 하셨으니, 이는 그가 사랑하시는 자 안에서 우리에게 거저 주시는 바 그의 은혜의 영광을 찬송하게 하려는 것이라"(엡 1:3-6).

출애굽기와 민수기는 우리들의 '신앙여정'에 관한 이야기이다. 가슴으로 출애굽기와 민수기를 읽어 보자. 그리고 다시 한 번 하나님을 깊은 곳에서 만나 보자. 우리들이 걸어온 지난날들을 뒤돌아보자. 그리고 앞으로 넘어야 할 산들도 살펴보자.

이 책 말미에 '여행 후기'가 부록으로 실려 있다. 출애굽기와 민수기를 최대로 요약해 놓은 여행 기록이다. 거기부터 먼저 읽어 보기를 권한다. 마치 지도를 들고 여행을 떠나는 느낌이 들 것이다.

여행이 끝날 때까지 이스라엘 백성들 사이에 텐트를 치고 함께 살자. 그들이 경험했던 하나님을 우리도 만나 보자. 이스라엘 백성들은 40년 동안 여행했지만 우리들은 사흘 만에 끝낼 수도 있다. 여러 사람들이 내가 썼던 처음과 두 번째 책들을 이틀 만에 읽었다고 했다.

이 책을 집중해서 읽으면 더 선명한 그림을 그릴 수 있다.

이제 떠날 시간이다.

하나님과 함께하는 여행이다.

| 제 2 장 | 시내 산에서

제2편 민수기

| 제 3 장 | 여행 준비

| 제 4 장 | 가데스 바네아를 향하여

| 제 5 장 | 다시 광야로 돌아가라

| 제 6 장 | 모압 평지에서

가슴으로
읽는 3
성경

E X O D U S & N U M B E R S

제1편

출애굽기

| 제 1 장 | 애굽을 떠나라

하나님의 묘판(苗板, Nursery)

하나님이 그들을 기억하셨다

“모세야, 모세야” / 하나님의 설득력

바로 앞에 선 모세와 아론 / 열 가지 재앙들

유월절과 무교절 / 홍해 앞에서

‘만나’, 이것이 무엇이냐? / 반석에서 터져 나온 물

모세의 장인 이드로

| 제 2 장 | 시내 산에서

시내 산의 언약 / 십계명

율법들 / 피로 세운 언약

성막(聖幕)의 청사진 / 아론이 입는 옷

제사장들의 위임식 / 성소의 기구들

아론이 만든 금송아지 / 성막을 짓다

열일곱 살쯤 종으로 팔려간 요셉은 극적으로 서른 살에 애굽의 총리가 되었다. 극적이라 함은 하루아침에 죄수의 옷을 벗고 총리가 되었기 때문이다. 그가 애굽 왕 바로의 꿈을 해석한 것처럼 7년 동안 큰 풍년이 들었다. 그는 미리 지어 놓은 수많은 창고에 먹고 남은 잉여 농산물을 모아 두었다. 그리고 뒤이어 다가온 흉년에 굶주린 백성들을 먹여 살리고 있었다.

흉년으로 고생하는 나라는 애굽뿐만이 아니었다. 그 주변 나라들도 양식을 구하기 위해 혈안이 되어 있었다. 요셉이 총리가 된 지 9년 후 어느 날, 그의 형들이 곡식을 사러 애굽에 내려왔다. 종으로 팔려온 지 22년 만이었다. 몇 차례 밀고 당기다가 요셉은 자기의 신분을 형들에게 드러냈다. 그리고 두려워하는 형들에게 말했다.

> "당신들이 나를 이곳에 팔았다고 해서 근심하지 마소서. 한탄하지 마소서. 하나님이 생명을 구원하시려고 나를 당신들보다 먼저 보내셨나이다. 이 땅에 이 년 동안 흉년이 들었으나 아직 오 년은 밭갈이도 못하고 추수도 못할지라. 하나님이 큰 구원으로 당신들의 생명을 보존하고 당신들의 후손을 세상에 두시려고 나를 당신들보다 먼저 보내셨나니 그런즉 나를 이리로 보낸 이는 당신들이 아니요 하나님이시라"(창 45:5-8).

22년 동안 요셉은 똑같은 질문을 했다.

'왜 하나님께서 나를 애굽에 보내셨을까?'

그리고 형제를 만나던 날 대답을 찾았다.

'아버지와 형제들의 생명을 보존하고 그 후손을 세상에 두시려고 나를 먼저 보내셨다.'

특별히 '그 후손을 세상에 두시려고'라는 구절이 가슴에 와 닿는다. 무슨 뜻일까? 창세기 15장을 보면 하나님께서 아브라함의 후손에 대하여 이렇게 말씀하셨다.

"여호와께서 아브람에게 이르시되, 너는 반드시 알라. 네 자손이 이방에서 객이 되어 그들을 섬기겠고 그들은 사백 년 동안 네 자손을 괴롭히리니 그들이 섬기는 나라를 내가 징벌할지며 그 후에 네 자손이 큰 재물을 이끌고 나오리라. 너는 장수하다가 평안히 조상에게로 돌아가 장사될 것이요 네 자손은 사 대 만에 이 땅으로 돌아오리니 이는 아모리 족속의 죄악이 아직 가득 차지 아니함이니라"(창 15:13-16).

하나님께서 아브라함과 언약을 세우셨다.

"그날에 여호와께서 아브람과 더불어 언약을 세워 이르시되, 내가 이 땅을 애굽 강에서부터 그 큰 강 유브라데까지 네 자손에게 주노니 곧 겐 족속과 그니스 족속과 갓몬 족속과 헷 족속과 브리스 족속과 르바 족속과 아모리 족속과 가나안 족속과 기르가스 족속과 여부스 족속의 땅이니라 하셨더라"(창 15:18-21).

요셉은 하나님께서 형제들을 기근에서 구원하시기 위해 자기를 먼저 애굽에 보내셨다고 생각했다. 그러나 하나님의 계획은 그보다 훨씬 더 크고 원대했다. 하나님께서는 목적을 가지고 아브라함의 후손들을 4백 년 동안 애굽에 머물게 하셨다. 꼭 그렇게 하셔야 할 필요가 있었다. 그리고 그 일을 준비시키시기 위해 요셉을 먼저 애굽으로 보내셨다. 때가 이르면 언젠가 이스라엘 자손들이 애굽을 떠날 것이다. 약속하신 땅은 애굽이 아니고 가나안이었으니까. 요셉도 어렴풋이 그 사실을 알고 있었다. 그래서 죽기 전에 특별한 유언을 형제들에게 남겼다.

"요셉이 그의 형제들에게 이르되, 나는 죽을 것이나 하나님이 당신들을 돌보시고 당신들을 이 땅에서 인도하여 내사 아브라함과 이삭과 야곱에게 맹세하신 땅에 이르게 하시리라 하고, 요셉이 또 이스라엘 자손에게 맹세시켜 이르기를 하나님이 반드시 당신들을 돌보시리니 당신들은 여기서 내 해골을 메고 올라가겠다 하라 하였더라"(창 50:24-25).

그러나 요셉은 그의 후손들이 430여 년 동안 애굽에 머무르게 될 줄은 생각도 하지 못했을 것이다.

제1장
애굽을 떠나라

하나님의 묘판(苗板, Nursery)

// 출애굽기 1장 //

가족이 씨족으로, 씨족이 부족으로, 부족이 국가로 발전하는 과정은 하늘의 별 따기만큼이나 어려운 일이다. 한 나라가 세워지려면 수많은 부족들이 도태되어야 한다. 자연의 세계에서도 그렇다. 깊은 산속에 들어가 보면 작은 소나무들이 큰 나무 곁에 옹기종기 모여 있다. 그러나 어느 정도 자라면 모두 고사(枯死)하고 만다. 보기에도 안쓰럽다. 모든 나무들이 다 크게 자랄 수는 없다. 그중에 한두 그루만 크게 자란다. 자연세계나 인간세계나 어디서든지 생존경쟁은 치열하다.

하나님께서 아브라함을 하란에서 가나안으로 불러내시며 이렇게 축복하셨다.

"내가 너로 큰 민족을 이루고 네게 복을 주어 네 이름을 창대하게 하리니 너는 복이 될지라. 너를 축복하는 자에게는 내가 복을 내리고 너를 저주하는 자에게는 내가 저주하리니 땅의 모든 족속이 너로 말미암아 복을 얻을 것이라 하신지라"(창 12:2-3).

아브라함은 하나님의 말씀을 신뢰하며 그의 집을 견고하게 세웠다. 집에서 기르는 종들도 318명이나 되었다. 그러나 가세(家勢)가 확장될수록 시기하는 사람도 많아졌다. 대적이 많으면 자기를 보호하기 위해 누군가와 동맹을 맺어야 한다. 동맹을 맺으면 보호를 받기도 하지만 남의 싸움에 끼어들어 피해를 볼 수도 있다. 무엇보다 종교적으로 가나안 사람들에게 동화되어 갈 수 있다. 우상을 가까이하면 하나님과 멀어진다. 언젠가는 아브라함의 후손이라는 자랑스러운 명칭이 잊힐 수도 있다. 그리고 서서히 가나안 땅에서 고사(枯死)하게 될 것이다. 그런 일이 있어서는 안 된다. 절대로 안 된다.

하나님은 신실하신 분이다. 하나님은 자신을 가리켜 "일을 행하시는 여호와, 그것을 만들며 성취하시는 여호와"(렘 33:2)라고 말씀하셨다. 하나님은 이스라엘을 그의 나라와 백성으로 세우기를 원하셨다. 그러나 아브라함의 후손들을 한 국가로 길러내시려면 시간과 장소가 필요했다. 지금 당장은 가나안 땅에 살고 있는 사람들을 심판하실 만큼 그들의 죄가 채워지지도 않았다.

예수님은 "하나님이 그 해를 악인과 선인에게 비추시며 비를 의로운 자와 불의한 자에게 내려주신다"고 말씀하셨다(마 5:45). 하나님께서 아무리 아브라함과 그의 후손들을 사랑하신다 해도 아직 심판의 때가 이르지 아니한 가나안 사람들을 억지로 쫓아내실 수는 없었다. 하나님의 공의(公義)가 그것을 허락하지 않았다. 때가 찰 때까지는 이스라엘을 어딘가 안전한 곳에서 보호하며 기르셔야 했다.

벼농사를 지으려면 먼저 모를 길러야 한다. 논에다 볍씨를 직파(直播)하는 것보다 모를 옮겨 심으면 더 많은 추수를 할 수 있다. 나무도 마찬가지다. 묘목을 옮겨 심으면 더 건강하게 자란다.

하나님께서는 이스라엘을 위한 묘판(苗板, 혹은 못자리)을 만드시기 위해 요셉을 애굽으로 먼저 보내셨다. 그리고 흉년이 들자 야곱과 그의 식솔들을 애굽으로 인도하셨다. 하나님께서 이스라엘을 한 국가로 기르시는 데 400여 년의 시간이 필요하였다. 애굽의 넓은 고센 땅도 필요하였다. 하나님의 목적은 야곱의 집을 흉년에서 구해내시는 일보다 훨씬 더 컸다. 하나님의 계획이 너무 광대(廣大)해서 요셉마저도 완전하게 이해할 수 없었다.

요셉은 애굽 백성들의 은인이 되었다. 그래서 아버지와 형제들도 애굽 왕으로부터 분에 넘치는 환영을 받았다. 그러나 이스라엘인들은 애굽인들과 최소한의 접촉만 하며 살았다. 애굽 사회가 목축업을 하는 이스라엘 사람들을 부정하게 보았기 때문이다. 이스라엘 백성들은 자의 반 타의 반으로 고센 땅을 중심으로 살아가야 했다. 이것도 하나님의 섭리였다. 하나님께서는 그의 백성들이 우상숭배에 물들지 않도록 격리시키는 동시에 번성하게 하셨다.

> "요셉과 그의 모든 형제와 그 시대의 사람은 다 죽었고 이스라엘 자손은 생육하고 불어나 번성하고 매우 강하여 온 땅에 가득하게 되었더라"(출 1:6-7).

성경은 400여 년 동안의 애굽 생활을 '생육, 불어남, 번성, 매우 강함, 그리고 온 땅에 가득하게 됨'이라는 말로 요약하고 있다. 생육(fruitful)은 집집마다 많은 자녀들을 낳았다는 말이다. 그래서 숫자가 급속히 불어났다. 불어남(multiply)은 더하기가 아니고 곱하기다. 그것도 굉장히(greatly) 불어났다. 문자적으로 해석하면 벌 떼처럼 불어났다는 말이다. 기하급수적으로 불어나 그 수를 헤아릴 수 없게 되었다(became exceedingly numerous). 그뿐만 아니라 민족성도 매우 강했다. 강한 백성이 그 땅을 가득 채웠다. 이것이 400여 년 동안 야곱의 후손들에게 일어난 일이다. 하나님의 치밀하신 계획 아래 일어난 일이었다.

이제 때가 되었다. 이스라엘을 '고센'이라는 묘판에서 가나안 땅으로 옮겨 심으실 때가 되었다. 그런데 과연 그 일이 가능할까? 그 많은 사람들을 설득하여 아무도 가본 적이 없는 곳으로 인도하는 일이 가능할까? 고집 세기로 이름난 이스라엘 자손들이 순순히 따라나설까? 그동안 이스라엘을 종 부리듯 강제노역을 시키고 있는 애굽 당국이 선선히 그 일을 허락할까? 더구나 가나안 땅에 살고 있는 사람들이 그렇게 호락호락 자리를 양보할까? 첩첩산중이다. 아무도 장담할 수가 없다. 그러나 하나님께서 이 일을 하신다면 가능하다.

20년 전으로 기억된다. 아내와 함께 요세미티 국립공원을 다녀오던 길이었다. 조그만 마을을 지나면서 동네 가운데로 들어가 보았다. 마침 큰 중장비가 직경 30센티미터쯤 되어 보이는 참나무(oak tree) 한 그루를 옮기고 있었다. 참나무는 캘리포니아의 천연기념물이다. 비가 많이 오지 않는 기후에서 자라기 때문에 목재(木材)가 강

FR220.2

FR220.2

FR220.2

FR220.2

하고 뿌리도 깊다. 너무 신기해서 처음부터 끝까지 구경했다. 중장비 앞쪽에 네 개의 날카로운 삽이 있었다. 삽 하나의 크기가 어른 키보다 더 컸다. 그 중장비는 유압(油壓)을 사용하여 삽으로 나무를 통째로 파냈다. 마치 우리가 삽으로 조그만 꽃 하나를 떠내는 것 같았다. 그리고 나무를 번쩍 들어 올린 채 언덕길을 올라갔다. 새로 지은 집 앞마당으로 옮긴다고 했다. 나는 거기에서 '힘'(power)의 위력을 보았다.

이스라엘의 출애굽 사건과 연결된 모든 질문은 '하나님은 가(可)하시다'는 대답 하나로 다 해결된다. 하나님은 이스라엘을 큰 나라로 세우실 만한 능력을 가지고 계셨다. 하나님 편에서 보면 출애굽은 문제도 아니었다.

마침 가나안에 사는 일곱 족속들의 죄악도 하늘에 닿았다. 하나님의 시간은 느린 것 같지만 정확하고 빈틈이 없었다. 아브라함에게 주셨던 그의 약속을 성취하실 시간이 되었다. 그러기 위해서는 두 가지 문제가 먼저 해결되어야 했다. 하나는 애굽 왕 바로를 중심으로 하는 기득권 세력의 방해였다. 다른 하나는 400여 년 동안 하나님을 모른 채 살아온 이스라엘 백성들의 불신앙의 자세였다. 하나님은 이 두 가지 문제를 해결하시기 위해 묘판을 흔드셨다.

'묘판 흔들기'를 설명하기 전에 먼저 애굽의 왕조들을 간략하게 살펴보자.

애굽 제12대 왕조는 주전 1991년부터 1786년에 이른다. 왕조를 시작한 '아메넴헤트(Amenemhat) 1세'는 지금의 카이로(Cairo)에서 400여 마일 남쪽에 있는 테베(Thebes)에 수도를 정하고 국경을 넓혀 갔다. 흔히 이 시대를 애굽의 예술과 공예에 있어서 황금기라고 부른다. 이때 요셉이 애굽에 팔려왔고(주전 1898년), 그로부터 22년 후에 야곱이 그의 가족들을 데리고 애굽으로 이주했다. 주전 1859년에 야곱이 사망하고, 주전 1805년에는 '애굽을 떠날 때에 내 유골을 가지고 가라'는 유언을 남기고 요셉도 사망한다.

제13-17대 왕조(주전 1786-1567년)를 지나는 동안 애굽은 점차 쇠약해지다가 15-17대 왕조 때에는 한 세기 반 동안 북쪽에서 내려온 힉소스(Hyksos)족의 지배를 받게 된다. 힉소스 족은 셈족과 아시아족이 섞인 부족으로서 철병거와 강궁(强弓)을 가지고 있었다. 그러나 주전 1600년경에 힉소스 족을 물리치고 애굽 본토의 강력한 왕조들이 일어났다.

아흐모세(Ahmose) 1세에 의해 시작된 제18-19대 왕조(주전 1567-1220년)는 애굽 역사상 가장 걸출한 시대를 이루며 국제사회에 두각을 나타냈다. 그들의 영토도 확장되어 유프라테스 강 부근(현재의 시리아와 이라크)까지 영향력을 행사했다.

아흐모세 1세의 뒤를 이어 아멘호텝(Amenhotep) 1세가 주전 1546년부터 20년 동안 애굽을 다스렸다. 그의 아들 투트모세(Thutmose) 1세는 주전 1526년부터 1512년까지 왕위에 있었다. 이때 모세가 태어났다(주전 1526년). 투트모세 1세에게는 하트셉수트(Hatshepsut)라는 딸이 있었다. 이 공주가 모세를 양자로 삼았다. 그녀는 이복 오라버니 투트모세 2세(주전 1512-1504년)와 결혼했지만 아들이 없었다. 투트모세 2세는 '이시스'라는 후궁에게서 아들 투트모세 3세를 얻게 된다. 물론 하트셉수트의 친아들이 아니다. 투트모세 3세는 아버지가 죽을 때에 아직 어린아이였다. 하트셉수트는 어린 투트모세 3세를 대신하여 주전 1503년부터 1482년까지 수렴청정을 하였다. 모세는 주전 1486년까지 40년 동안 애굽의 왕궁에서 하트셉수트의 양아들로서 왕자 생활을 하고 있었다.

하트셉수트가 주전 1482년에 죽자 투트모세 3세는 주전 1450년까지 바로가 되어 애굽을 다스렸다('바로'는 로마의 '시저'처럼 황제를 가리키는 칭호다). 그 후로는 그의 아들 아멘호텝 2세(주전 1450-1425년)가 다스렸다. 바로 그 무렵(주전 1446년경)에 이스라엘의 출애굽 사건이 일어났다.

이스라엘 백성들은 아멘호텝 1세부터 아멘호텝 2세에 이르기까지 백 년 가까이 억울하게 탄압을 받으며 살아왔다. 쉽게 말하면 모세가 태어나기 전부터 시작해서 다시 애굽으로 돌아갔던 80세까지 이스라엘 백성들이 고통을 당하며 지내왔다는 이야기다.

왜 애굽의 왕들은 이스라엘 백성들을 그렇게 학대했을까? 그 대답을 찾아보기 전에 먼저 하고 싶은 이야기가 있다. 우리는 수백 년에 걸친 애굽 왕조와 왕들의 이름을 열거했다. 애굽의 역사에서 모두 대단한 인물들이다. 그런데 막상 성경에는 그들의 이름이 하나도 없다. 이스라엘 두 산파의 이름은 기록되어 있어도 어마어마한 권력을 손에 쥐고 천하를 호령했던 애굽 왕들의 이름은 흔적도 없다. 왜 그랬을까? 하나님 보시기에 그들은 중요한 인물들이 아니었기 때문이다. 그럼에도 불구하고 이 책에서 그들의 이름을 열거한 목적은 출애굽 사건을 좀 더 사실적으로 살펴보기 위해서다. 그것이 전부다. 시험문제로 나올 일도 없다. 그러니 애굽 왕들의 이름과 연대에 너무 마음 쓰지 말자. 그리고 성경으로 다시 돌아가자.

애굽 본토인들이 힉소스 족을 물리치고 왕권을 견고히 했지만 힉소스 족들은 여전히 경계의 대상이었다. 더구나 고센 지역에서 기하급수적으로 번성하고 있는 이스라엘 백성들은 힉소스와 뿌리가 같은 셈족이었다. 애굽 왕들에게 이스라엘은 눈엣가시였다. 혹시 그들이 밖에 있는 힉소스 족과 연합하여 봉기를 일으키지 않을까 항상 걱정이 되었다. 그래서 이스라엘 백성들을 탄압하기 시작했다. 그 내용이 출애굽기 1장 8절부터 22절에 자세하게 기록되어 있다.

그들은 이스라엘 백성들을 육체적으로 학대했다. 바로는 비돔과 라암셋에 힉소스와 전쟁하는 데 필요한 물자를 보관할 수 있는 성을 건축했다. 그 일에 이스라엘 백성들의 노동력을 사용했다. 노동력도 얻고 인구의 번성도 멈추게 하는 일석이조(一石二鳥)의 효과를 기대했다. 감독자들을 세우고 혹독하게 다루었다. 그러나 괴롭게 하면 할수록 이스라엘 백성들은 더 번성하고 더 강해졌다. 그만큼 애굽 왕실의 근심도 쌓여갔다.

> "그러나 학대를 받을수록 더욱 번성하여 퍼져나가니 애굽 사람이 이스라엘 자손으로 말미암아 근심하여 이스라엘 자손에게 일을 엄하게 시켜 어려운 노동으로 그들의 생활을 괴롭게 하니 곧 흙 이기기와 벽돌 굽기와 농사의 여러 가지 일이라 그 시키는 일이 모두 엄하였더라"(출 1:12-14).

바닷가 개펄을 걸어 본 경험이 있는가? 무릎까지 빠지는 눈밭을 걸어 본 적이 있는가? 진흙에 물을 붓고 발로 이겨서 벽돌을 굽는 일은 그보다 훨씬 더 힘든 중노동이었다. 그런데도 이스라엘 백성들은 약해지지 않았다. 인구 숫자도 줄어들지 않았다.

그러자 애굽 왕은 악한 꾀를 냈다. 이스라엘 백성 중에서 남자아이가 태어나면 죽여 버리겠다는 생각이었다. 왕은 그 고약한 꾀를 실천에 옮겼다. 이스라엘 산파들 중에서 지도자 격인 두 사람, 십브라와 부아를 궁으로 불러들이고 엄한 어조로 명령했다.

> "너희는 히브리 여인을 위하여 해산을 도울 때에 그 자리를 살펴서 아들이거든 그를 죽이고 딸이거든 살려두라"(출 1:16).

"그 자리를 살펴서"에서 '자리'는 두 개의 돌로 만든 출산보조 자리다. 산기(産氣)가 오면 여인들은 그 돌들 위에 앉아서 아이를 낳았다. 그때 태어난 아이가 남자면 아무도 모르게 죽이라는 살인명령이다. 다행히 산파들은 하나님을 섬기는 사람들이었다. 그래서 애굽 왕의 명령을 어기고 남자아이들을 살려 두었다. 아마도 이스라엘 산모들에게 사발통문을 돌려서 그들이 도착하기 전에 미리 출산하게 했을지도 모른다. 결과적으로 세상에 태어나자마자 죽은 남자아이가 하나도 없었다. 뒤늦게 이 사실을 왕이 알고 "너희가 어찌하여 이같이 남자아기들을 살렸느냐"며 노발대발했다. 두 산파는 지혜롭게 대답했다.

"히브리 여인은 애굽 여인과 같지 아니하고 건장하여 산파가 그들에게 이르기 전에 해산하였더이다."

하나님께서 산파들에게 은혜를 베푸셨다. 그리고 이스라엘 백성들은 더 번성하고 강해졌다. 악은 악을 낳는 법이다. 그래서 예수님은 악을 악으로 갚지 말라고 하셨다. 잘못하면 상대보다 더 악한 사람이 될 수 있으니까. 자기의 분노를 다스리지 못한 애굽 왕은 온 백성에게 공개적으로 명령했다.

> "아들이 태어나거든 너희는 그를 나일 강에 던지고 딸이거든 살려두라"(출 1:22).

문맥상으로 보면 '히브리인의 아들이 태어나거든'이라고 읽어야 한다. 그러나 히브리 성경 원문대로 읽으면 일반적으로 그의 백성들에게 태어난 모든 '아들들'을 가리킨다. 아마도 전국적으로 큰 혼란이 일어났을 것이다. 그 칙령이 얼마나 오래 유지되었을까? 적어도 이 명령은 모세보다 세 살 많은 그의 형 아론의 때에는 없었다. 그리고 모세 이후에도 히브리인의 아들들이 강물에 던져졌다는 기록이 성경에 없다. 아마도 그 칙령은 오래가지 못했을 것이다. 모세가 태어난 해가 주전 1526년이다. 그해에 18대 왕조에서 세력을 떨치던 아멘호텝 1세가 죽었다. 그가 바로 "(모든 히브리인의) 아들들은 나일 강으로 던지라!"고 명령했던 왕이었을 것이다. 아마 그의 칙령도 그의 죽음과 함께 끝났을 것이다. 더구나 그해에 아멘호텝 1세의 딸 하트셉수트 공주가 모세를 양자로 입양하지 않았던가. 아마 그날로 칙령이 무효화되었을지도 모른다. 그렇다면 그 칙령은 모세를 바로의 궁전으로 인도하는 역할만 하고 끝났을 것이다.

하나님이 그들을 기억하셨다

// 출애굽기 2장 //

모세는 하나님의 나라를 위해 적시에 태어난 사람이다. 출애굽기 2장에는 모세의 출생부터 80세까지의 간략한 개인사(史)가 기록되어 있다.

모세의 부모는 아므람과 요게벳이다. 둘 모두 레위 족속으로 친족 관계였다. 하나님께서 근친결혼을 막으시기 전까지는 그런 일이 자주 있었다(출 6:20; 민 26:59). 그들에게는 미리암과 아론이라는 두 자녀들이 있었다. 그런데 셋째 아이 모세가 태어날 무렵, '모든 남자 아이들은 다 나일 강에 던지라'는 왕의 명령이 떨어졌다. 석 달을 숨겨 길렀지만 더 이상 숨길 수가 없었다.

모세의 부모는 눈물을 머금고 갈대상자 하나를 준비했다. 상자 안팎에 역청과 나무진을 발라서 물이 새어 들어오지 못하게 한 후에 모세를 뉘었다. 갈대상자의 이름을 방주(方舟)라 불렀다. 옛날 노아처럼 살아남기를 바랐을까? 혹시나 하는 심정으로 그 '방주상자'를 강가의 갈대 사이에 살며시 띄워 놓았다. 누군가 건져내 주기를 바랐을 것이다. 그러나 누가 그 아이의 앞날을 보장할 수 있겠는가? 언젠가는 그들의 입에서 '그 아이가 살았는지, 죽었는지…' 하는 탄식이 나올지도 모른다. 사랑하는 자식을 잃어버린 많은 부모들처럼….

그런데 기적이 일어났다. 때마침 나일 강으로 목욕하러 나온 바로의 딸이 갈대상자를 보았다. 시녀들을 보내 상자를 가져다가 열어 보니 히브리 남자아이가 울고 있었다. 그 모습이 측은했다. 이 공주가 바로 하트셉수트다. 이복 오라버니와 결혼하여 슬하에 딸은 있었지만 아들이 없었던 왕비다. 훗날 그의 남편이 죽고 후궁을 통해 낳은 투트모세 3세가 어렸을 때에 오랫동안 수렴청정(垂簾聽政)을 했던 여걸(女傑)이다. 그녀가 갈대상자 안에 있는 아이를 보고 불쌍히 여겼다. 이 상황을 가까이서 지켜보던 모세의 누이 미리암이 불쑥 끼어들었다.

"내가 가서 당신을 위하여 히브리 여인 중에서 유모를 불러다가 이 아이에게 젖을 먹이게 할까요?"

아론은 모세보다 세 살 위다. 미리암은 몇 살 더 위였을까? 어린 아이의 입에서 이처럼 지혜로운 말이 튀어나왔다. 하나님의 섭리 아니고는 달리 설명할 길이 없다. 공주가 미리암에게 말했다.

"그래, 어서 가서 데려오너라."

그렇게 해서 모세의 어머니는 넉넉한 삯을 받고 자기 아들 모세에게 젖을 물리게 되었다. 적어도 서너 살이 될 때까지 모세는 어머니의 품속에서 자랐을 것이다. 젖을 떼자 모세는 궁중으로 들어갔고, 공주의 아들로 정식 입양되었다. 그때 '모세'라는 이름도 주어졌다. 애굽 왕들의 이름과 비슷했다. 공주는 이름의 뜻을 "이는 내가 그를 물에서 건져내었음이라"고 설명했다. '건져내었다', 훗날 그 아이가 하나님의 백성들을 애굽에서 건져낼 줄 누가 상상이나 했으랴. 그렇게 해서 모세는 애굽의 왕자가 되었다. 물론 궁중의 모든 사람들은 그가 히브리인 출신이라는 사실을 다 알고 있었다. 모세 자신도 알고 있었다.

40여 년의 세월이 지나갔다. 모세가 어느 날 이스라엘 백성들이 일하는 곳을 방문했다. 그것은 노예나 할 수 있는 고된 노동이었다. 자기는 왕궁에서 호의호식(好衣好食)하고 있는데 형제들은 그렇게 혹사를 당하고 있었다. 얼마나 마음이 착잡했을까. 설상가상으로 어떤 애굽인이 형제를 심하게 때리고 있었다. '형제', 모세는 히브리인을 자신의 형제로 여겼다. 형제가 억울하게 얻어맞고 있는 모습을 보니 견딜 수가 없었다. 그래서 그 애굽인을 쳐 죽이고 모래 속에 묻어 버렸다. 아무도 몰래. 아니, 형제들 몇이 먼발치에서 보았지만 그 정도의 비밀은 지켜 주리라 생각했다. 이튿날 다시 나가 보니 이번에는 히브리 형제들이 서로 싸우고 있었다. 그중에 잘못한 사람에게 다가가서 모세가 꾸짖었다.

"왜 같은 히브리 사람을 치느냐?"

그러자 완력을 행사하고 있던 히브리인이 모세에게 쏘아붙였다.

"누가 너를 우리를 다스리는 자와 재판관으로 삼았느냐? 네가 애굽 사람을 죽인 것처럼 나도 죽이려느냐?"

아무리 황후의 양아들이라도 히브리인으로서 애굽인을 죽인 것은 용서받을 수 없는 중범죄였다. 바로가 모세를 찾고 있다는 소식이 들려왔다. 모세는 그길로 미디안 광야로 도망갔다. 천 리도 넘는 길이었다. 히브리서 기자는 그 사건에서 모세의 의도를 이렇게 읽어내고 있다.

> "믿음으로 모세는 장성하여 바로의 공주의 아들이라 칭함 받기를 거절하고 도리어 하나님의 백성과 함께 고난 받기를 잠시 죄악의 낙을 누리는 것보다 더 좋아하고"(히 11:24-25).

이 일은 우발적인 사건이 아니었다. 모세의 가슴속에 남아 있던 '나는 누구인가?'라는 정체성의 혼란과 연결된 사건이었다. 그날 애굽 사람을 쳐 죽이면서 모세는 자신을 하나님의 백성과 동일시했다. 더 이상 공주의 아들이 아니었다. 히브리 사람이었다. 그 순간부터 형제들과 함께 고난 받는 것을 잠시 죄악의 낙을 누리는 것보다 더 좋아하게 되었다. 이것은 단순한 모세의 선택이 아니었다. 하나님의 섭리 가운데 일어난 사건이었다.

모세는 미디안 광야에서 제사장 르우엘(혹은 이드로)의 사위가 되었다. 아내의 이름은 십보라였다. 모세는 첫아들의 이름을 '게르솜'이라고 지은 후 "내가 타국에서 나그네(히브리어로 '게르')가 되었다"고 말했다. 이제 하나님께서 아브라함에게 약속하신 말씀이 이루어질 때가 되었다.

> "여호와께서 아브람에게 이르시되, 너는 반드시 알라. 네 자손이 이방에서 객(게르)이 되어 그들을 섬기겠고 그들은 사백 년 동안 네 자손을 괴롭히리니 그들이 섬기는 나라를 내가 징벌할지며 그 후에 네 자손이 큰 재물을 이끌고 나오리라"(창 15:13-14).

모세는 둘째 아들의 이름을 '엘리에셀'이라 짓고 "내 아버지의 하나님이 나를 도우사 바로의 칼에서 구원하셨다"고 말했다(출 18:4). 모세는 미디안 광야에서 가축을 치며 40년을 지냈다. 모세가 광야로 도망친 지 4년 후에 그의 양어머니였던 하트셉수트 황후도 세상을 떠났다. 이제 애굽의 왕궁에서 모세의 이름을 기억하는 사람들이 점점 사라져 갔다. 아마 가족도 그를 잊었을지 모른다. 그러나 하나님은 모세를 잊지 않으셨다. 무엇보다도 하나님은 이스라엘을 기억하고 계셨다.

> "여러 해 후에 애굽 왕은 죽었고 이스라엘 자손은 고된 노동으로 말미암아 탄식하며 부르짖으니 그 고된 노동으로 말미암아 부르짖는 소리가 하나님께 상달된지라. 하나님이 그들의 고통 소리를 들으시고 하나님이 아브라함과 이삭과 야곱에게 세운 그의 언약을 기억하사 하나님이 이스라엘 자손을 돌보셨고 하나님이 그들을 기억하셨더라"(출 2:23-25).

'하나님께서 기억하셨다'는 말이 두 번 나온다. 하나님은 400여 년 전에 아브라함에게 하신 약속을 기억하셨다. 그리고 애굽에서 고된 노동을 하고 있는 이스라엘 백성들을 기억하셨다. 아브라함에게 하셨던 약속을 잊어버리고 계시다가 이제야 새삼스럽게 기억하셨다는 말이 아니다. 그동안에도 하나님께서 그의 약속을 기억하시며 이스라엘을 돌보고 계셨다. 이스라엘이 혹독한 고난을 겪으면서도 더욱 강한 민족이 된 까닭은 하나님께서 그들을 보호하셨기 때문이다. 이스라엘 백성들만 그 사실을 모르고 있었다.

옛말에 '조상을 잘 만나야 한다'는 말이 있다. 아브라함과 이삭과 야곱이 없었다면 이스라엘 백성들도 존재하지 않았을 것이다. 아브라함은 믿음의 사람이었다. 성경은 그가 바랄 수 없는 중에 바라고 믿었기 때문에 많은 민족의 조상이 되었다고 말한다(롬 4:18). 이삭은 순종의 사람이었다. 창세기 26장은 그가 순종함으로 큰 거부가 된 이야기다. 그때에 하나님께서 이삭에게 "내가 이 모든 땅을 너와 네 자손에게 주리라"고 약속하셨다. 야곱은 오직 하나님만을 사랑했다. 하나님께서 야곱에게 주신 약속에 아브라함과 이삭에게 주셨던 축복이 고스란히 담겨 있었다.

> "또 본즉 여호와께서 그 위에 서서 이르시되, 나는 여호와니 너의 조부 아브라함의 하나님이요 이삭의 하나님이라. 네가 누워 있는 땅을 내가 너와 네 자손에게 주리니 네 자손이 땅의 티끌 같이 되어 네가 서쪽과 동쪽과 북쪽과 남쪽으로 퍼져 나갈지며 땅의 모든 족속이 너와 네 자손으로 말미암아 복을 받으리라" (창 28:13-14).

성경에는 "아브라함의 하나님, 이삭의 하나님, 야곱의 하나님"이라는 관용구(慣用句)가 자주 등장한다. 이스라엘 백성들이 조상들 때문에 복을 받고 산다는 표현이다. 어떻게 하면 좋은 조상이 될 수 있을까? 어떻게 하면 우리 자손들도 우리 때문에 복을 받게 될까?

여러 해 전, 주일 저녁에 어떤 집사님의 딸이 우리 집을 방문했다. 그 아이는 자리에 앉자마자 봉투를 하나 탁자 위에 올려놓으면서 이렇게 말했다.

"목사님, 제가 대학을 졸업하고 지난 1년 동안 직장에 다니고 있어요. 장래에 집을 하나 사는 데 투자하려고 조금씩 돈을 모으고 있는데요, 하나님께서 제 마음에 먼저 감사헌금으로 드려야 한다고 말씀하셨습니다. 그래서 여기 가져왔습니다."

그 아이는 4년 전 대학교에 들어갔을 때에도 그런 적이 있었다. 아르바이트하면서 좋은 핸드백 하나 사려고 모았던 500불을 하나님께 드리고 싶다면서 가져왔는데 이번에 또 감사헌금을 가져왔다. 나는 그 아이의 허락을 얻고 봉투를 열어 보았다. 5천 불짜리 수표가 들어 있었다. 잠시 말을 잃고 쳐다보는 나에게 그 아이가 말했다.

"목사님, 이 수표를 목사님에게 전해드리려고 지난 금요일에 준비했는데 오늘 목사님 집에 올 때까지 몸이 막 아팠어요."

이렇게 큰 예물을 드리는 일이 그 아이에게 얼마나 힘들었는지 내 마음에 전달되는 것 같았다. 아마도 적잖은 영적 씨름을 했을 것이다.

"애야, 어떤 곳에 사용하면 좋겠니?"

"목사님께서 좋은 곳에 사용해 주세요."

"그래, 내가 기도한 후에 너에게 알려주마."

그 아이의 머리에 손을 얹고 마음껏 축복해 주었다. 기도를 마치고 나니 한 가지 궁금한 생각이 들었다.

"애야, 어떻게 이런 감사헌금을 드릴 생각을 했니?"

잠시 머뭇거리더니 대답했다.

"목사님, 우리 부모님들 아시잖아요. 전에는 자주 다투시곤 했는데, 지금은 사이가 너무 좋아지셨어요. 감사한인교회에 오셔서 정말 믿음이 좋아지셨어요. 우리 부모님의 변화되신 모습을 보면서 저와 제 동생이 너무 행복해요. 그래서 하나님께 감사드리고 싶었어요."

일주일 동안 기도했다. 이 아이가 드린 예물을 어디에 사용하면 가장 좋을까? '그래, 북한에 교회를 세우는 일에 투자하자.' 그래서 본인에게 전화로 그 사실을 알려주었다. 얼마 후 그 아이는 좋은 남편을 만났고, 아기 엄마가 되었다. 지금도 그의 부모님들을 볼 때마다 나는 마음속으로 말하곤 한다.

"당신의 자녀들에게 믿음의 부모가 되어 주셔서 고맙습니다."

좋은 부모는 천(千) 대에 이르도록 자식들에게 복의 근원이 된다. 좋은 부모는 자식에게 많은 재물을 물려주는 사람이 아니다. 예수님 믿고 변화되는 부모가 가장 좋은 부모다.

다시 출애굽기로 돌아가 보자.

하나님께서 이스라엘 자손들을 구원하시기 위해 찾아오셨다. '그럼 좀 더 일찍 오셔서 구원해 주시면 안 됩니까?' 고통 받고 있던 이스라엘 자손들이 그렇게 항의했다고 가정해 보자. 누가 하나님의 섭리를 다 이해할 수 있겠는가. 어떤 때는 너무 빨라서 이해하기 어렵고, 어떤 때는 너무 느려서 이해하기 어렵다. 자기 형제를 구하려다가 도망친 모세, 메마른 광야에서 40년 동안 서서히 잊혀가는 모세, 그는 그 적막한 시간 속에서 하나님의 섭리를 찾으려고 몸부림쳤을까? 아마도 소망을 잃고 포기한 채 지냈을 것이다. 그러나 하나님의 계획은 반드시 정하신 시간에 성취된다.

> "여호와께서 아브람에게 이르시되, 너는 반드시 알라 네 자손이 이방에서 객이 되어 그들을 섬기겠고 그들은 사백 년 동안 네 자손을 괴롭히리니 그들이 섬기는 나라를 내가 징벌할지며 그 후에 네 자손이 큰 재물을 이끌고 나오리라. 너는 장수하다가 평안히 조상에게로 돌아가 장사될 것이요, 네 자손은 사 대 만에 이 땅으로 돌아오리니 이는 아모리 족속의 죄악이 아직 가득 차지 아니함이니라 하시더니"(창 15:13-16).

하나님께서 아브라함의 꿈에 나타나셔서 하셨던 말씀이다. 하나님은 의로우시다. 그러므로 불의하게 심판하지 않으신다. 아브라함이 살고 있던 시대는 가나안의 아모리 족속들의 죄를 심판하실 때가 아직 이르지 않았다. 400여 년을 더 기다리셔야 했다. 하나님께서는 그동안에 이스라엘을 애굽으로 옮기시고 기르셨다. '하나님의 때'를 이해하기 어렵거든 이사야가 전해준 하나님의 말씀을 묵상해 보자(사 55:8-11, 개역한글).

"여호와의 말씀에 내 생각은 너희 생각과 다르며
내 길은 너희 길과 달라서
하늘이 땅보다 높음같이 내 길은 너희 길보다 높으며
내 생각은 너희 생각보다 높으니라.
비와 눈이 하늘에서 내려서는 다시 그리로 가지 않고
토지를 적시어서 싹이 나게 하며 열매가 맺게 하여
파종하는 자에게 종자를 주며 먹는 자에게 양식을 줌과 같이
내 입에서 나가는 말도 헛되이 내게로 돌아오지 아니하고
나의 뜻을 이루며 나의 명하여 보낸 일에 형통하리라."

우리가 하나님의 섭리를 다 이해할 수 없을지라도 끊임없이 하나님께 질문하자. 하나님은 그를 찾는 자를 만나 주신다. 그의 이름을 부르는 자에게 대답하신다. 하나님을 찾는 사람은 하나님과 동행하게 된다. 하나님의 임재하심을 체험하게 된다. 구름 사이로 지나가는 햇빛을 보듯 순간순간 하나님의 뜻을 깨닫게 된다. 그리하여 고난 가운데서도 찬송하며 감사드리게 된다. 늘 하나님을 찾고

그의 이름을 부르자.

"모세야, 모세야"

// 출애굽기 3장 //

오래전, 시내 산을 등반하고 내려오는 길에 '성 캐더린(St. Chatherin) 수도원'에 들른 적이 있다. 건물 모퉁이에 있는 나무 한 그루가 옛날 소녀처럼 단발머리 모양을 하고 있었다. 누군가 나무 손질을 멋있게 해놓았다고 했더니 선교사님이 말하기를, '한국에서 오신 여행객들이 기념으로 손 닿는 데까지 나뭇가지를 꺾어가서 그런 모양이 되었다'고 했다. 그 나무가 바로 떨기나무였다.

호렙 산 자락에서 모세가 양 떼를 치고 있었다. 같은 산인데 보는 방향에 따라 시내 산이라고도 부르고 호렙 산이라고도 부른다. 모세는 그 산을 '하나님의 산'이라고 불렀다. 그가 하나님을 만났던 산이라는 뜻이다. 하루는 떨기나무에 불이 붙었는데 꺼지지 않았다. 신기했다. 모세는 불이 꺼지지 않는 이유를 알아보기 위해 가까이 다가갔다. 그때 하나님의 음성이 들렸다.

"모세야, 모세야."

"내가 여기 있나이다."

"이리로 가까이 오지 말라. 네가 선 곳은 거룩한 땅이니 네 발에서 신을 벗으라."

우리는 집 안에 들어가기 전에 신을 벗는다. 미국에 살면서도 이 습관은 여전하다. 문밖에 신들이 놓여 있으면 틀림없이 한국인이 사는 집이다. 신을 벗는다는 말은 단순히 '집안을 깨끗이 한다'는 생각 그 이상이다. 신을 벗음으로 그 집에 사는 사람들에게 존경을 표한다. 하나님께서도 모세에게 신발을 벗으라고 하셨다. 그곳에 거룩하신 하나님께서 임재해 계셨기 때문이다. 성경을 읽다 보면 한국인의 심정과 통하는 장면이 자주 나온다. 놀라서 신을 벗은 모세에게 하나님께서 말씀하셨다.

"나는 네 조상의 하나님이니 아브라함의 하나님, 이삭의 하나님, 야곱의 하나님이니라."

난생처음 들어보는 하나님의 음성이었다. 모세는 하나님 뵙기가 두려워 얼른 두 손으로 얼굴을 가렸다. 하나님께서 계속해 말씀하셨다.

> "내가 애굽에 있는 내 백성의 고통을 분명히 보고 그들이 그들의 감독자로 말미암아 부르짖음을 듣고 그 근심을 알고 내가 내려가서 그들을 애굽인의 손에서 건져내고 그들을 그 땅에서 인도하여 아름답고 광대한 땅, 젖과 꿀이 흐르는 땅 곧 가나안 족속, 헷 족속, 아모리 족속, 브리스 족속, 히위 족속, 여부스 족속의 지방에 데려가려 하노라"(출 3:7-8).

하나님께서 이스라엘의 고통을 보시고 부르짖음을 들으셨다. 그들의 마음속에 있는 염려와 근심도 아셨다. 모세의 가슴에 감격의 물결이 밀려왔다. '어떻게 우리의 형편을 보시고, 들으시고, 아셨을까?' 아브라함의 때로부터 매일 이스라엘을 돌보아 오신 분이 어찌 그들의 형편을 모르시겠는가. 훗날 이스라엘 백성들은 이 진리를 깨닫고 성전에 올라갈 때마다 "이스라엘을 지키시는 이는 졸지도 아니하시고 주무시지도 아니하시리로다"(시 121:4)라고 노래했다.

하나님은 잊지 않으셨다. 아브라함과 이삭과 야곱에게 하셨던 약속을 이루시기 위해 기다리고 계셨다. 약속을 받은 사람은 기다린다. 하나님의 약속의 말씀을 붙들고 기도하는 성도들도 인내하며 기다려야 한다. 하나님께서 '이제'라고 말씀하실 때까지 기다려야 한다.

> "이제 가라. 이스라엘 자손의 부르짖음이 내게 달하고 애굽 사람이 그들을 괴롭히는 학대도 내가 보았으니 이제 내가 너를 바로에게 보내어 너에게 내 백성 이스라엘 자손을 애굽에서 인도하여 내게 하리라"(출 3:9-10).

하나님께서 이스라엘 백성들을 가나안 땅으로 인도하는 일을 모세에게 맡기셨다. 왜 모세를 사용하셨을까? 거꾸로 생각해 보자. 하나님께서 홀로 이스라엘의 출애굽을 이루셨다면, 그래서 아무도 하나님의 성품과 사역과 능력을 보지 못했다면, 그보다 큰 불행이 어디에 있겠는가? 하나님께서는 모세를 통하여 그가 어떤 분이신가를 이스라엘 백성들과 온 세상에 알려주기를 원하셨다.

모세는 자신의 귀를 의심했다. 다른 사람에게 하신 말씀인 줄 알았다. '하나님께서 지금 내 형편을 알고 계실까?' 몹시 혼란스러웠다. 고개를 좌우로 흔들었을지도 모른다. 그런 일을 감당할 만한 능력이 자기에게 없었다. 한낱 목동에 불과했다. '내가 민족을 구해 내다니….' 하나님의 말씀이 그를 당황스럽게 했다. 모세가 혼잣말로 이렇게 중얼거렸을지도 모른다.

"차라리 죽은 가지에서 열매 얻기를 바라시는 편이 나을 거예요."

40년 전의 일들이 주마등처럼 스쳐갔다. 왜 그때 하나님께서 이런 말씀을 하지 않으셨을까? 그때는 젊었다. 그때는 양어머니 하트셉수트가 애굽의 실권을 쥐고 있었다. 신하들 가운데 모세 편으로 줄을 선 사람들도 꽤 있었다. 그때는 억압 받는 히브리인들, 사람 취급을 받지 못하는 형제들의 모습을 보고 피가 끓어올랐다. 견디다 못해 애굽 감독자를 쳐 죽이고 아무도 몰래 모래 속에 묻어 버렸다. 그런데 다른 사람도 아닌 자기 민족이 그 일을 누설했다. 모세는 살아남기 위해 광야로 도망쳤다. 그리고 장인의 양 떼를 치면서 처가살이를 하고 있다. 왜 하나님은 40년 전에 그를 부르지 않으셨을까? 왜 그 기회를 놓치셨을까?

기회를 놓치시다니, 하나님께서 언제 사람의 도움을 필요로 하셨던가? 어떤 일을 두고 사람들과 논쟁을 벌이시다가 '네 의견이 더 좋다' 하시면서 양보하시거나 타협하신 적이 있으셨던가? 모세의 젊음과 지혜와 용기, 그리고 왕궁의 화려한 인맥들이 하나님께서 놓치시기 아까운 요소들이었던가? 누가 하나님께 '안타깝게도 기회를 놓치셨군요'라고 말할 수 있겠는가? 그런데도 사람들은 이렇게 말한다.

'지금 생각하면 참 안타까워요. 그때, 그렇게 잘나갈 때, 건강하고 돈 있고 영향력 있을 때, 그때 하나님의 일을 좀 했더라면 얼마나 좋았을까요. 이제는 아무 힘도 없어요. 가진 것도 없어요. 하나님의 일을 할 수 있는 기회를 다 놓쳤어요."

하나님께서도 그렇게 생각하실까? 물론 그때 그들이 하나님과 동행하며 순종의 삶을 살았더라면 금상첨화였을 것이다. 그런데 그때는 하나님께서 거하실 자리가 그들의 삶에 없었다. 세상을 즐기느라 여유가 없었다. 하나님을 삶에 초청하지 않았다. 하나님께서 동행하시면 괴롭고 불편하니까…. 하나님께서 그들을 모른 척하신 것이 아니다. 하나님께서 그들의 기회를 무시하신 것이 아니다. 그들이 하나님을 의식하지 않았을 뿐이다.

나는 누구입니까?

모세가 떨리는 음성으로 대답했다.

> "내가 누구이기에 바로에게 가며 이스라엘 자손을 애굽에서 인도하여 내리이까"(출 3:11).

"내가 누구이기에…." 이 말을 할 때까지 하나님께서 모세를 기다리셨다. 성경은 그 '때'를 '겸손'과 '온유'라는 언어로 설명한다. 모세가 겸손한 자리로 내려앉았다. 겸손하고 온유한 가축은 뒷발질하지 않고 주인을 묵묵히 따라간다. 바울이 뒷발질하기를 멈출 때에 주님께서 그를 사용하셨다. 모세가 겸손하고 온유하게 되기까지 40년의 광야생활이 필요했다. 이 말이 조금 불편한가? 쉽게 용납되지 않는가? 그렇다면 당신은 광야에 좀 더 머물러야 할지 모른다. 하나님은 절대로 조급하게 일하지 않으신다. 무르익기를 기다리신다. 과일도 무르익어야 제맛이 난다. 과일이 익었다는 느낌은 어디에서 오는가. 손으로 만질 때 '툭' 하고 꼭지가 떨어지는 느낌에서 온다. 신앙적인 용어를 사용한다면 '순종'이 성숙의 증거가 된다. 하나님은 순종하는 사람을 사용하신다. 순종의 다른 표현은 온유다. 성경은 모세를 온유한 사람으로 묘사하고 있다.

> "이 사람 모세는 온유함이 지면의 모든 사람보다 더하더라"(민 12:3).

사람은 아무리 애를 써도 완전하게 될 수가 없다. 너무 과하지 않으면 너무 부족하다. 균형 잡기가 쉽지 않다. 애굽인을 쳐 죽였던 모세는 이제 자기비하(自己卑下)의 골짜기로부터 빠져나오려고 하지 않는다. 자기가 이스라엘 자손들을 위해 할 수 있는 일이 아무것도 없다고 생각했다.

"내가 누구이기에…."

하나님께서 모세를 격려하셨다. 그러나 '자신감을 가져라. 너는 얼마든지 할 수 있다', 이런 식으로 격려하지 않으셨다. 그것은 사람의 방법이다. 하나님의 격려는 언제나 그분의 임재와 동행이다.

> "내가 반드시 너와 함께 있으리라. 네가 그 백성을 애굽에서 인도하여 낸 후에 너희가 이 산에서 하나님을 섬기리니 이것이 내가 너를 보낸 증거니라"(출 3:12).

하나님의 지혜는 완전하다. 하나님께서 행하시는 모든 일들은 선하고 온전하다. 하나님의 섭리는 그의 뜻을 인간의 역사 가운데서 펼쳐 나가시는 그분의 절대주권이다. 아무도 하나님께서 하시려는 일과 때(timing)에 토를 달 수가 없다.

'40년 전과 지금'은 무엇이 다른가? 그때는 모세 혼자서 고군분투하다가 실패했다. 비록 선한 의도로 한 일이었지만 좌절을 맛보았다. 그런데 이번에는 하나님께서 그와 함께 가시겠다고 말씀하신다. 그것이 가장 중요한 차이점이다. 훗날 모세가 신발을 벗고 서 있는 바로 그 산 아래에 이스라엘 백성들이 머물게 될 것이다. 그 장면이 하나님께서 모세와 함께하신다는 증거가 될 것이다. 하나님의 말씀에 권위가 있었다. 거역할 수 없는 위엄이 있었다.

당신은 누구십니까?

모세는 생각해 보았다. 자기가 가서 이스라엘 자손들에게 하나님의 말씀을 전해도 믿을 사람이 없을 것 같았다. 그동안 400여 년의 세월이 흘렀다. 그들은 하나님이라는 이름도 잊어버렸다. 아브라함과 이삭과 야곱은 어떤 종교적 형식도 유산으로 남겨 놓지 않았다. 갑자기 그들에게 찾아가서 '우리 조상의 하나님이 우리를 애굽에서 구해 내시기 위해 나를 보내셨다'고 말하면 누가 그의 말을 믿겠는가?

모세가 목소리를 낮추며 조심스럽게 물었다.

"내가 이스라엘 자손에게 가서 이르기를 너희의 조상의 하나님이 나를 너희에게 보내셨다 하면 그들이 내게 묻기를 그의 이름이 무엇이냐 하리니 내가 무엇이라고 그들에게 말하리이까"(출 3:13).

그 순간, 하나님의 말씀이 폭포수처럼 쏟아졌다.

“나는 스스로 있는 자이니라.
너는 이스라엘 자손에게 이같이 이르기를, 스스로 있는 자가 나를 너희에게 보내셨다 하라.
너는 이스라엘 자손에게 이같이 이르기를, 너희 조상의 하나님 여호와 곧 아브라함의 하나님, 이삭의 하나님, 야곱의 하나님께서 나를 너희에게 보내셨다 하라.
이는 나의 영원한 이름이요, 대대로 기억할 나의 칭호니라.
너는 가서 이스라엘의 장로들을 모으고 그들에게 이르기를, 여호와 너희 조상의 하나님 곧 아브라함과 이삭과 야곱의 하나님이 내게 나타나 이르시되 내가 너희를 돌보아 너희가 애굽에서 당한 일을 확실히 보았노라. 내가 말하였거니와 내가 너희를 애굽의 고난 중에서 인도하여 내어 젖과 꿀이 흐르는 땅 곧 가나안 족속, 헷 족속, 아모리 족속, 브리스 족속, 히위 족속, 여부스 족속의 땅으로 올라가게 하리라 하셨다 하면 그들이 네 말을 들으리니
너는 그들의 장로들과 함께 애굽 왕에게 이르기를, 히브리 사람의 하나님 여호와께서 우리에게 임하셨은즉 우리가 우리 하나님 여호와께 제사를 드리려 하오니 사흘 길쯤 광야로 가도록 허락하소서 하라.
내가 아노니 강한 손으로 치기 전에는 애굽 왕이 너희가 가도록 허락하지 아니하다가 내가 내 손을 들어 애굽 중에 여러 가지 이적으로 그 나라를 친 후에야 그가 너희를 보내리라.
내가 애굽 사람으로 이 백성에게 은혜를 입히게 할지라.
너희가 나갈 때에 빈손으로 가지 아니하리니 여인들은 모두 그

이웃 사람과 및 자기 집에 거류하는 여인에게 은 패물과 금 패물과 의복을 구하여 너희의 자녀를 꾸미라.
너희는 애굽 사람들의 물품을 취하리라"(출 3:14-22).

하나님께서 단호하게 말씀하셨다.

"나는 스스로 있는 자니라"(I am who I am).

이 말씀은 '영원'을 의미한다. 하나님은 어제나 오늘이나 영원토록 동일하신 분이시다. 영원 전에도 계셨고, 오늘도 계시며, 영원 후에도 계실 분이시다. 피조물은 영원할 수 없다. 오직 하나님만 스스로, 그리고 영원히 존재하신다.

이 말씀은 '관계'를 의미한다. 모든 존재는 관계 속에서 설명된다. 우리는 '누구의 부모' 혹은 '누구의 자식'으로 소개된다. 모든 피조물들은 창조주 하나님과의 관계 속에서만 정확하게 이해될 수 있다. 하나님은 이름을 묻는 모세에게 "나는 스스로 있는 자니라"고 대답하셨다. 이 말은 '나는 너와 함께 있는 자'(It is I who am with you)라는 의미이다.

하나님께서 자신의 존재양식(存在樣式, mode of being)을 이스라엘과의 관계로 끌고 내려오셨다. 이스라엘과 함께하시는 하나님, 떠나거나 버리지 않고 그들과 동행하시는 하나님으로 자신을 소개하셨다. 모세는 생전 처음으로 '스스로 계시는 하나님'을 불타는 떨기나무 앞에서 만났다. 그것은 하나님과의 새로운 관계가 시작되는 사건이었다.

"여호와 너희 조상의 하나님."

하나님은 그들의 조상 아브라함과 이삭과 야곱의 하나님으로 일컬어지기를 기뻐하셨다. 그들에게 약속하신 축복을 기억하시고 실행하시겠다고 말씀하신다. 상상의 나래를 펴고 거기에 우리의 이름을 넣어보자. "나는 김영길의 하나님이다", 이렇게 말씀하셨다면 이보다 더 큰 은혜가 또 있을까? 실제로 우리는 그런 은혜 속에 살고 있다. "나는 너희 하나님이 되고", 이 말씀을 믿음으로 받아들이는 순간 우리의 삶에 기적이 일어난다. 하나님께서 우리와 동행하시기 때문이다.

"내가 너희를 인도하여 올라가게 하리라."

하나님께서 스스로 그 일을 하실 것이다. 이스라엘을 애굽에서 구원하여 젖과 꿀이 흐르는 가나안 땅으로 올라가게 하시는 일을 다른 누구에게도 위임하지 않으실 것이다. 그 자신이 불기둥과 구름기둥으로 인도하시며 함께 올라가실 것이다. 출애굽기와 민수기는 하나님께서 이 일을 실행하시는 역사적인 기록이다.

"내가 강한 손으로 친 후에야 그가 너희를 보내리라."

계속되는 재앙에도 꿈쩍하지 않는 애굽 왕 바로 앞에서 모세와 아론은 이 말씀을 의지하고 낙심하지 않았다. '하나님의 뜻은 반드시 이루어진다.' 이보다 더 큰 믿음은 없다.

"너희는 애굽 사람들의 물품을 취하리라."

억지로 빼앗겠다는 말씀이 아니다. 그동안 착취당했던 것들을 되찾아간다는 말씀이다. 우리 하나님은 공평하시고 의로우신 하나님이시다.

하나님의 설득력

// 출애굽기 4장 //

아무리 생각해도 무리였다. 모세는 오랜 세월 동안 잊힌 존재였다. 나이도 들었다. 더구나 그가 애굽에 남겨 놓은 이미지는 '대책도 없이 사람 하나 죽여 놓고 도망간 겁쟁이'였다. 아무도 그의 말을 믿지 않을 것이다. 모세는 다시 한 번 완곡하게 거절했다.

"그러나 그들이 나를 믿지 아니하며 내 말을 듣지 아니하고 이르기를 여호와께서 네게 나타나지 아니하셨다 하리이다"(출 4:1).

떨기나무의 불이 계속 타오르고 있었다. 모세를 향한 하나님의 설득도 물러설 기미가 없었다.

"네 손에 있는 것이 무엇이냐?"

몰라서 물으셨을까? 40년 동안 손때 묻은 지팡이다. 그러나 영적으로 잠들어 있는 모세를 깨우는 데 이보다 더 좋은 방법이 없었다.

"그것을 땅에 던지라."

단호한 명령에 놀라서 땅에 던졌더니 지팡이가 갑자기 뱀이 되어 기어가기 시작했다. 광야의 뱀들은 맹독을 지니고 있었다. 화들짝 놀라서 피하는 모세에게 하나님께서 말씀하셨다.

"네 손을 내밀어 그 꼬리를 잡으라."

머리를 잡으라고 하시지 않아서 감사했다. 뱀은 모세의 손에서 다시 지팡이가 되었다. 놀란 가슴을 쓸어내리고 있는데 하나님께서 설명을 곁들여 주셨다.

"이는 그들에게 그들의 조상의 하나님 곧 아브라함의 하나님, 이삭의 하나님, 야곱의 하나님 여호와가 네게 나타난 줄을 믿게 하려 함이라."

훗날 모세는 이 지팡이를 손에 쥘 때마다 하나님의 능력을 실감하게 되었다. 표적과 이적과 기사는 우리에게 믿음을 일으켜 주는 도구이다. 도구가 여럿 있으면 편리하다. 그러나 도구 자체가 목적이 되면 곤란하다. 이런 도구들 없이, 다만 말씀만으로 하나님을 믿을 수 있다면 얼마나 좋겠는가? 마태복음 8장에 나오는 가버나움의 백부장이 바로 그런 사람이었다.

> "백부장이 대답하여 이르되, 주여 내 집에 들어오심을 나는 감당하지 못하겠사오니 다만 말씀으로만 하옵소서. 그러면 내 하인이 낫겠사옵나이다. 나도 남의 수하에 있는 사람이요 내 아래에도 군사가 있으니 이더러 가라 하면 가고 저더러 오라 하면 오고 내 종더러 이것을 하라 하면 하나이다"(마 8:8-9).

하나님께서 모세에게 또 하나의 표적을 보여주셨다. 그의 손을 품에 넣었다가 꺼내게 하시니 손에 문둥병이 퍼져 있었다. 다시 넣었다 꺼내니 문둥병이 사라졌다. 하나님께서 말씀하셨다.

> "여호와께서 이르시되, 만일 그들이 너를 믿지 아니하며 그 처음 표적의 표징을 받지 아니하여도 나중 표적의 표징은 믿으리라. 그들이 이 두 이적을 믿지 아니하며 네 말을 듣지 아니하거든 너는 나일 강 물을 조금 떠다가 땅에 부으라. 네가 떠온 나일 강 물이 땅에서 피가 되리라"(출 4:8-9).

하나님은 이스라엘 자손들이 얼마나 더디 믿을지 이미 알고 계셨다. 예수님께서 수많은 표적들을 행하셨지만 제자들도 쉽게 믿지 않았다. 부활하신 날 엠마오로 내려가던 제자들에게 예수님이 말씀하셨다.

> "이르시되, 미련하고 선지자들이 말한 모든 것을 마음에 더디 믿는 자들이여 그리스도가 이런 고난을 받고 자기의 영광에 들어가야 할 것이 아니냐"(눅 24:25-26).

우리가 쉽게 믿지 못함을 이상하게 여기지 말자. 믿음은 어차피 하나님의 선물이니까.

모세는 아직도 하나님의 말씀에 순종할 수가 없었다.

> "오 주여, 나는 본래 말을 잘하지 못하는 자니이다. 주께서 주의 종에게 명령하신 후에도 역시 그러하니 나는 입이 뻣뻣하고 혀

가 둔한 자니이다"(출 4:10).

사도행전 7장에서 스데반은 모세를 가리켜 "애굽 사람의 모든 지혜를 배워 그의 말과 하는 일들이 능하더라"고 했다. 그런데 모세는 자신을 '입이 뻣뻣하고 혀가 둔한 자'라고 표현했다. 두 가지로 해석할 수 있다. 40년 동안 광야에서 가축을 치는 동안 혀가 둔해졌을 것이다. 아니면 말을 잘하는 숨은 재능이 있었지만 스스로 둔하다고 생각했을 것이다. 아마도 후자일 것이다. 왜냐하면 모세의 말과 글을 읽어 보면 어느 한 구절 어눌하다는 느낌이 없으니까.

설득하시는 하나님의 인내와 거절하는 모세의 고집이 서로 물러설 기미를 보이지 않았다.

"여호와께서 그에게 이르시되, 누가 사람의 입을 지었느냐? 누가 말 못하는 자나 못 듣는 자나 눈 밝은 자나 맹인이 되게 하였느냐? 나 여호와가 아니냐? 이제 가라. 내가 네 입과 함께 있어서 할 말을 가르치리라"(출 4:11-12).

"오 주여, 보낼 만한 자를 보내소서."

마침내 하나님께서 모세를 향하여 노를 발하시며 대화를 끝내셨다.

"여호와께서 모세를 향하여 노하여 이르시되, 레위 사람 네 형 아론이 있지 아니하냐. 그가 말 잘하는 것을 내가 아노라. 그가 너를 만나러 나오나니 그가 너를 볼 때에 그의 마음에 기쁨이 있을 것이라. 너는 그에게 말하고 그의 입에 할 말을 주라. 내가 네 입과 그의 입에 함께 있어서 너희들이 행할 일을 가르치리라. 그가 너를 대신하여 백성에게 말할 것이니 그는 네 입을 대신할 것이요 너는 그에게 하나님같이 되리라. 너는 이 지팡이를 손에 잡고 이것으로 이적을 행할지니라"(출 4:14-17).

그날 모세는 '어제나 오늘이나 영원토록 변치 않으시는' 하나님을 만났다. 거룩하신 하나님을 만났다. 그는 신발을 벗고 하나님과의 거룩한 관계 속으로 걸어 들어갔다. 하나님께서 사용하실 수 있는 거룩한 존재가 되었다.

거룩함이란 '하나님께서 나를 임의로 사용하실 수 있는 특별한 관계'를 말한다. 거룩함이란 하나님의 뜻에 전적으로 복종함을 의미한다. 거룩함이란 하나님의 생명의 능력이 내 속에 가득 채워진 상태를 의미한다. 거룩함이란 하나님의 열정이 나를 태우는, '꺼지지 않는 불꽃'으로 상징되는 삶을 의미한다. 거룩함이란 하나님과 '간격 없는' 동행을 뜻한다.

더 이상 변명하거나 거절할 수가 없었다. 산을 내려온 모세는 아내와 두 아들과 함께 애굽으로 돌아갔다. 그의 목숨을 노리던 자들이 벌써 죽었다고 하나님께서 안심시켜 주셨다. 40년 만에 애굽으로 돌아가는 길이 감개무량했다. 누나 미리암과 형 아론은 어떻게 살고 있을까? 만감이 교차했다.

도중에 하나님께서 숙소로 그를 찾아오셨다. 아마도 하나님의 사자였을 것이다. 그리고 다짜고짜 모세를 죽이려고 하셨다. 말도 안 되는 일이다. 싫다는 모세를 겨우 설득시켜 애굽으로 보내시는 하나님께서 왜 그를 죽이려고 하셨을까? 성경학자들은 이 장면을 구약에서 가장 해석하기 난해한 내용이라고 말한다. 모세를 죽이시려는 이유가 분명하지 않기 때문이다. 그렇더라도 우리는 퍼즐을 맞추어 볼 수 있다.

우선 모세의 아내 십보라가 돌칼을 가지고 그의 아들의 포피를 잘라내었다. 그리고 그것을 모세의 발에 갖다 대면서 "당신은 참으로 내게 피 남편이로다" 하고 퉁명스럽게 말했다. 문맥상으로 보면 '그의 발'은 모세의 발이었음이 분명하다. 그러자 사태가 정리되었다. 더 이상 하나님께서 모세를 죽이려고 하지 않으셨다. 이 사건의 핵심은 '할례'이다. 성경은 '피 남편'이라는 표현을 "할례 때문이었더라"로 해석하고 있다.

하나님의 백성이라면 집 안에서 기르는 종의 자식들까지도 반드시 할례를 행해야 했다(창 17:12-14). 그것은 '하나님께서 이스라엘의 하나님이 되시고 이스라엘은 하나님의 백성이 되었다'는 언약의 표시였다. 이스라엘은 '피 흘림의 의식'인 할례를 통하여 하나님과 연결되었다. 그런데 모세의 아들은 할례를 받지 않았다. 처가살이 때문이었을까, 아니면 모세의 영적 나태함 때문이었을까? 어쨌든 모세가 제일 먼저 해결해야 할 일은 '할례의 회복'이었다. 아무리 급해도 하나님은 그의 거룩하심을 양보하신 채 지름길로 가지 않으신다. 우리가 이 사실을 인정하면 조급함과 망설임으로부터 자유하게 될 것이다.

하나님 앞에서 바른길이 가장 안전한 길이다.

바로 앞에 선 모세와 아론

// 출애굽기 5-6장 //

만일 바로가 모세의 말을 듣고 이스라엘 백성들을 순조롭게 보냈더라면 얼마나 좋았을까. 애굽 백성들은 재앙의 고통을 당하지 않았을 것이고, 왕의 장자로부터 종의 장자까지 죽임을 당하지도 않았을 것이다. 그러나 바로는 교만하고 고집이 센 사람이었다. 하나님께서 그의 완악함을 내버려두셨다. 하나님의 잘못이 아니다. 100% 바로의 잘못이다. 하나님께서 그의 불순종이 가져올 재난에 대하여 미리 경고하셨으니까. 바로는 경고를 받고도 끝까지 하나님을 대적하고 거역했다.

하나님께서 아론을 시내 광야까지 보내셔서 모세를 맞이하게 하셨다. 40년 만의 만남이다. 그날 밤, 모세는 하나님의 모든 말씀과 명령을 아론에게 설명해 주었다. 아론의 흥분한 모습이 눈앞에 그려진다.

하나님께서 모세에게 다시 한 번 당부하셨다.

> "네가 애굽으로 돌아가거든 내가 네 손에 준 이적을 바로 앞에서 다 행하라. 그러나 내가 그의 마음을 완악하게 한즉 그가 백성을 보내 주지 아니하리니 너는 바로에게 이르기를, '여호와의 말씀에 이스라엘은 내 아들 내 장자라. 내가 네게 이르기를 내 아들을 보내 주어 나를 섬기게 하라 하여도 네가 보내 주기를 거절하니 내가 네 아들 네 장자를 죽이리라' 하셨다 하라"(출 4:21-23).

모세와 아론은 애굽에 도착하자마자 이스라엘 자손의 장로들을 모으고 하나님의 말씀을 전했다. 그리고 이적들도 보여주었다. 장로들이 "여호와께서 이스라엘 자손을 찾으시고 그들의 고난을 살피셨다"는 모세의 말을 의심 없이 믿으며 머리 숙여 경배했다. 아마도 그들의 주름진 눈가에 뜨거운 눈물이 고였으리라.

드디어 하나님의 묘판 흔들기가 시작되었다. 이튿날 모세와 아론이 바로를 찾아가서 말했다.

"이스라엘의 하나님 여호와께서 이렇게 말씀하시기를, '내 백성을 보내라. 그러면 그들이 광야에서 내 앞에 절기를 지킬 것이니라' 하셨나이다"(출 5:1).

바로는 말도 안 되는 소리라고 생각했다. 여호와가 누구이기에 감히 대애굽의 바로에게 그런 명령을 한다는 말인가. 바로의 목소리가 왕궁에 쩌렁쩌렁 울려 퍼졌다.

"여호와가 누구이기에 내가 그의 목소리를 듣고 이스라엘을 보내겠느냐? 나는 여호와를 알지 못하니 이스라엘을 보내지 아니하리라"(출 5:2).

모세는 아랑곳하지 않고 하나님의 말씀을 전했다.

"히브리인의 하나님이 우리에게 나타나셨은즉 우리가 광야로 사흘 길쯤 가서 우리 하나님 여호와께 제사를 드리려 하오니 가도록 허락하소서. 여호와께서 전염병이나 칼로 우리를 치실까 두려워하나이다"(출 5:3).

"히브리인의 하나님이 우리에게 나타나셨은즉", 얼마나 감격스러운 말인가? 문자적으로 해석하면 '하나님이 갑자기 그들을 만나 주셨다'는 말이다. 그것도 우연한 만남이 아니라 어떤 일을 하도록 요구하시는 만남이었다. 그 일은 광야로 사흘 길쯤 나가서 하나님께 제사를 드리는 일이었다. 만일 그렇게 하지 않으면 자기들이 전염병이나 칼에 망하게 될 것이라고 했다.

바로는 모세와 아론의 말을 대수롭지 않게 여겼다. 그들의 신이 그들을 죽이든지 살리든지, 애굽과 관계없는 일이었다. 바로는 그들을 쫓아내면서, '아직도 살 만하니까 저런 소리를 한다'고 생각했다. 그리고 이스라엘 자손들의 노역(勞役)을 더 고통스럽게 했다. 전에는 흙벽돌에 넣을 지푸라기를 주었는데 이제는 각자 구해다 똑같은 숫자의 벽돌을 만들어 내라고 했다. 일이 갑절로 힘들어졌다. 견디다 못한 백성들이 모세와 아론을 원망했다. 그리고 모세는 하나님께 호소했다.

"모세가 여호와께 돌아와서 아뢰되, 주여 어찌하여 이 백성이 학대를 당하게 하셨나이까? 어찌하여 나를 보내셨나이까? 내가 바로에게 들어가서 주의 이름으로 말한 후로부터 그가 이 백성을 더 학대하며 주께서도 주의 백성을 구원하지 아니하시나이다"(출 5:22-23).

출애굽이 쉬울 것이라고 말씀하신 적이 없었다. 오히려 이적을 보고도 바로가 이스라엘을 보내 주지 않을 것이라고 미리 알려주셨다. 이스라엘 백성들이 당하는 고난은 생략할 수 없는 과정이었다. 이런 고난이 없다면 그들은 애굽을 떠나지 않았을 것이다. 조상 때부터 살아온 고향이었으니까.

> "여호와께서 모세에게 이르시되, 이제 내가 바로에게 하는 일을 네가 보리라. 강한 손으로 말미암아 바로가 그들을 보내리라. 강한 손으로 말미암아 바로가 그들을 그의 땅에서 쫓아내리라" (출 6:1).

지도자가 길을 잃으면 따르는 이들이 방황한다. 지도자가 좌절하면 따르는 사람들의 마음이 봄날 눈처럼 녹아내린다. 지도자가 자신의 안위(安慰)를 앞세우면 따르는 사람들이 재난에 노출된다. 지도자에게 가장 중요한 것은 책임의식이다. 그런데 모세가 흔들리고 있었다. 사실은 흔들릴 것도 없었다. 아직도 모세는 자신을 지도자로 여기고 있지 않았으니까. 하나님께서 강한 손을 바로에게 보이겠다고 하셨다. 그러나 그의 강한 손이 필요한 사람은 정작 모세였다.

하나님께서 말씀하셨다. 같은 말씀이라도 계속해서 들으면 믿음이 자라난다.

> "하나님이 모세에게 말씀하여 이르시되, 나는 여호와이니라. 내가 아브라함과 이삭과 야곱에게 전능의 하나님으로 나타났으나 나의 이름을 여호와로는 그들에게 알리지 아니하였고 가나

안 땅 곧 그들이 거류하는 땅을 그들에게 주기로 그들과 언약하였더니 이제 애굽 사람이 종으로 삼은 이스라엘 자손의 신음 소리를 내가 듣고 나의 언약을 기억하노라. 그러므로 이스라엘 자손에게 말하기를, '나는 여호와라 내가 애굽 사람의 무거운 짐 밑에서 너희를 빼내며 그들의 노역에서 너희를 건지며 편 팔과 여러 큰 심판들로써 너희를 속량하여 너희를 내 백성으로 삼고 나는 너희의 하나님이 되리니 나는 애굽 사람의 무거운 짐 밑에서 너희를 빼낸 너희의 하나님 여호와인 줄 너희가 알지라. 내가 아브라함과 이삭과 야곱에게 주기로 맹세한 땅으로 너희를 인도하고 그 땅을 너희에게 주어 기업을 삼게 하리라 나는 여호와라' 하셨다 하라"(출 6:2-8).

하나님께서 자신을 '여호와, 곧 구원자'라고 하셨다. 애굽 사람의 무거운 짐 밑에서 그들을 구원하시겠다고 선포하셨다. 무거운 짐 밑에서 무엇인가 빼내려면 그 짐을 들어 올릴 만한 힘이 있어야 한다. 하나님의 강한 손과 펴신 팔에 그런 능력이 있었다. 이스라엘을 약속의 땅으로 인도하시고 그 땅을 기업으로 주실 만한 능력이 있었다.

믿음이 약해지고 확신이 흔들릴 때가 있다. 그때에는 하나님의 말씀을 들어야 한다. 하나님의 말씀에 능력이 있다. 만물을 제자리에 붙들어 놓을 만한 능력이 있다(히 1:3). 능력을 얻기 원한다면 매주일 예배에 참석하고 하나님의 말씀을 들어야 한다. 매일 한 번쯤은 성경을 읽어야 한다. 능력은 하나님의 말씀에서 나온다. 말씀을 멀리하면 무능력만 남는다.

하나님께서 모세에게 "나는 여호와라"는 말씀을 세 번이나 하셨다. 이전에 아브라함과 이삭과 야곱에게는 '전능의 하나님'(엘 샤다이)으로 자신을 계시하셨지만 이제는 '여호와'로 계시하셨다. 이전에 그들의 조상들을 능력의 팔로 보호하셨던 하나님께서 이제는 애굽에서 그들을 구원하시는 하나님으로 나타나셨다. 그리고 이스라엘을 구원하시려는 일곱 가지 일들을 알려주셨다.

"나는 여호와라.
내가 애굽 사람의 무거운 짐 밑에서 너희를 빼내며,
그들의 노역에서 너희를 건지며,
편 팔과 여러 큰 심판들로써 너희를 속량하여,
너희를 내 백성으로 삼고,
나는 너희의 하나님이 되리니…
내가 아브라함과 이삭과 야곱에게 주기로 맹세한 땅으로
너희를 인도하고,
그 땅을 너희에게 주어 기업을 삼게 하리라.
나는 여호와라."

'내가…하리라'(I will…)는 하나님의 의지는 크게 세 가지의 구원 사역으로 요약된다. 첫째로, 애굽의 종살이에서 이스라엘 자손들을 빼내고 건지셔서 자유하게 하신다. 둘째로, 이스라엘 백성들의 죄를 속량하여 그의 백성으로 삼으시고 그들의 하나님이 되어 주신다. 셋째로, 약속의 땅으로 인도하셔서 그 땅을 그들과 자손들에게 영원히 기업으로 주신다. 이 일들을 다시 세 단어로 요약하면

'건짐, 속량, 그리고 축복'이다. 그중 가장 중요한 일은 속량, 곧 구속(redemption)이다. 구속함이 없다면 건짐도 축복도 의미가 없다. 애굽에서 종살이하고 있는 이스라엘 자손들을 하나님께서 먼저 구속해 내시고 그의 소유로 삼으실 것이다. 그때 비로소 아브라함에게 약속하셨던 땅이 그들의 소유가 될 것이다.

그러나 현실은 현실이다. 하나님께서 하시려는 일이 언뜻 보기에 불가능해 보였다. 이스라엘 자손들은 모세가 전하는 하나님의 말씀을 더 이상 들으려고 하지 않았다. 가혹한 노역으로 인하여 마음이 상했다. 백성들뿐만 아니라 모세 자신도 용기를 잃어가고 있었다. 다시 바로를 찾아가서 이스라엘 자손을 그 땅에서 내보내게 하라고 명령하시는 말씀에 모세가 퉁명스럽게 대답했다.

"이스라엘 자손도 내 말을 듣지 아니하였거든 바로가 어찌 들으리이까. 나는 입이 둔한 자니이다."

'출애굽'을 위하여 준비된 사람은 아무도 없었다. 그 일이 일어나기를 기대하는 사람도 없었다. 사태는 점점 악화되어 갔다. 그런데 하나님은 누구신가? "일을 행하시는 여호와, 그것을 만들며 성취하시는 여호와, 그의 이름을 여호와라 하는 이"(렘 33:2)시다. 하나님의 선하신 뜻은 반드시 성취된다. 그의 종들을 불러 그의 일에 동참하게 하신다. 종들이 요지부동하면 능력의 펴신 팔로 붙드시고 격려하신다. 무슨 일이 있어도 마침내 그의 뜻을 이루신다. 결국, 일은 하나님께서 하신다. 사람을 사용하시지만 사람에게 의지하지 않으신다. 돌이켜 생각하면 이것이 바로 하나님의 은혜다.

"여호와께서 모세와 아론에게 말씀하사 그들로 이스라엘 자손과 애굽 왕 바로에게 명령을 전하고 이스라엘 자손을 애굽 땅에서 인도하여 내게 하시니라"(출 6:13).

그다음에 갑자기 모세와 아론의 족보가 나온다. 아브라함으로부터 5대째로 기록되어 있다. 그렇다면 이스라엘 자손들이 '야곱-레위-고핫-아므람-모세와 아론', 4대째 되었을 때에 애굽에서 나왔다는 말일까? 이쯤에서 출애굽 사건의 연대를 살펴보는 작업을 먼저 해야 할 것 같다.

성경학자들은 보편적으로 출애굽 연대를 주전 1446년으로 보고 있다. 그렇게 보는 성경적 근거를 두 군데서 찾아볼 수 있다.

"이스라엘 자손이 애굽 땅에서 나온 지 사백팔십 년이요 솔로몬이 이스라엘 왕이 된 지 사 년 시브월 곧 둘째 달에 솔로몬이 여호와를 위하여 성전 건축하기를 시작하였더라"(왕상 6:1).

열왕기상·하는 왕들이 했던 일을 기록한 역사책이다. 그 책에 의하면 솔로몬은 왕이 된 지 4년 후(주전 966년)에 예루살렘 성전 건축을 시작했다. 거꾸로 말하면, 열왕기의 저자는 966년부터 480년 전에 이스라엘 백성들이 애굽에서 나왔다고 기록하고 있다. 그때가 바로 주전 1446년이다. 또 다른 단서는, 조금 느슨하기는 하지만, 역시 비슷한 때를 가리키고 있는 사사기 11장 26절 말씀이다.

"이스라엘이 헤스본과 그 마을들과 아로엘과 그 마을들과 아르논 강 가에 있는 모든 성읍에 거주한 지 삼백 년이거늘 그동안에 너희가 어찌하여 도로 찾지 아니하였느냐"(삿 11:26).

이것은 자기 땅을 내놓으라며 침략해 온 암몬의 왕에게 사사 입다가 했던 말이다. 입다는 주전 1100여 년경에 살았던 사람이다. 그가 말한 300년에 광야생활 40년을 합하면 출애굽의 시기는 주전 1400년대 중반쯤이다.

출애굽의 시기는 고고학의 발견을 통해서도 찾아볼 수 있다. 고고학자들은 여리고와 아이, 그리고 하솔이 여호수아에게 점령당한 연대를 주전 1400여 년으로 보고 있다. 이 점도 출애굽 사건이 주전 15세기에 일어났음을 증명하고 있다.

이와 같은 배경으로 연대를 추정해 보면, 야곱은 주전 1446년으로부터 430년 거슬러 올라가는 주전 1876년에 가족들을 데리고 애굽으로 올라간 셈이 된다. 그런데 여기에 문제가 등장한다. 그 430년 동안에 야곱, 레위, 고핫, 아므람, 모세에 이르는 4대만 존재했을까? 한 세대가 100년씩 차지했다는 말인가? 어딘가 이상하다.

그런데 역대상 7장 20-29절을 보면 다른 이야기가 나온다. 그곳에는 4대가 아닌 11대의 이름들이 기록되어 있다. 알다시피 요셉은 레위와 형제지간이다. 요셉의 둘째 아들인 에브라임이 막내아들 브리아를 낳았다. 그리고 브리아는 레셉을, 레셉은 델라를, 델라는 다한을, 다한은 라단을, 라단은 암미훗을, 암미훗은 엘리사마를, 엘리사마는 눈을, 눈은 여호수아를 낳았다. 눈의 아들 여호수아는 모세의 시종이었다. 그의 나이는 40세였다. 그렇다면 '레위-고핫-아므람-모세'라는 4대 중간에 몇 대가 생략되고 요약되었다는 말이 된다. 실제로 성경에는 그런 일이 자주 있다.

이와 같은 배경에 의해서 학자들은 출애굽의 연대를 주전 1446년으로 설정하고 있다.

열 가지 재앙들

// 출애굽기 7-11장 //

하나님께서 모세를 재촉하셨다.

> "여호와께서 모세에게 이르시되, '볼지어다 내가 너를 바로에게 신같이 되게 하였은즉 네 형 아론은 네 대언자가 되리니 내가 네게 명령한 바를 너는 네 형 아론에게 말하고 그는 바로에게 말하여 그에게 이스라엘 자손을 그 땅에서 내보내게 할지니라'"(출 7:1-2).

이 점 하나는 분명히 하고 넘어가자. 출애굽은 모세의 작품이 아니다. 하나님께서 한 번도 모세의 힘을 빌리신 적이 없었다. 모세의 역할은 단순한 '메신저'였다. 출애굽은 하나님께서 혼자서 하신 일이다. 하나님은 애굽 사람들과 주변의 모든 민족들이 '하나님만이 진정한 구원자'이심을 인정하고 시인하기를 원하셨다.

> "내가 바로의 마음을 완악하게 하고 내 표징과 내 이적을 애굽 땅에서 많이 행할 것이나 바로가 너희의 말을 듣지 아니할 터인

즉 내가 내 손을 애굽에 뻗쳐 여러 큰 심판을 내리고 내 군대, 내 백성 이스라엘 자손을 그 땅에서 인도하여 낼지라. 내가 내 손을 애굽 위에 펴서 이스라엘 자손을 그 땅에서 인도하여 낼 때에야 애굽 사람이 나를 여호와인 줄 알리라"(출 7:3-5).

두 번째 찾아간 모세에게 바로가 이적을 요구했다. 만일 여호와가 참 신이고 그가 너희를 보냈다면, 그 증거를 보이라고 했다. 모세가 지팡이를 바로 앞에 던지니 뱀이 되었다. 바로의 마술사들도 같은 이적을 행했다. 그러나 한 가지 다른 점이 있었다. 모세의 뱀이 마술사들의 뱀을 삼켜 버렸다. 그래서 모세의 지팡이가 더 두툼하게 되었을까? 어릴 때 그런 생각을 한 적이 있었다.

바로의 마음은 여전히 완악했다. 마침내 하나님의 재앙이 임했다. 재앙이 내릴 때마다 모세는 똑같은 말을 반복했다.

"히브리 사람의 하나님 여호와께서 나를 왕에게 보내어 이르시되, '내 백성을 보내라 그러면 그들이 광야에서 나를 섬길 것이니라 하였으나 이제까지 네가 듣지 아니하도다'"(출 7:16).

첫 번째 재앙은 나일 강의 물이 피로 변하고 모든 물고기들이 죽어서 악취가 나는 재앙이었다. 강물뿐만 아니라 모든 물의 근원이 피가 되었다. 그러나 애굽의 마술사들도 이런 일을 했다. 애굽 왕 바로는 관심도 보이지 않고 궁으로 돌아가고 말았다.

일주일이 지난 후에는 모든 개구리들이 땅으로 올라오는 재앙이 있었다. 요술사들도 따라 했다. 개구리들이 온 땅을 덮었다. 왕궁에서도 뛰어다녔다. 바로는 이스라엘 자손들이 광야로 나가 제사를 드리게 하겠다고 거짓으로 약속했다. 그러나 다음 날 개구리들이 나일 강으로 물러가자 바로는 말을 바꿨다.

세 번째 재앙이 임했다. 땅의 티끌들이 이가 되어 사람들과 짐승들을 괴롭혔다. NIV 성경에는 각다귀(gnat)로 번역되어 있다. 각다귀는 옷 속에까지 들어가서 물어대기 때문에 모기보다 훨씬 더 고통을 주었다. 여기서부터는 애굽의 마술사들도 흉내를 낼 수가 없었다. 마술사들이 "이는 하나님의 권능"이라고 시인했다. 그러나 바로는 그들의 말을 무시했다.

네 번째는 갑자기 파리가 많아지는 재앙이었다. 애굽 집집마다 파리가 가득 찼으나 이스라엘이 사는 고센 땅에는 아무 일도 없었다. 파리 재앙을 생각할 때마다 케냐의 선교지에서 경험했던 일이 생각나곤 한다. 멀리서 귀한 손님이 오셨다고 예배 후에 식사를 준비했는데 둥근 쟁반에 동산처럼 쌓아올린 쌀밥의 색깔이 온통 검은 색이었다. 밥 위에 빈틈없이 내려앉아 있는 파리들 때문이었다. 아무렇지도 않게 손으로 파리를 내쫓고 퍼주는 흰밥을, 간절히 기도하며 먹었던 기억이 지금도 새롭다.

다섯 번째는 가축들에게 전염병이 도는 재앙이었다. 이 돌림병에 걸린 애굽의 가축들은 다 죽었으나 이스라엘 자손의 짐승들은 한 마리도 죽지 않았다. 그러나 바로의 마음은 점점 더 완악하게 되었다. 이번에는 '제사 드리러 보내주겠다'는 입에 발린 말조차 하지 않았다.

여섯 번째로 사람들과 짐승들에게 악성 종기가 생겨났다. 옛날 환경이 불결했을 때에 종기로 고생했던 분들은 그 고통을 기억할 것이다.

일곱 번째 재앙은 불이 섞여 있는 우박이었다. 하나님께서 바로에게 말씀하셨다.

> "내가 너를 세웠음은 나의 능력을 네게 보이고 내 이름이 온 천하에 전파되게 하려 하였음이니라"(출 9:16).

여기에서 "내가 너를 세웠다"는 구절을 RSV 성경은 "내가 너로 살아남게 했다"(I have let you live)로 번역한다. 하나님께서 바로와 애굽 백성들로 하여금 하나님의 이름과 권세와 능력을 인정하도록 살려 두셨다는 말씀이다. 그러나 바로는 하나님을 인정하지 않고 자기의 권세를 주장하며 고집을 부렸다.

모세의 경고를 새겨들은 신하들은 가축을 집으로 끌어왔으나 그렇지 않은 사람들은 종과 가축을 들에 내버려두었다. 얼마 후에 불과 우렛소리와 함께 우박이 내렸다. 굵은 우박 덩어리들이 애굽의 채소와 나무와 사람과 가축들을 치기 시작했다. 오직 고센 땅에만 아무 일도 없었다. 바로는 즉시로 이스라엘을 내보내겠다고 약속했다. 그러나 우박이 그치자 그의 말은 또 한 번 식언(食言)이 되고 말았다.

여덟 번째 재앙은 메뚜기 떼였다. 메뚜기 떼가 애굽의 곡식과 채소를 먹을 것이라는 모세의 경고를 듣고 신하들이 두려워했다. 이제 애굽이 망하게 되었으니 제발 저들을 내보내라고 바로에게 간청했다. 그러나 바로는 이스라엘의 어른들만 광야에 나갔다 돌아오라며 막무가내였다. 결국 엄청난 메뚜기 떼가 몰려와서 우박에 남은 채소와 나뭇잎들을 다 먹어치웠다. 그것들이 지나가는 곳에는 초록색이 사라졌다. 바로는 "이번만 나의 죄를 용서하고 너희 하나님께 구하여 이 죽음만은 내게서 떠나게 하라"고 요청했지만 재앙이 멈추자 그의 변덕은 여전했다.

아홉 번째 재앙은 흑암이었다. 사흘 동안 고센을 제외한 온 애굽 땅에 깊은 흑암이 임했다. 사람이 사람을 알아볼 수 없을 정도로 캄캄했다. 바로는 가축만 놓고 가라는 타협안을 제시했다. 그러나 모세가 거절하자 바로가 분을 내며 소리쳤다.

"너는 나를 떠나가고 스스로 삼가 다시 내 얼굴을 보지 말라. 네가 내 얼굴을 보는 날에는 죽으리라."

모세도 물러서지 않았다.

"당신이 말씀하신 대로 내가 다시는 당신의 얼굴을 보지 아니하리이다."

그러나 모세는 그 후로도 두 번 더 바로를 만났다. 그것은 비극적인 만남이었다. 마지막 재앙이 장자의 죽음이었기 때문이다. 모세가 바로에게 말했다.

> "여호와께서 이와 같이 말씀하시기를, '밤중에 내가 애굽 가운데로 들어가리니 애굽 땅에 있는 모든 처음 난 것은 왕위에 앉아 있는 바로의 장자로부터 맷돌 뒤에 있는 몸종의 장자와 모든 가축의 처음 난 것까지 죽으리니 애굽 온 땅에 전무후무한 큰 부르짖음이 있으리라. 그러나 이스라엘 자손에게는 사람에게나 짐승에게나 개 한 마리도 그 혀를 움직이지 아니하리니 여호와께서 애굽 사람과 이스라엘 사이를 구별하는 줄을 너희가 알리라' 하셨나니, 왕의 이 모든 신하가 내게 내려와 내게 절하며 이르기를

'너와 너를 따르는 온 백성은 나가라' 한 후에야 내가 나가리라 하고 심히 노하여 바로에게서 나오니라"(출 11:4-8).

하나님께서 고난당하고 있는 자기 백성을 내어놓으라고 하셨다. 하나님은 불의하심이 없었다. 자기 백성도 아닌데 학대하고 종처럼 노역을 시키며 억류하고 있는 바로가 불의한 사람이었다. 하나님은 재앙을 내리시기 전에 언제나 경고하셨다. 하나님은 바로와 애굽 백성들에게 재앙 내리기를 원치 않으셨다. 그들이 하나님을 인정하고 그의 말씀에 순종하기를 원하셨다. 그런데 바로는 끝까지 하나님을 멸시하고 주어진 기회를 거절했다. 물론 잠시나마 바로가 자신의 잘못을 인정할 때도 있었다. 예를 들면 이런 경우이다.

"바로가 사람을 보내어 모세와 아론을 불러 그들에게 이르되 이번은 내가 범죄하였노라. 여호와는 의로우시고 나와 나의 백성은 악하도다. 여호와께 구하여 이 우렛소리와 우박을 그만 그치게 하라 내가 너희를 보내리니 너희가 다시는 머물지 아니하리라"(출 9:27-28).

그러나 재앙이 그치면 언제나 안색(顔色)을 바꿨다.

"바로가 비와 우박과 우렛소리가 그친 것을 보고 다시 범죄하여 마음을 완악하게 하니 그와 그의 신하가 꼭 같더라"(출 9:34).

하나님의 사람 모세도 원수가 멸망당하는 것을 원치 않았다. 그러나 바로의 완악함으로 인하여 이스라엘과 애굽이 서로 고통을 당하는 모습을 보면서 그의 가슴에 분노가 치밀어 올랐다.

유월절과 무교절

// 출애굽기 12-13장 //

마침내 열 번째 재앙이 내렸다. 첫아들과 짐승의 첫 새끼가 죽임을 당하는 재앙이다. 머지않아 집집마다 통곡소리가 터져 나올 것이다. 재앙이 임하기 전에 하나님께서 모세를 불러 말씀하셨다.

> "너희 어린 양은 흠 없고 일 년 된 수컷으로 하되 양이나 염소 중에서 취하고, 이 달 열나흗날까지 간직하였다가 해 질 때에 이스라엘 회중이 그 양을 잡고, 그 피를 양을 먹을 집 좌우 문설주와 인방에 바르고, 그 밤에 그 고기를 불에 구워 무교병과 쓴 나물과 아울러 먹되, 날것으로나 물에 삶아서 먹지 말고 머리와 다리와 내장을 다 불에 구워 먹고, 아침까지 남겨두지 말며 아침까지 남은 것은 곧 불사르라. 너희는 그것을 이렇게 먹을지니 허리에 띠를 띠고 발에 신을 신고 손에 지팡이를 잡고 급히 먹으라. 이것이 여호와의 유월절이니라"(출 12:5-11).

지금까지 임했던 아홉 가지의 재앙은 이스라엘 백성들과 상관이 없었다. 물이 피로 변하고, 티끌은 이가 되고, 개구리와 파리가 식탁을 뒤덮고, 칠흑 같은 어둠이 임하고, 사람과 육축에 종기가 창궐

하며, 우박과 메뚜기 떼로 농작물이 다 사라질 때도 이스라엘 백성들이 살고 있는 고센 땅에는 아무 일도 일어나지 않았다.

그런데 이번에는 달랐다. 이스라엘 백성들에게도 임할 수 있는 재앙이었다. 그래서 하나님께서 모세를 통하여 자세하게 설명해 주셨다. 그 말씀을 귓등으로 흘려듣고 순종하지 않으면 이스라엘의 장자들도 죽을 것이다. 이 재앙에는 예외가 없었다.

해가 저물어 가고 있었다.

적막과 같은 긴장이 고센 땅에 흐르고 있었다.

집집마다 나흘 전부터 준비했던 1년 된 양들을 조용히 잡았다.

양은 죽을 때도 소리를 내지 않는다.

얼마 후에 문들이 열리더니 집 주인들이 그릇에 양의 피를 담아 가지고 나왔다. 그들의 손에 우슬초가 들려 있었다. 잠시 서로를 쳐다보았다. 그리고 약속이나 한 듯이 우슬초에 양의 피를 묻혀서 문틀에 바르기 시작했다. 가능하면 눈에 잘 보이도록 넓고 짙게 발랐다.

"너희는 나가서 너희의 가족대로 어린 양을 택하여 유월절 양으로 잡고, 우슬초 묶음을 가져다가 그릇에 담은 피에 적셔서 그 피를 문 인방과 좌우 설주에 뿌리고 아침까지 한 사람도 자기 집 문 밖에 나가지 말라. 여호와께서 애굽 사람들에게 재앙을 내리려고 지나가실 때에 문 인방과 좌우 문설주의 피를 보시면 여호와께서 그 문을 넘으시고 멸하는 자에게 너희 집에 들어가서 너희를 치지 못하게 하실 것임이니라"(출 12:21-23).

온 식구가 허리에 띠를 띠고 발에 신을 신은 채 손에 지팡이를 잡고 식탁에 둘러섰다. 먼 길을 떠나는 복장이었다. 먼저 고기를 불에 구웠다. 그리고 미리 준비한 무교병과 쓴 나물을 곁들여 급히 먹기 시작했다. 날것이나 물에 삶아 먹지 말아야 한다는 모세의 명령을 기억했다. 머리와 다리와 내장까지 다 구워서 먹었다. 뼈를 꺾거나 고기가 집 밖으로 나가지 않도록 특별히 주의했다. 배부르게 먹고 남은 고기는 아깝지만 불로 태워 버렸다. 이 모든 일이 집 안에서 일어났다. 집집마다 문이 굳게 닫혀 있었다. 골목에는 사람의 그림자도 찾아볼 수 없었다.

얼마 후 멀리서 울음소리가 들려왔다. 그 소리가 점점 커지더니 갑자기 통곡소리가 온 애굽을 뒤덮었다. 애간장을 끊는 울음소리였다. 궁금했지만 문을 열고 내다볼 수도 없었다. 아침까지 한 사람도 자기 집 문 밖에 나가지 말라고 모세가 신신당부했으니까. 모세에게 들었던 하나님의 말씀을 생각했다.

> "내가 그 밤에 애굽 땅에 두루 다니며 사람이나 짐승을 막론하고 애굽 땅에 있는 모든 처음 난 것을 다 치고 애굽의 모든 신을 내가 심판하리라. 나는 여호와라. 내가 애굽 땅을 칠 때에 그 피가 너희가 사는 집에 있어서 너희를 위하여 표적이 될지라. 내가 피를 볼 때에 너희를 넘어가리니 재앙이 너희에게 내려 멸하지 아니하리라"(출 12:12-13).

정말로 그런 일이 일어났다. 그날 밤에 여호와께서 애굽 땅에서 모든 처음 난 것들을 왕의 장자로부터 가축의 첫 새끼까지 다 치셨다. 그 나라에 죽임을 당하지 않은 집은 하나도 없었다. 온 애굽이 비통함에 젖어들었다. 바로가 급히 모세를 찾았다.

> "밤에 바로가 모세와 아론을 불러서 이르되, 너희와 이스라엘 자손은 일어나 내 백성 가운데에서 떠나 너희의 말대로 가서 여호와를 섬기며 너희가 말한 대로 너희 양과 너희 소도 몰아가고 나를 위하여 축복하라"(출 12:31-32).

그날 밤 이스라엘의 종살이가 끝났다. 하나님의 뜻이 성취되었다. 모세가 하나님의 부르심에 잠시 머뭇거리고, 이스라엘 자손들이 고통을 불평하며, 바로가 하나님의 명령을 무시했지만, 하나님의 말씀은 다 이루어졌다. 하나님께 순종한 모세는 백성의 지도자가 되었고, 하나님께 불순종한 바로는 첫아들을 잃었다.

동이 트기가 무섭게 모세의 지시사항이 온 고센 땅에 전달되었다.

"빨리 짐을 꾸리고 떠날 준비를 하라!"

차분히 이삿짐을 쌀 겨를이 없었다. 손이 마음을 따라주지 못했다. 더구나 지난밤에 장자를 잃어버린 애굽 사람들이 찾아와서 빨리 떠나라고 재촉했다. 그제야 모세가 했던 말이 기억났다.

"애굽 사람들에게 은금 패물과 의복을 구하라."

그들은 이스라엘 자손들이 구하는 것마다 순순히 내주었다. 생각보다 짐이 많아졌다. 중요한 것들만 주섬주섬 챙겼다. 그래도 아이들까지 짐을 짊어져야 했다. 기르던 짐승들을 앞세웠다. 조상 대대로 살아오던 집 안을 뒤돌아보았다. 차마 발이 떨어지지 않았다. 남겨 놓은 것들이 더 많아 보였다. 부엌의 그을림만큼이나 깊은 정이 쉽게 떨어지지 않았다. 그러나 애굽인들이 그들의 등을 떠밀었다. 반죽해 놓은 밀가루에 누룩을 넣을 겨를도 없었다.

'유월절'은 히브리어로 '페사흐'(פֶּסַח)인데 '넘어간다'는 뜻이다. 출애굽기 12장에서만 세 번 그런 의미로 사용되었다.

> "내가 애굽 땅을 칠 때에 그 피가 너희가 사는 집에 있어서 너희를 위하여 표적이 될지라. 내가 피를 볼 때에 너희를 넘어가리니 재앙이 너희에게 내려 멸하지 아니하리라"(출 12:13).

> "여호와께서 애굽 사람들에게 재앙을 내리려고 지나가실 때에 문 인방과 좌우 문설주의 피를 보시면 여호와께서 그 문을 넘으시고 멸하는 자에게 너희 집에 들어가서 너희를 치지 못하게 하실 것임이니라"(출 12:23).

> "너희는 이르기를, 이는 여호와의 유월절 제사라. 여호와께서 애굽 사람에게 재앙을 내리실 때에 애굽에 있는 이스라엘 자손의 집을 넘으사 우리의 집을 구원하셨느니라 하라"(출 12:27).

그러나 유월절은 단순히 '넘어간다'는 뜻 이상이다. 문틀에 어린 양의 피를 발라두면 "멸하는 자에게 너희 집에 들어가서 너희를 치지 못하게 하실 것"이라고 말씀하셨다. 그러므로 '페사흐'는 이스라엘 백성들을 덮어 주시고 보호하시는 하나님의 구원의 행동을 의미한다. 하나님은 이 유월절을 매년 첫째 달 14일 되는 밤에 대대로 지키라고 명령하셨다.

"이스라엘 자손이 애굽에 거주한 지 사백삼십 년이라. 사백삼십 년이 끝나는 그날에 여호와의 군대가 다 애굽 땅에서 나왔은즉, 이 밤은 그들을 애굽 땅에서 인도하여 내심으로 말미암아 여호와 앞에 지킬 것이니 이는 여호와의 밤이라. 이스라엘 자손이 다 대대로 지킬 것이니라"(출 12:40-42).

그러나 이스라엘의 역사를 돌이켜보면 그 명령이 매년 지켜지지는 않았다. 오랫동안 잊고 지낸 적도 있었다. 놀랍게도 여호수아가 가나안 땅을 점령한 이후에 구약성경에서 '유월절'이 나오는 장과 절은 극히 드물었다. 물론 다윗이나 솔로몬 같은 왕들은 유월절을 기념했을 것이다. 그러나 대부분의 왕들은 이 '유월절'에 대하여 관심도 두지 않았다. 왕의 실록에서 '유월절'이 특별히 언급된 곳은 열왕기하 23장과 역대하 30장, 그리고 35장이 전부다.

역대하 30장은 히스기야 왕이 전국적으로 유월절을 (아마도 처음으로) 지키도록 하는 장면이다. 원래는 첫째 달 14일에 지켜야 하는데 그동안에 지켜오지 않았고 준비도 되지 않아서 둘째 달 14일에 지켜야 했다.

"히스기야가 온 이스라엘과 유다에 사람을 보내고 또 에브라임과 므낫세에 편지를 보내어 예루살렘 여호와의 전에 와서 이스라엘 하나님 여호와를 위하여 유월절을 지키라 하니라. 왕이 방백들과 예루살렘 온 회중과 더불어 의논하고 둘째 달에 유월절을 지키려 하였으니 이는 성결하게 한 제사장들이 부족하고 백성도 예루살렘에 모이지 못하였으므로 그 정한 때에 지킬 수 없었음이라"(대하 30:1-3).

히스기야의 아들 므낫세는 장장 52년을 왕위에 있었으나 우상을 숭배하고 유월절을 지키지 않았다. 그의 아들 요시야가 8세에 왕위에 올랐다. 그리고 18년 후에 우연히 성전에서 발견한 책(아마도 모세오경)을 읽다가 유월절을 지키라는 하나님의 말씀을 읽고 자기 옷을 찢으며 회개했다. 난생처음 들어보는 이야기였기 때문이다. 그리고 (아마도 할아버지 히스기야 왕 이후) 처음으로 유월절을 지키는 장면이 역대하 35장에 기록되어 있다. 역대기의 기자는 조금 과장하여 "선지자 사무엘 이후로"(대하 35:18)라고 기록하고 있다.

"이와 같이 당일에 여호와를 섬길 일이 다 준비되매 요시야 왕의 명령대로 유월절을 지키며 번제를 여호와의 제단에 드렸으며, 그때에 모인 이스라엘 자손이 유월절을 지키고 이어서 무교절을 칠 일 동안 지켰으니, 선지자 사무엘 이후로 이스라엘 가운데서 유월절을 이같이 지키지 못하였고 이스라엘 모든 왕들도 요시야가 제사장들과 레위 사람들과 모인 온 유다와 이스라엘 무리와 예루살렘 주민과 함께 지킨 것처럼은 유월절을 지키지 못하였더라. 요시야가 왕위에 있은 지 열여덟째 해에 이 유월절을 지켰더라"(대하 35:16-19).

그 후, 바벨론에 포로로 잡혀갔던 유대인들이 돌아와서 성전을 건축한 후에 유월절을 지켰다는 기록이 한 번 더 있다.

“사로잡혔던 자의 자손이 첫째 달 십사 일에 유월절을 지키되… 즐거움으로 이레 동안 무교절을 지켰으니 이는 여호와께서 그들을 즐겁게 하시고 또 앗수르 왕의 마음을 그들에게로 돌려 이스라엘의 하나님이신 하나님의 성전 건축하는 손을 힘 있게 하도록 하셨음이었더라”(스 6:19, 22).

그러면 하나님께서 대대로 지키라고 명령하신 유월절은 이스라엘 역사에서 사라지고 말았을까? 아니다. 마지막으로, 그리고 완전하게, 한 번 지켜졌다. 예수님께서 십자가 위에서 유월절 어린양이 되셨다.

성경은 예수님을 유월절 양과 연결시킨다. 세례 요한은 예수님을 보는 순간 “보라 세상 죄를 지고 가는 하나님의 어린양이로다”(요 1:29)라고 고백했다. 사복음서는 예수님이 유월절 양 잡는 날에 운명하셨다는 사실을 특별히 강조하고 있다. 사도 요한은 예수님의 뼈가 하나도 꺾이지 않고 운명하시는 모습을 보고 ‘뼈를 꺾지 않고 먹는’ 유월절 식사를 기억했다(요 19:36). 사도 베드로는 “너희가 알거니와 너희 조상이 물려준 헛된 행실에서 대속함을 받은 것은 은이나 금같이 없어질 것으로 된 것이 아니요 오직 흠 없고 점 없는 어린양 같은 그리스도의 보배로운 피로 된 것이니라”(벧전 1:18-19)고 기록했다. 사도 요한은 그의 계시록에서 27회나 예수님을 ‘하나님의 어린양’이라고 불렀다.

유월절에 어린양의 피가 그 집을 덮어서 재난을 면하게 해주었던 것처럼, 예수님의 보배로운 피가 우리의 죄를 사하고 하나님의 진노로부터 벗어나게 해주었다. 이것이 성경 전체의 핵심이다.

"율법을 따라 거의 모든 물건이 피로써 정결하게 되나니 피 흘림이 없은즉 사함이 없느니라"(히 9:22).

장자를 죽이는 하나님의 사자가 문틀에 바른 양의 피를 보고 넘어갔다. 왜 넘어갔을까? 이미 그 집에 죽음이 있었기 때문이다. 하나님은 예수 그리스도의 죽음을 우리의 죽음으로 여겨 주신다. 그리고 모든 그리스도인들은 예수님의 죽음을 자신의 죽음으로 받아들인다. 이것이 신앙의 본질이다.

"내가 그리스도와 함께 십자가에 못 박혔나니 그런즉 이제는 내가 사는 것이 아니요 오직 내 안에 그리스도께서 사시는 것이라. 이제 내가 육체 가운데 사는 것은 나를 사랑하사 나를 위하여 자기 자신을 버리신 하나님의 아들을 믿는 믿음 안에서 사는 것이라"(갈 2:20).

"그리스도 예수의 사람들은 육체와 함께 그 정욕과 탐심을 십자가에 못 박았느니라"(갈 5:24).

유월절은 무교절로 연결된다. 이스라엘 백성들은 유월절 저녁부터 일주일 동안 누룩 없는 떡을 먹었다. '무교'(無酵)란 누룩이 없다는 뜻이다. 이때에는 애굽의 고통을 기념하는 뜻으로 쓴 나물도 함께 먹었다. 무교절에 누룩 넣은 떡을 먹으면 이스라엘 회중에서 끊어졌다. 지금도 보수적인 이스라엘 사람들은 무교절을 시작하기 전에 모든 빵들을 불로 태워 버린다. 집 안에 누룩이 남아 있으면 안

되기 때문이다. 왜 하나님께서 무교절에 대하여 이렇게 강조하셨을까? 표면적 이유는 이스라엘 백성들이 급하게 애굽에서 나오던 날을 기념하는 것이다. 그러나 무교절에는 깊은 영적 의미가 있다.

출애굽은 단순한 민족의 이동이 아니었다. 이스라엘 백성들이 하나님의 군대로 거듭나는 사건이었다. 그러기 위해서 삶의 누룩을 제거해야 했다. 하나님 모르고 살던 삶, 애굽의 우상숭배에 물들어 살던 삶, 거룩하지 못한 삶을 깨끗이 청산해야 했다. 애굽의 생활양식을 가지고 젖과 꿀이 흐르는 땅으로 들어갈 수는 없었다. 새 땅에서는 새로운 삶, 오직 하나님만 섬기고 예배하는 삶을 살아야 했다. 그것이 무교절의 숨은 뜻이다.

이런 영적 의미는 신약에 오면 더 분명해진다. 예수님은 제자들에게 "삼가 바리새인과 사두개인들의 누룩을 주의하라"(마 16:6)고 경고하셨다. 그리고 이 누룩이 '바리새인들과 사두개인들의 교훈과 위선'이라고 설명해 주셨다. 바울은 예수님의 죽으심과 우리들의 새로운 삶에 대하여 이렇게 말했다.

> "너희는 누룩 없는 자인데 새 덩어리가 되기 위하여 묵은 누룩을 내버리라. 우리의 유월절 양 곧 그리스도께서 희생되셨느니라. 이러므로 우리가 명절을 지키되 묵은 누룩으로도 말고 악하고 악의에 찬 누룩으로도 말고 누룩이 없이 오직 순전함과 진실함의 떡으로 하자"(고전 5:7-8).

하나님께서 이스라엘 백성들에게 대를 이어 유월절을 기념하라고 명령하셨다. 무엇을 기념해야 하는가? 하나님께서 이스라엘을 위하여 행하셨던 일들을 기념해야 했다.

> "너희는 이날을 기념하여 여호와의 절기를 삼아 영원한 규례로 대대로 지킬지니라"(출 12:14).

유월절에 기념하는 일이 하나 더 있었다. 모든 사람과 짐승의 처음 난 수컷들을 하나님께 드리는 예식이었다. 첫아들은 태어난 지 한 달 후에 은 다섯 세겔로 대속하고 소와 양과 염소는 잡아서 제물로 드리게 했다. 이유는 분명했다. 이스라엘 백성들이 출애굽하던 날 저녁에 사람이나 짐승이나 모두 처음 난 태생이 죽음을 면했기 때문이었다.

우리들은 주일에 모여서 죽으시고 부활하신 예수님을 예배한다. 성찬을 떼면서 우리가 예수님과 함께 죽고 함께 살아났음을 기억한다. 하나님께서 나를 구원하신 놀라운 사랑을 기억한다. 신앙생활을 하면서 기념할 만한 일들이 무엇인지 찾아보자. 그 일을 기억하며 하나님께 감사의 예물을 드려 보자. 영적으로 풍성한 은혜와 축복을 경험하게 될 것이다.

막상 애굽에서 나왔으나 갈 길이 막막했다. 하나님께서 조상들에게 약속하신 땅, 젖과 꿀이 흐르는 땅을 찾아간다고 하지만 그 땅에 대해 자세히 아는 사람은 아무도 없었다. 광야 북쪽 어딘가에 그 땅이 있을 것이라는 막연한 이야기뿐이었다. 그들은 한 번도 가보지 않는 땅을 향해, 하나님의 명령만 의지하고 길을 떠났다. 그러나 이렇게 벼락 치듯 떠나지 않았더라면 출애굽은 아예 불가능했을 것이다.

고센 지역의 북쪽에 있는 '라암셋'을 지나 '숙곳'에 이를 무렵, 이스라엘 자손은 아이들과 여자들을 제외한 장정의 숫자가 60여 만 명에 이르렀다. 여기에서 '장정'이란 싸움에 나갈 수 있는 20세 이상의 남자들을 말한다. 성경은 고센 땅을 떠나는 이스라엘 자손을 가리켜 '여호와의 군대'라고 부른다. 하나님께서 보시기에는 강력한 군대였다.

어떤 사람들은 이 숫자가 부풀려졌다고 생각한다. 그렇게 주장함으로써 하나님의 능력을 축소시켜 보려고 한다. 그러나 야곱과 함께 애굽에 내려왔던 남자가 70명이었다면, 그리고 한 세대를 40년으로 치고 430년 동안 모든 부부들이 평균 5명의 자녀들을 낳았다면, 생존하는 무리들의 숫자가 200여 만 명에 이른다. 계산하기가 복잡하면 애굽 왕이 했던 말을 들어보자.

> "요셉을 알지 못하는 새 왕이 일어나 애굽을 다스리더니 그가 그 백성에게 이르되 이 백성 이스라엘 자손이 우리보다 많고 강하도다"(출 1:8-9).

하나님께서 그의 강하고 거대한 군대를 낮에는 구름기둥으로, 밤에는 불기둥으로 직접 인도하셨다.

하나님과 함께 가는 여행이 드디어 시작되었다. 그리고 여행을 시작하면서 이스라엘 자손들은 난생처음 하나님을 만났다. 하나님의 능력과 성실하심과 위엄을 맛보았다. 이전에 잘 알지 못하던 분이다. 이제 그분과 함께 여행할 것이다. 그리고 그분을 인격적으로 더 깊이 경험하게 될 것이다.

홍해 앞에서

// 출애굽기 14-15장 //

황급히 애굽을 떠나느라 모두 제정신이 아니었다. 그래도 요셉의 유골은 잊지 않고 챙겨왔다. 낮에는 구름기둥이, 밤에는 불기둥이 그들을 인도했다. 하나님 외에 누가 그 많은 사람들을 인도할 수 있겠는가. 가나안 땅으로 쉽게 올라가는 해안길이 있었다. 그러나 하나님은 그들을 광야 길로 인도하셨다. 해안에 사는 블레셋 사람들과 전쟁을 치르다가 놀라서 되돌아갈지 모르기 때문이다. 서서히 메마른 광야가 시작될 무렵, 눈앞에는 홍해의 푸른 바닷물이 넘실거리고 있었다.

사람들은 홍해를 여러 가지로 해석한다. 히브리어는 '홍해'(Red Sea)가 아니고 '갈대 바다'(얌 숩)이다. '갈대 바다'가 헬라어로 '홍해'(Red Sea)로 번역되었고, 구글 지도에도 그렇게 표기되어 있다. 그래서 어떤 이들은 모세가 갈대밭 사이로 이스라엘을 인도했다고 주장한다. 또 어떤 이들은 갈대는 민물에서 자라나는 풀이기 때문에 바다가 아니고 바다와 연결되는 호수 끝자락이었다고 주장한다. 그러나 '갈대 바다'는 좀 더 정확하게 표현하면 '해초(海草) 바다'이다. 바다 속에도 풀들이 있다.

홍해는 길이가 약 2천여 킬로미터이고, 넓이가 평균 200킬로미터 이상이다. 깊이도 낮은 곳이 180여 미터이고, 깊은 곳은 2,300여 미터다. 이스라엘 자손들이 정확하게 어느 지점을 통과했는지 우리는 모른다. 그러나 적어도 물이 무릎에 차는 갈대밭은 아니다. 그곳에서 이스라엘 자손들은 '물로 된 벽'을 보았고, 뒤따르던 애굽의 병거들과 군사들은 수장(水葬)되었다.

이스라엘 자손이 바닷가에서 노숙(露宿)을 했다. 해변 가까운 모래밭에 잠자리를 만들었다. 잔잔한 파도소리에 두고 온 집이 더 그리웠다. 그때 지축을 흔드는 소리가 들려왔다. 누군가 소리쳤다.

"애굽 군대가 쫓아왔다!"

눈을 들어보니 애굽의 병거와 마병과 군대가 지척에 와 있었다. 이스라엘 자손들은 두려움으로 얼어붙었다. 손발의 맥이 풀렸다. 머리에는 '죽음'이라는 생각으로 채워졌다. 앞에는 홍해 바다고, 뒤에는 애굽 군대다. 어디로 도망친다는 말인가? 누군가에게 쫓기는 꿈을 꾸어 본 적이 있는가? 그런 꿈은 마음대로 깨어날 수도 없다. 그래서 더 고통스럽다.

사람들은 하나님께 부르짖으며 모세를 향하여 막말을 하기 시작했다. 기도와 원망은 절대로 함께 갈 수 없다. 그것은 영적인 모순이다. 그런 기도에는 하나님께서 응답하실 수가 없다.

> "바로가 가까이 올 때에 이스라엘 자손이 눈을 들어 본즉 애굽 사람들이 자기들 뒤에 이른지라. 이스라엘 자손이 심히 두려워하여 여호와께 부르짖고, 그들이 또 모세에게 이르되, '애굽에 매장지가 없어서 당신이 우리를 이끌어 내어 이 광야에서 죽게 하느냐. 어찌하여 당신이 우리를 애굽에서 이끌어 내어 우리에게 이같이 하느냐. 우리가 애굽에서 당신에게 이른 말이 이것이

아니냐. 이르기를 우리를 내버려 두라. 우리가 애굽 사람을 섬길 것이라 하지 아니하더냐? 애굽 사람을 섬기는 것이 광야에서 죽는 것보다 낫겠노라'"(출 14:10-12).

이스라엘의 원망을 요약하면 '이제 우리 좀 놓아 달라'는 말이었다. 구원해 주지 않아도 되니까 제발 관심 좀 거두어 달라는 말이었다. 왜 애굽에서 잘살고 있는데 평지풍파를 일으키느냐는 볼멘소리였다. 은혜를 베풀다가 원망을 들어 본 적이 있는가? 하나님께서도 참 억울하셨을 것이다.

출애굽기와 민수기를 읽어가면서 이런 식의 원망과 분노를 귀가 닳도록 듣게 될 것이다. 그때마다 모세는 땅에 엎드렸고, 하나님은 스스로 그의 진노를 달래셨다. 훗날 민수기의 끝 무렵에 이르러서야 이런 식의 불평이 사라진다. 그리고 그때 비로소 출애굽이 완성된다.

혹시 지금 하나님을 원망하고 있는가? 그렇다면 당신은 아직도 출애굽 중이다. 그러나 낙심하지 말라. 하나님께서 당신과 함께 여행하고 계신다. 언젠가 하나님의 은혜가 너무 감사해서 눈물로 찬송하는 날, 당신의 출애굽은 완결될 것이다.

다시 홍해 앞으로 돌아가 보자.

모세의 가슴에 분노가 일어났다. 그것은 단순한 분노가 아니었다. 그동안의 수고는 아랑곳하지 않고 원망하는 백성들에 대한 개인적인 분노도 아니었다. 의분도 아니었다. 의분은 사회적 정의가 무시될 때에 느끼는 감정이다. 모세는 하나님의 강권적인 부르심을 받고 애굽으로 돌아갔다. 열 번이나 바로를 어르고 달래서 여기에 이르렀다. 그만큼 징계를 받았으면, 그만큼 망했으면, 마침내 사람들과 짐승들의 장자와 첫 새끼까지 죽었으면, 이제는 하나님 앞에 굴복할 만도 했다. 하나님께서는 악인이 망하는 것을 원하지 않으신다. 그런데 바로가 또다시 쫓아왔다. 바로의 완악하고 어리석음에 대한 분노가 솟구쳤다. 그것은 또한 하나님을 신뢰하지 못하는 이스라엘 자손들을 향한 분노이기도 했다. 그것은 거룩한 분노였다. 모세가 단호한 목소리로 외쳤다.

> "너희는 두려워하지 말고 가만히 서서 여호와께서 오늘 너희를 위하여 행하시는 구원을 보라. 너희가 오늘 본 애굽 사람을 영원히 다시 보지 아니하리라. 여호와께서 너희를 위하여 싸우시리니 너희는 가만히 있을지니라"(출 14:13-14).

모세가 했던 말을 한 마디씩 되새김질해 보자.

'두려워하지 말라!'
'가만히 서서 보기만 하라!'
'여호와께서 오늘 너희를 위하여 행하시는 구원을!
'너희가 다시는 보지 못하리라!'
'저 애굽 사람들을!'
'여호와께서 너희를 위하여 싸우신다!'
'너희는 가만히 있기만 하라!'

말마다 느낌표가 필요하다. 마지막에 '가만히'라고 번역된 히브리어 '하레시'(חָרַשׁ)는 쉬운 말로 하면 '편안히, 조용히, 입 다물고'라는 뜻이다. 그래도 '가만히'라는 표현이 마음에 와 닿는다. '가만히'는 15세기경부터 기록에 나와 있는 순수한 우리말이다. 나서지 말고 가만히 있으란 말이다. 하나님께서 하시는 일이니 가만히 보고 있으란 말이다. 하나님 앞에 가만히 서 있는 모습, 얼마나 경건한가!

시편 46편을 읽어 보라. 땅이 변하든지, 산이 흔들려 바다에 빠지든지, 바닷물이 솟아나고 뛰놀든지, 그것이 넘침으로 산이 흔들리는 것 같은 일이 일어날지라도 가만히 있어 하나님께서 하시는 일을 보라고 노래한다.

> "이르시기를, '너희는 가만히 있어 내가 하나님 됨을 알지어다. 내가 뭇 나라 중에서 높임을 받으리라. 내가 세계 중에서 높임을 받으리라' 하시도다. 만군의 여호와께서 우리와 함께하시니 야곱의 하나님은 우리의 피난처시로다"(시 46:10-11).

하나님 앞에 가만히 서 있을 수 있는 사람은 믿음의 사람이다. 행복한 사람이다. 하나님께서 하시는 일을 보게 될 것이다. 가만히 하나님께서 하시는 일을 보라. 조금 있으면 춤추며 노래하게 될 것이다.

모세는 미리 승리를 선포했다. 다시는 애굽 사람들을 볼 일이 없을 것이다. '어떻게?'는 모르지만 한 가지만은 분명하다. '이것은 우리들의 싸움이 아니고 하나님의 싸움이다.' 하나님께서 그들과 싸우실 것이다. 바로와 다투는 과정에서 모세는 어느새 용장(勇將)이 되어가고 있었다. 오늘도 인생의 애굽 생활이 피곤하고 고달픈가?

모세처럼 담대하게 외쳐 보라. 그리고 하나님 앞에서 가만히 기다리라.

"너희가 다시는 보지 못하리라, 저 애굽 사람들을!"

모세는 하나님께 부르짖고 간구했다. 가만히 있으라는 말은 아무 일도 하지 말라는 말이 아니다. 하나님께서 하실 일을 내가 하려고 앞서거나 허둥대지 말라는 뜻이다. 하나님은 "일을 행하시는 여호와, 그것을 만들며 성취하시는 여호와"(렘 33:2)이시다. 우리는 하나님의 이름이 뭇 나라 중에 높임 받으시기를 기도해야 한다. 아마도 그날 저녁, 모세도 그런 기도를 드리고 있었을 것이다. 하나님께서 모세에게 말씀하셨다.

"여호와께서 모세에게 이르시되, '너는 어찌하여 내게 부르짖느냐. 이스라엘 자손에게 명령하여 앞으로 나아가게 하고 지팡이를 들고 손을 바다 위로 내밀어 그것이 갈라지게 하라. 이스라엘 자손이 바다 가운데서 마른 땅으로 행하리라. 내가 애굽 사람들의 마음을 완악하게 할 것인즉 그들이 그 뒤를 따라 들어갈 것이라. 내가 바로와 그의 모든 군대와 그의 병거와 마병으로 말미암아 영광을 얻으리니, 내가 바로와 그의 병거와 마병으로 말미암아 영광을 얻을 때에야 애굽 사람들이 나를 여호와인 줄 알리라' 하시더니"(출 14:15-18).

일이 급할 때는 기도보다 행동을 먼저 하라는 말씀이 아니다. 모세가 하나님께 부르짖어 기도하지 않았다면 이런 말씀도 듣지 못했을 것이다. 기도하는 사람만이 앞날을 볼 수 있다. 문제가 해결되고 하나님의 영광이 높이 들리는 모습을 믿음의 눈으로 본다. 그리고 행동한다. 기도보다 더 급하고 중요한 일은 없다.

하나님의 말씀이 끝나자 놀라운 일이 일어나기 시작했다. 이스라엘 앞에 가시던 하나님의 사자가 뒤로 옮겨 가셨다. 구름기둥도 뒤따라갔다. 애굽 진영은 흑암으로 덮였다. 그러나 이스라엘 진영에는 밤새도록 밝음이 있었다. 하나님의 불기둥 때문이었다. 어둠 속에서 빛을 볼 수 없다면 그 어둠이야말로 진짜 어두움이다. 하나님께서 펴신 팔로 애굽 군대들을 막으셨다. 악한 자가 아무리 준동해도 하나님께서 막으시면 손가락 하나 움직일 수 없다. 아무것도 볼 수 없기 때문이다.

모세는 바다를 향해 지팡이를 높이 들었다. 큰 동풍이 불어오기 시작했다. 사막 쪽에서 불어오는 강하고 메마른 바람이었다. 그 바람이 바닷물을 가르기 시작했다. 바다 밑이 드러나고 마른 땅이 되었다. 갈라진 물이 저 멀리 양쪽에 벽을 이루고 있었다. 말씀을 읽다 보면 그림이 그려진다. 보고 나서야 믿는 믿음은 믿음이 아니다. 말씀을 믿는 사람은 구태여 볼 필요가 없다. 보지 않아도 믿어진다. 전능(全能)하신 하나님께서 하신 일인데 믿지 못할 이유가 없다.

하나님께서 바다에 길을 내셨다. 그 길을 따라 사람들이 물밀듯이 밀려갔다. 그 많은 백성들을 하룻밤 사이에 지나가게 하시려면 굉장히 넓은 길이 필요하셨을 것이다. 이스라엘 자손들이 얼마나 지나갔을까? 한 가지는 분명하다. 아직 이스라엘 백성들이 바닷길을 다 빠져나가기 전에 애굽 왕이 그 장면을 보았다는 사실이다.

하나님께서 어둠을 거두셨기 때문이다. 즉시로 바로의 말들과 병거들과 마병들이 이스라엘의 뒤를 추격하며 바다 가운데로 들어섰다. 끝자락에 있던 이스라엘 사람들은 뒤쫓아 오는 애굽 군대를 보고 앞에 가는 사람들에게 빨리 가라고 아우성쳤다. 이스라엘 사람들은 걸어가는데 애굽 사람들은 말을 타고 쫓아왔다. 간격이 점점 더 좁혀졌다. 그 장면을 하나님께서 보고 계셨다.

하나님께서 새벽에 애굽 군대를 어지럽게 하셨다. 갑자기 병거의 바퀴가 빠져나갔다. 더 이상 갈 수가 없었다. 바다 가운데 꼼짝없이 갇히고 말았다. 그러는 사이에 이스라엘은 한 사람도 남김없이 건너편 육지에 올라섰다. 하나님께서 말씀하셨다.

> "여호와께서 모세에게 이르시되, '네 손을 바다 위로 내밀어 물이 애굽 사람들과 그들의 병거들과 마병들 위에 다시 흐르게 하라' 하시니"(출 14:26).

모세가 건너편에서 손을 바다 위로 내미는 순간, 벽을 이루고 있던 물이 마치 손뼉을 치듯이 하나가 되었다. 물이 바로의 모든 군대를 덮었다. 한 사람도 살아남지 못했다. 얼마 후에 애굽군의 시체들이 바닷가로 밀려오기 시작했다. 그 순간 이스라엘 백성들은 하나님을 경외하고 그의 말씀을 신뢰하는 믿음의 세계로 한 걸음 더 들어섰다.

> "이스라엘이 여호와께서 애굽 사람들에게 행하신 그 큰 능력(의 손)을 보았으므로 백성이 여호와를 경외하며 여호와와 그

의 종 모세를 믿었더라"(출 14:31).

모세가 하나님을 찬양하기 시작했다. 이런 때에 노래를 부르지 않으면 언제 부른단 말인가. 모세의 노래 속에 '여호와'라는 이름이 열 번이나 나온다. '여호와'는 구원자라는 뜻이다. 여호와 하나님께서 이스라엘을 바로의 손에서 구원해 내셨다. 뒤쫓아 오는 바로의 말들과 그 탄 자들을 바다에 던져 버리셨다. 마땅히 그의 이름이 찬송과 높임을 받으셔야 했다.

"여호와는 나의 힘이요 노래시며 나의 구원이시로다. 그는 나의 하나님이시니 내가 그를 찬송할 것이요 내 아버지의 하나님이시니 내가 그를 높이리로다. 여호와는 용사시니 여호와는 그의 이름이시로다. 그가 바로의 병거와 그의 군대를 바다에 던지시니 최고의 지휘관들이 홍해에 잠겼고, 깊은 물이 그들을 덮으니 그들이 돌처럼 깊음 속에 가라앉았도다. 여호와여 주의 오른손이 권능으로 영광을 나타내시니이다. 여호와여 주의 오른손이 원수를 부수시니이다"(출 15:2-6).

모세는 여호와께서 하신 일들을 주변에 있는 여러 나라들, 블레셋과 에돔과 모압의 주민들이 듣고 두려워할 것이라고 찬양했다. 여호와께서 반드시 그의 백성들을 약속하신 땅으로 인도하실 것이라고 찬양했다. 찬양은 위대한 신앙의 고백이다. 모세의 누이 미리암도 여인들과 함께 소고 치고 춤추며 화답했다.

"너희는 여호와를 찬송하라. 그는 높고 영화로우심이요, 말과 그 탄 자를 바다에 던지셨음이로다"(출 15:21).

그러나 찬송이 불평으로 바뀌는 시간은 사흘로 충분했다. 홍해를 떠나 수르 광야에 들어서서 사흘 길을 가는 동안 마실 물이 떨어졌다. 샘물을 발견했지만 써서 마실 수가 없었다. 백성들은 다시 모세를 원망하기 시작했다. 이스라엘 백성들에게 '집단 건망증'이 있었다. 그들은 홍해를 건너게 하신 하나님의 능력을 사흘 만에 잊어버렸다. 부르짖는 모세에게 하나님께서 나뭇가지 하나를 가리키시며 물에 던지라고 하셨다. 던졌더니 물이 달게 되었다. 그래서 사람들이 그곳 이름을 '쓰다'라는 뜻을 지닌 '마라'라고 불렀다. 왜 그들은 그 지역 이름을 '단물'이라고 짓지 않았을까? 사소한 일이지만 그들의 부정적인 심성(心性)이 배어 있는 것 같다.

단물을 마시고 정신을 차린 이스라엘 백성들에게 하나님께서 약속의 말씀을 주셨다. 하나님과 함께하는 출애굽 여행 내내 하나님은 약속하시고 이스라엘 백성들은 원망하는 패턴(pattern)이 계속된다.

"이르시되 너희가 너희 하나님 나 여호와의 말을 들어 순종하고 내가 보기에 의를 행하며 내 계명에 귀를 기울이며 내 모든 규례를 지키면 내가 애굽 사람에게 내린 모든 질병 중 하나도 너희에게 내리지 아니하리니 나는 너희를 치료하는 여호와임이라"(출 15:26).

하나님은 우리의 반응에 상관없이 언제나 선하시다. 원망하는 이스라엘 백성들을 엘림으로 인도하셨다. 거기에 물샘 열둘이 있었다. 종려나무도 70그루나 되었다. '엘림'은 '큰 나무들'이라는 뜻이다. 하나님께서 피곤한 이스라엘 백성들에게 휴식을 주셨다.

'만나', 이것이 무엇이냐?

// 출애굽기 16장 //

엘림에서 떠난 이스라엘 백성들은 애굽에서 나온 지 한 달 만에 엘림과 시내 산 사이에 있는 '신(Sin) 광야'에 도착했다. 이곳의 신 광야는 훗날 들어가는 신(Zin) 광야와 다른 곳이다. 이제 본격적인 여행이 시작되었다.

오래전 일이다. 애굽 카이로에서 사역하시는 선교사님 내외분과 우리 부부가 자동차로 모세가 지났던 광야 길을 따라 시내 산을 방문한 적이 있다. 뜨거운 햇볕과 건조한 공기 때문에 숨이 턱에 찼다. 적막한 그 광야를 정처 없이 걸어가는 이스라엘 백성들이 눈에 보이는 듯했다. 얼마나 힘들었을까? 하나님께서 왜 그런 곳으로 이스라엘을 인도하셨을까? 성령님의 음성이 들려왔다.

광야는 애굽을 벗어 버리는 곳이다. 고난의 아픔뿐만 아니라 우상을 숭배하던 생활습관까지 다 벗어 버리는 곳이다. 광야는 오직 하나님만 의지하는 곳이다. 광야는 불순종의 성품을 순종으로 바꾸는 훈련장이다. 순종하면 마라가 엘림이 된다. 광야는 하나님과 깊은 사랑을 나누는 곳이다. 온 마음으로 경외하며 예배드리는 곳이다. 광야에서 하나님은 그의 백성들을 위로하시고 치료하신다.

도시에서는 밤하늘의 별들을 볼 수 없다. 전등 빛이 너무 밝기 때문이다. 그러나 광야로 나가면 별들이 영롱하게 다가온다. 하나님의 사랑이 가슴에 사무쳐 오는 곳은 도시가 아니고 광야다. 인생의 광야를 지날 때에 비로소 우리는 하나님의 음성을 듣게 된다. 하나님의 따뜻한 손길을 느낄 수 있다. 모든 것이 은혜다. 은혜로 사는 삶은 우리를 단순하게 한다. 광야는 삶의 주인이 바뀌는 곳이다. 나는 뒤로 물러나고 하나님께서 전면에 나서신다. 광야는 축복의 나라에 이르는 가장 빠른 지름길이다.

훗날 호세아는 이스라엘 백성들을 향한 하나님의 사랑을 이렇게 표현했다.

> "그러므로 보라. 내가 그를 타일러 거친 들(광야)로 데리고 가서 말로 위로하고 거기서 비로소 그의 포도원을 그에게 주고 아골(환난) 골짜기로 소망의 문을 삼아 주리니 그가 거기서 응대하기를 어렸을 때와 애굽 땅에서 올라오던 날과 같이 하리라"(호 2:14-15).

광야생활, 세상적으로 말하면 바닥을 치는 생활이다. 물 다음으로 떨어진 것이 양식이었다. 가져온 양식을 최대한 아껴 먹었지만 한 달이 지나니 바닥이 났다. 그곳은 광야다. 농사를 지을 곳도 없고, 양식을 구할 곳도 없다. 아무리 하나님에 대한 믿음이 커도 이쯤 되면 두렵고 불안할 수밖에 없다. 백성들이 모세와 아론을 다시 원망하기 시작했다.

"이스라엘 자손이 그들에게 이르되 우리가 애굽 땅에서 고기 가마 곁에 앉아 있던 때와 떡을 배불리 먹던 때에 여호와의 손에 죽었더라면 좋았을 것을 너희가 이 광야로 우리를 인도해 내어 이 온 회중이 주려 죽게 하는도다"(출 16:3).

누구나 삶이 고달프면 죽음을 생각한다. 죽으면 더 이상 고통이 없으리라고 생각한다. '배부를 때에 죽었더라면', 배부를 때의 죽음과 배고플 때의 죽음은 무엇이 다를까? 궁지에 몰리면 어른이나 아이나 똑같은 생각을 한다. 어찌 그들뿐이겠는가. 우리도 그 지경에 이르면 똑같은 생각을 하게 될 것이다.

불평과 불신앙은 형제다. 믿을 수 없기 때문에 불평한다. 불평하다 보면 믿음이 사라진다. 악순환이다. 이스라엘 백성들이 모세와 아론에게 불평하고 있지만 실제 대상은 하나님이시다. 만일 하나님에 대한 믿음이 있었다면, 그들은 불평하지 않았을 것이다. 불평과 불신앙 사이에서 태어나는 자식이 불순종이다. 불순종은 쉬운 말로 황소고집이다. 이스라엘 백성들이 더 이상 모세를 따라가지 않겠다고 고집을 부렸다.

마침내 하나님께서 개입하셨다.

"모세가 또 이르되, 여호와께서 저녁에는 너희에게 고기를 주어 먹이시고 아침에는 떡으로 배불리시리니 이는 여호와께서 자기를 향하여 너희가 원망하는 그 말을 들으셨음이라. 우리가 누구냐? 너희의 원망은 우리를 향하여 함이 아니요 여호와를 향하여 함이로다"(출 16:8).

그날부터 저녁에는 메추라기가 진에 덮이고, 아침에는 만나가 내렸다.

그런데 민수기 10장을 보면 이스라엘 백성들이 '만나만 먹고 고기를 먹지 못한다'고 원망하는 장면이 나온다. 그때 하나님께서 메추라기를 보내셔서 한 달 동안 냄새 나도록 먹게 하신 이야기가 기록되어 있다. 여기에서 우리는 두 가지 상황을 그려볼 수 있다. 하나는 처음부터 메추라기를 주셨다가 어느 시점에 엄청나게 많이 주시는 그림이다. 다른 하나는 한동안 만나만 먹은 후에 또다시 원망하는 백성들에게 하나님께서 메추라기를 기적적으로 먹게 해주시는 그림이다. 아마도 나중 그림이 더 이치에 맞는 것 같다. 왜냐하면 출애굽기 16장의 말씀들은 매일매일 기록한 일기가 아니고 훗날 어느 시점에서 회고하며 기록한 내용이기 때문이다. 그 증거가 34절(아직 만들어지지 않은 증거판)과 35절(이스라엘 자손이 40년 동안 만나를 먹었다)에 있다. 그러므로 여기에서는 만나에 대해서만 살펴보고 메추라기는 민수기를 읽을 때에 다루도록 하자.

'만나', 히브리어로 '이것이 무엇이냐?'는 뜻이다. 만나는 인류역사상 아무도 먹어 본 적이 없는 음식이다. 그래서 모세는 '~와 같고'라는 식으로 기록하고 있다. 매일 밤 흡족하게 내린 이슬이 아침에 마르고 나면 그 자리에 '작고 둥글며 서리같이 가는 것'이 덮여 있었다. 하나님께서 밤마다 이스라엘 백성들을 위하여 내려주신 특별한 양식이었다. 그들은 이 만나로 여러 가지 음식들을 만들어 먹었다.

"만나는 깟씨와 같고 모양은 진주와 같은 것이라. 백성이 두루 다니며 그것을 거두어 맷돌에 갈기도 하며 절구에 찧기도 하고 가마에 삶기도 하여 과자를 만들었으니 그 맛이 기름 섞은 과자 맛 같았더라"(민 11:7-8).

매일 아침 가족별로 나가서 한 사람당 두 오멜(2리터)씩 거두었다. 욕심껏 거둔 사람도 집에 와서 보면 두 오멜이었다. 신기했다. 하나님께서 안식일 하루 전에 갑절로 거두게 하시고 안식일에는 나가지 말라고 하셨다. 고집부리며 안식일에 나갔던 사람들은 빈손으로 돌아와야 했다. 만나는 철저한 일용할 양식이었다. 일용할 양식이란 매일 새롭게 주시는 음식이다. 만나는 해가 뜨면 사라졌다. 그리고 뒷날 아침에 새로운 만나가 내렸다. 거두어 온 지 하루가 지나면 벌레가 생기고 냄새가 나서 먹을 수가 없었다. 하나님께서 그의 백성들에게 묵은 음식을 주지 않으셨다.

이 세상을 사는 동안 새로운 양식이 매일 주어진다면 무슨 걱정이 있겠는가? 예수님께서도 '오늘 우리에게 일용할 양식을 주시기를 기도하라'고 하셨다. 그때나 지금이나 하나님께서 우리에게 일용할 양식을 주신다. 이 진리를 믿자. 그러면 우리는 평안과 안식을 누리며 주의 날도 온전히 지킬 수 있을 것이다.

반석에서 터져 나온 물

// 출애굽기 17장 //

시내 산을 향하여 광야 길을 올라가다 보면 르비딤이라는 바위 계곡이 나온다. 모세가 지팡이로 바위를 쳐서 생수가 나오게 했던 곳이다.

> "이스라엘 자손의 온 회중이 여호와의 명령대로 신 광야에서 떠나 그 노정대로 행하여 르비딤에 장막을 쳤으나 백성이 마실 물이 없는지라"(출 17:1).

광야는 햇볕으로 불타는데 마실 물이 없었다. 옹달샘 하나가 있어서 200여 만 명이 자기 차례가 오기를 기다리고 있었다는 말이 아니다. 물이 아예 없었다. 한 방울의 물도 없었다. 온 백성들이 공황상태에 이르렀다. 혀가 입천장에 말라붙었다. 아이들은 울 기운도 없는지 축 늘어졌다. 이 상태로 죽는다고 생각하니 두려웠다. 그들은 또다시 모세를 찾아와 과격한 말로 원망했다.

"우리에게 물을 주어 마시게 하라."

그 계곡 사이를 지나는 동안에 물을 달라고 아우성치는 백성들의 소리가 바위에 메아리쳐 들려오는 것 같았다. 난감한 모세의 얼굴이 보이는 것 같았다. 가만 있자, 그때 모세가 뭐라고 대답했었던가?

> "모세가 그들에게 이르되, 너희가 어찌하여 나와 다투느냐? 너희가 어찌하여 여호와를 시험하느냐?"(출 17:2).

모세의 이 담대함은 어디에서 나왔을까? 지도자의 지도력은 자신이 지금 누구와 동행하고 있는가를 깨달을 때 나타난다. 아무리 훌륭한 지도자라도 메마른 광야에서 목마른 200여 만 명의 사람들에게 물을 줄 수는 없다. 그때에는 도망가는 것이 상책이다. 그런데 모세는 당당하게 그 자리에 서 있었다. 물론 모세가 백성들에게 물을 줄 수는 없었다. 말도 안 되는 일이다.

그러나 하나님은 주실 수 있다. 모세는 하나님께서 그들과 동행하고 계심을 확신했다. 그러면 문제는 이미 해결된 셈이다. 모세는 믿음의 눈으로 '엄청나게 솟아나는 물'을 보고 있었다. 그러나 백성들에게는 그런 믿음이 없었다. 그들의 눈에는 모세가 뻔뻔스러웠다.

> "거기서 백성이 목이 말라 물을 찾으매 그들이 모세에게 대하여 원망하여 이르되, 당신이 어찌하여 우리를 애굽에서 인도해 내어서 우리와 우리 자녀와 우리 가축이 목말라 죽게 하느냐"(출 17:3).

죽어가는 어린것들이 당신 눈에는 안 보이느냐고 울부짖었다. 뜨거운 모래바닥에 쓰러져 있는 저 짐승들이 안 보이느냐고 대들었다. 우리들도 그런 상황이었다면 함께 소리 질렀을 것이다. 다급한 모세가 하나님께 아뢰었다.

"내가 이 백성에게 어떻게 하리이까? 그들이 조금 있으면 내게 돌을 던지겠나이다."

하나님께서 모세에게 말씀하셨다.

> "백성 앞을 지나서 이스라엘 장로들을 데리고 나일 강을 치던 네 지팡이를 손에 잡고 가라. 내가 호렙 산에 있는 그 반석 위 거기서 네 앞에 서리니 너는 그 반석을 치라. 그것에서 물이 나오리니 백성이 마시리라"(출 17:5-6).

모세는 장로들을 소집했다. 그리고 호렙 산 바위를 향해 걸어갔다. 손에는 나일 강을 쳤던 지팡이가 들려 있었다. 백성들이 아우성치며 그 뒤를 따라갔을 것이다.

'물을 달라는데 왜 바위산으로 올라가는 거야?'

모세가 지팡이로 반석을 치자 물이 터져 나왔다. 하나님께서 주신 물이니 최고의 수질(水質)이다. 모든 백성들이 넉넉히 사용할 만한 큰 물줄기가 산 아래로 흘러 내려갔다. 모세는 그곳의 지명을 '맛사'(시험) 혹은 '므리바'(다툼)라고 불렀다. 이스라엘 자손들이 하나님을 시험하고 하나님과 다투었기 때문이다.(훗날 이스라엘 백성들이 가데스 바네아에서 물 때문에 모세와 한 번 더 다툰 이야기가 민수기 20장에 기록되어 있다.)

바울은 고린도 교회에 보낸 편지에서 이스라엘의 출애굽 사건을 성도들의 거룩한 삶과 대조시키고 있다. 그리고 물이 터졌던 반석을 예수님과 동일시하고 있다.

> "형제들아 나는 너희가 알지 못하기를 원하지 아니하노니, 우리 조상들이 다 구름 아래에 있고 바다 가운데로 지나며 모세에게 속하여 다 구름과 바다에서 세례를 받고 다 같은 신령한 음식을 먹으며 다 같은 신령한 음료를 마셨으니 이는 그들을 따르는 신령한 반석으로부터 마셨으매 그 반석은 곧 그리스도시라"(고전 10:1-4).

여기에서 "그들을 따르는 신령한 반석"은 이스라엘의 광야생활 내내 그 반석과 물이 그들을 따라다녔다는 전설을 생각나게 한다.

아마도 그 후에도 하나님께서 이스라엘 백성들에게 계속해서 기적적인 방식으로 물을 제공하셨을 것이다.

생수로 갈증을 해소하고 나니 또 다른 문제가 다가왔다. 아말렉 족속들이 이스라엘의 후진을 공격해 왔다. 아말렉 족속은 에서의 손자인 아말렉의 후손들이다[창 36:12; 그런데 창세기 14장 7절을 보면 이미 아브라함 때에 아말렉이 존재하고 있었다. 이 문제를 어떻게 해결해야 할까? 창세기를 기록한 사람도 모세다. 그렇다면 창세기 14장의 아말렉은 모세가 만났던 그런 '아말렉 같은 사람'으로 해석해야 한다. 실제로 성경에 아말렉은 그 정체를 제대로 파악할 수 없을 만큼 광범위하게 퍼져 있는 호전적(好戰的)인 무리들이었다. 하나님께서는 이 아말렉을 이스라엘의 제1호 적으로 여기시고 멸망시키라고 명령하셨다].

아말렉 사람들은 뒤처진 이스라엘 백성들을 칼로 쳤다. 이 일로 인하여 이스라엘 자손들은 생전 처음 전쟁을 하게 되었다. 모세는 여호수아를 선봉장으로 삼아 백성들을 전쟁터로 보냈다. 그리고 산 위에 올라 손을 들고 하나님께 기도를 드렸다. 곁에 서 있던 아론과 훌이 보니, 모세가 손을 들면 이스라엘이 이기고, 내리면 아말렉이 이겼다. 시간이 지나면서 모세의 피곤한 손이 점점 내려왔다. 아론과 훌은 모세를 돌 위에 앉게 하고 그의 두 손을 계속 들어주었다. 그리고 그날 이스라엘은 아말렉을 통쾌하게 이겼다. 만일 하나님의 도우심이 없었더라면 아말렉에게 큰 해를 당할 뻔했다.

모세는 그곳에 제단을 쌓고 이름을 '여호와 닛시'(여호와는 나의 깃발)라고 불렀다. 그날 하나님께서 모세에게 당부하셨다.

"이것을 책에 기록하여 기념하게 하고, 여호수아의 귀에 외워

들리라. 내가 아말렉을 없이하여 천하에서 기억도 못하게 하리라"(출 17:14).

모세는 훗날 이스라엘 백성들에게 다시 한 번 당부했다.

"너희는 애굽에서 나오는 길에 아말렉이 네게 행한 일을 기억하라. 곧 그들이 너를 길에서 만나 네가 피곤할 때에 네 뒤에 떨어진 약한 자들을 쳤고 하나님을 두려워하지 아니하였느니라. 그러므로 네 하나님 여호와께서 네게 기업으로 주어 차지하게 하시는 땅에서 네 하나님 여호와께서 사방에 있는 모든 적군으로부터 네게 안식을 주실 때에 너는 천하에서 아말렉에 대한 기억을 지워버리라. 너는 잊지 말지니라"(신 25:17-19).

죄 가운데 가장 큰 죄가 하나님의 구원 계획을 방해하고 대적하는 죄다. 아말렉 자손들은 훗날 사울 왕과 다윗 왕에 의해서(삼상 15:7, 27:8), 그리고 히스기야 왕 때에 시므온 지파에 의해서(대상 4:42-43) 결정적 타격을 입었다. 그들의 조상이 지었던 죄를 담당했던 것이다.

모세의 장인 이드로

// 출애굽기 18장 //

성 밖에서 적이 공격하면 성안에 있는 사람들은 하나가 된다. 그러나 평화의 시대에는 성안에 다툼이 일어난다. 아말렉과의 전쟁에서 이기고 나니까 이번에는 백성들 사이에 다툼들이 일어났다. 성안의 다툼이 성 밖의 전쟁보다 해결하기가 더 어렵다.

모세가 재판석에 앉았다. 백성들의 다툼은 끝이 없었다. 모여서 살다 보니 다툴 일들이 더 많아졌다. 때마침 모세의 아내와 두 아들들을 데리고 방문한 장인 이드로가 이 장면을 보게 되었다(이전 어느 때인가 모세가 그의 아내와 두 아들들을 장인들에게 돌려보냈을 것이다). 그가 모세에게 권면했다.

> "이제 내 말을 들으라. 내가 네게 방침을 가르치리니 하나님이 너와 함께 계실지로다. 너는 하나님 앞에서 그 백성을 위하여 그 사건들을 하나님께 가져오며, 그들에게 율례와 법도를 가르쳐서 마땅히 갈 길과 할 일을 그들에게 보이고 너는 또 온 백성 가운데서 능력 있는 사람들 곧 하나님을 두려워하며 진실하며 불의한 이익을 미워하는 자를 살펴서 백성 위에 세워 천부장과 백부장과 오십부장과 십부장을 삼아 그들이 때를 따라 백성을 재판하게 하라. 큰 일은 모두 네게 가져갈 것이요 작은 일은 모두 그들이 스스로 재판할 것이니 그리하면 그들이 너와 함께 담당할 것인즉 일이 네게 쉬우리라"(출 18:19-22).

이드로의 말은 '첫째로, 마땅히 갈 길과 할 일에 대한 원칙을 가르쳐라. 둘째로, 능력 위주로 중간 지도자들을 세워라. 셋째로, 그들에게 작은 일들을 맡기고 너는 큰 일만 처리하라', 대략 이런 내용이다. 먼저 모두에게 공평하게 적용될 수 있는 법이 없으면 큰 혼란이 일어날 것이다. 지도자들마다 자기 생각대로 판결을 내리기 때문이다. 또 법이 있어도 지도자가 부정직하면 마찬가지로 혼란스럽게 될 것이다. 지도자들의 부패는 전체 회중에게 재앙이 된다. 나아가서 중간 지도자들을 세워도 모세가 그들을 신뢰하지 못하고 일일이 간섭하면 그 또한 혼란에서 벗어나지 못할 것이다. 이드로는 모세에게 선명한 법과 존경받는 중간 지도자들, 그리고 완전한 위임(delegation)을 멘토링해 주었다.

가끔은 장인의 이야기도 들어야 한다. 그만큼 삶의 선구자니까….

제2장
시내 산에서

시내 산의 언약

// 출애굽기 19장 //

이스라엘 백성들은 시내 광야에서 2개월을 머문 후에 시내 산에 도착했다.

"이스라엘 자손이 애굽 땅을 떠난 지 삼 개월이 되던 날 그들이 시내 광야에 이르니라. 그들이 르비딤을 떠나 시내 광야에 이르러 그 광야에 장막을 치되 이스라엘이 거기 산 앞에 장막을 치니라"(출 19:1-2).

모세는 시내 산으로 올라갔다. 감개가 무량했다. 꺼지지 않던 떨기나무의 불꽃 가운데서 들려오던 음성이 아직도 생생했다.

"내가 반드시 너와 함께 있으리라. 네가 그 백성을 애굽에서 인도하여 낸 후에 너희가 이 산에서 하나님을 섬기리니 이것이 내가 너를 보낸 증거니라"(출 3:12).

감격에 겨운 사람은 모세뿐만이 아니었다. 온 이스라엘 백성들도 넋을 잃고 시내 산을 올려다보았다. 하나님께서 저 산에서 모세를 부르셨다고 생각하니 감격스러웠다. 모세는 돌아서서 산 아래 끝없이 펼쳐진 이스라엘의 진영을 내려다보았다. 형형색색의 장막들이 광야의 열기로 너울너울 춤을 추고 있었다.

믿을 수 없는 일들이 지난 몇 달 동안 일어났다. 열 가지 재앙이 애굽을 굴복시켰고, 이스라엘은 홍해를 건너 여기에 이르렀다. 매일 아침마다 하나님께서 그 많은 사람들을 위해 만나를 내려주셨다. 날이 덥고 건조했지만 병든 사람들도 없었다. 반석에서 물이 솟아났고, 광야의 늑대 아말렉은 꼬리를 내리고 도망갔다. 저토록 많은 백성들을 보호하시고, 인도하시고, 먹이시고, 돌보아 주신 하나님의 은혜가 너무나 고맙고 감사했다.

하나님께서 모세에게 말씀하셨다.

"너는 이같이 야곱의 집에 말하고 이스라엘 자손들에게 말하라. 내가 애굽 사람에게 어떻게 행하였음과 내가 어떻게 독수리 날개로 너희를 업어 내게로 인도하였음을 너희가 보았느니라. 세계가 다 내게 속하였나니 너희가 내 말을 잘 듣고 내 언약을 지키면 너희는 모든 민족 중에서 내 소유가 되겠고, 너희가 내게 대하여 제사장 나라가 되며 거룩한 백성이 되리라. 너는 이 말을 이스라엘 자손에게 전할지니라"(출 19:3-6).

산에서 내려온 모세는 백성의 장로들에게 하나님의 말씀을 전했다. 장로들로부터 그 말씀을 전해 들은 백성들이 한목소리로 응답했다.

"여호와께서 명령하신 대로 우리가 다 행하리이다."

이제야 하나님과 이스라엘 사이에 말이 통했다. 그렇게만 하면 된다. 여호와께서 말씀하시고 백성들은 순종하기만 하면 된다. 그러면 이스라엘의 장래는 보장된다. 하나님의 소유가 된 민족, 세상 모든 나라와 백성들을 위한 하나님의 제사장 나라, 하나님께서 택하시고 구별하신 거룩한 백성, 생각만 해도 가슴이 뜨거웠다. 모세는 다시 하나님 앞에 올라가서 백성들의 말을 전했다. 빽빽한 구름 가운데서 하나님의 음성이 들려왔다.

"너는 백성에게로 가서 오늘과 내일 그들을 성결하게 하며 그들에게 옷을 빨게 하고 준비하게 하여 셋째 날을 기다리게 하라. 이는 셋째 날에 나 여호와가 온 백성의 목전에서 시내 산에 강림할 것임이니 너는 백성을 위하여 주위에 경계를 정하고 이르기를 너희는 삼가 산에 오르거나 그 경계를 침범하지 말지니 산을 침범하는 자는 반드시 죽임을 당할 것이라. 그런 자에게는 손을 대지 말고 돌로 쳐 죽이거나 화살로 쏘아 죽여야 하리니 짐승이나 사람을 막론하고 살아남지 못하리라 하고 나팔을 길게 불거든 산 앞에 이를 것이니라 하라"(출 19:10-13).

하나님의 말씀처럼 셋째 날 아침에 우레와 번개와 빽빽한 구름이 산을 덮기 시작했다. 그리고 산 위로부터 큰 나팔 소리가 울려 퍼졌다. 모세를 따라 백성들은 산 아래에 모여 섰다. 여호와 하나님께서 불 가운데 내려오시자 온 산은 연기로 자욱하고 진동하기 시작했다. 나팔 소리가 점점 커졌다. 모세와 하나님 사이에 대화가 시작되었다. 이스라엘 백성들은 생전 처음 하나님의 음성을 듣게 되었다. 하나님은 혹시라도 철없는 백성들이 경계선을 넘어 산으로 올라오다가 죽임을 당할까 염려하셨다.

> "너는 내려가서 아론과 함께 올라오고 제사장들과 백성에게는 경계를 넘어 나 여호와에게로 올라오지 못하게 하라. 내가 그들을 칠까 하노라"(출 19:24).

그날 하나님께서 이스라엘 백성들에게 십계명을 주셨다. 천지가 창조된 이래 하나님께서 어느 민족, 어느 백성에게 그런 법을 주신 적이 없었다. 처음 있는 일이었다.

십계명

// 출애굽기 20장 1-21절 //

십계명은 하나님의 법이다. 십계명은 이스라엘 백성들에게만 주신 명령이 아니다. 우리를 포함하여 하나님의 언약 아래 있는 모든 백성들에게 주신 계명이다. 우리가 이 계명을 대할 때에 몇 가지 유의해야 할 점이 있다.

첫째로, 십계명은 하나님의 직접적인 명령이다.

"하나님이 이 모든 말씀으로 말씀하여 이르시되"(출 20:1).

하나님께서 직접 모세를 통하여 이스라엘 백성들에게 말씀하셨다. 모세와 장로들이 협의하여 만들어낸 교훈집이 아니다.

둘째로, 십계명은 축복의 명령이다.

십계명은 우리를 향한 하나님의 축복의 말씀이다. 하나님 자신을 위한 말씀이 아니고 우리를 위한 말씀이다. 하나님은 부족함이 없으신 분이다. 하나님은 우리의 예배나 감사가 필요한 분도 아니시다. 다만 우리를 만나시고 축복하시기 위해 예배드리라고 하셨다. 우리에게 그의 구원의 능력을 나타내시기 위해 감사하라고 하셨다. 하나님은 언제나 우리를 위하신다. 가슴을 열고 그의 말씀을 들어보라.

"여호와의 말씀이니라. 너희를 향한 나의 생각을 내가 아나니 평안이요 재앙이 아니니라. 너희에게 미래와 희망을 주는 것이니라"(렘 29:11).

셋째로, 십계명은 포괄적인 명령이다.

가장 간략하게 요약된 계명 속에 하나님의 진리가 담겨 있다. 우리는 그 계명을 최소한으로 지키지 않고 최대한으로 지켜야 한다. 예수님께서 이 점을 우리에게 가르쳐 주셨다.

> "옛 사람에게 말한 바 '살인하지 말라. 누구든지 살인하면 심판을 받게 되리라' 하였다는 것을 너희가 들었으나 나는 너희에게 이르노니 형제에게 노하는 자마다 심판을 받게 되고 형제를 대하여 라가라 하는 자는 공회에 잡혀가게 되고 미련한 놈이라 하는 자는 지옥 불에 들어가게 되리라"(마 5:21-22).

넷째로, 십계명은 단호한 명령이다.

십계명은 타협의 대상이 아니다. 예수님은 계명을 두 가지로 요약해 주셨다.

> "예수께서 이르시되 네 마음을 다하고 목숨을 다하고 뜻을 다하여 주 너의 하나님을 사랑하라 하셨으니 이것이 크고 첫째 되는 계명이요, 둘째도 그와 같으니 네 이웃을 네 자신같이 사랑하라 하셨으니 이 두 계명이 온 율법과 선지자의 강령이니라" (마 22:37-40).

다섯째로, 십계명은 행할 수 있는 명령이다.

십계명은 액자 속에 걸어 놓는 말씀이 아니다. 실현 불가능한 명령이 아니다. 우리들의 삶 속에서 행동으로 나타내야 할 말씀이다. 십계명은 다른 사람을 평가하고 책망하기 위하여 주신 말씀도 아니다. 자신을 들여다보는 거울로 주신 말씀이다. 십계명은 그리스도

안에서 거듭난 사람에게 대단히 유익한 말씀이다.

"그러므로 누구든지 이 계명 중의 지극히 작은 것 하나라도 버리고 또 그같이 사람을 가르치는 자는 천국에서 지극히 작다 일컬음을 받을 것이요, 누구든지 이를 행하며 가르치는 자는 천국에서 크다 일컬음을 받으리라"(마 5:19).

이런 마음가짐을 가지고 십계명을 읽어 보자.

제1계명 "너는 나 외에는 (내 앞에) 다른 신들을 네게 두지 말라."

1890년 미국 의회는 존 셔먼 상원의원이 발의한 '독점금지법'을 통과시켰다. 이 법은 어떤 기업이 다른 기업과의 자유경쟁을 방해하거나 독점하지 못하게 하는 법이다. 이 법에 의해서 가장 큰 제재를 받은 기업은 록펠러의 '스탠더드 오일'(Standard Oil) 회사였다. 탁월한 사업가였던 록펠러는 미국의 여러 정유회사들을 합병하여 91%의 시장점유율에 이르게 되었다.

마침내 1902년, 연방정부는 그의 회사가 독점금지법을 위반했는지 조사에 들어갔다. 1911년에 연방대법원은 스탠더드 오일 사가 미국의 석유산업을 불법적으로 독점했다며 회사를 해체하라고 판결했다. 결국 록펠러의 스탠더드 오일 사는 '엑슨모빌'과 '쉐브론'을 비롯한 34개의 석유회사들로 분리되었다.

독점금지법이 기업의 윤리를 지키는 면에서는 좋은 효과를 가져왔다. 그런데 오늘날 사람들은 종교에도 독점금지법의 개념을 적용하려고 든다. 그들은 어느 한 종교에만 구원이 있다고 주장하면 안

된다고 말한다. 그들은 기독교뿐만 아니라 다른 종교에도 구원이 있음을 인정하라고 강요한다. 과연 신앙은 타협하고 양보하며, 마음대로 선택하고 고를 수 있는 그런 것일까?

"너는 나 외에는 다른 신들을 네게 두지 말라."

그동안 여러 잡신들을 섬기는 애굽 땅에서 살았던 이스라엘 백성들에게 주신 명령이다.

NIV 성경은 이 구절을 "너는 내 앞에 다른 신을 두지 말라"(You shall have no other gods before me)라고 번역했다. 이 말씀을 오해하면 안 된다. 다른 신도 있다는 말이 아니다. 오직 하나님만이 신이시다. 그 외의 모든 신은 사람이 만든(man made) 것들이다. 어떤 민족들은 높은 신과 낮은 신을 구별했다. 그래서 낮은 신에게 부탁하여 높은 신에게로 나아가는 종교적 시스템을 만들었다. 특히 헬라인들에게 그런 성향이 강했다. 하나님은 그와 그의 백성들 사이에 아무도 개입하기를 원치 않으셨다. 하나님은 그의 백성들과 직접적이고도 인격적인 교제를 하기 원하셨다.

오늘날 우리들은 절대적인 것보다 상대적인 것을 선호하고, 지정받는 것보다는 선택하기를 선호하는 시대에 살고 있다. 오늘날의 문화는 '기독교에만 구원이 있다고 주장하지 말라'고 소리친다. 그러나 성경은 분명히 말씀하고 있다.

"나 외에 다른 신이 없나니 나는 공의를 행하며 구원을 베푸는 하나님이라. 나 외에 다른 이가 없느니라. 땅의 모든 끝이여 내게로 돌이켜 구원을 받으라. 나는 하나님이라. 다른 이가 없느니라"(사 45:21-22).

하나님과 우리 사이에 다른 어떤 것도 신(神) 노릇을 할 수 없다. 그것이 물질이든지, 명예든지, 인간관계이든지, 그 어떤 것도 하나님과 우리 사이를 갈라놓을 수 없다. 하나님과 우리 사이에 간격이 없어야 한다. 가장 순결하고 고상한 친밀함(intimacy)이 하나님과 우리 사이에 있어야 한다. 기독교 신앙에는 차선책이 없다. 오직 하나님 한 분으로 우리는 만족해야 한다.

제2계명 "너를 위하여 우상을 만들지 말라."

"너를 위하여 새긴 우상을 만들지 말고 또 위로 하늘에 있는 것이나 아래로 땅에 있는 것이나 땅 아래 물속에 있는 것의 어떤 형상도 만들지 말며, 그것들에게 절하지 말며 그것들을 섬기지 말라. 나 네 하나님 여호와는 질투하는 하나님인즉 나를 미워하는 자의 죄를 갚되 아버지로부터 아들에게로 삼사 대까지 이르게 하거니와 나를 사랑하고 내 계명을 지키는 자에게는 천 대까지 은혜를 베푸느니라"(출 20:4-6).

이 말씀의 핵심은 "너는 너를 위하여 우상을 만들지 말고"이다. 우상이란 무엇인가? '내가 원하는 것을 나에게 해줄 수 있고, 나의 장래를 보장하며, 어떤 상황에서도 나를 구원해 줄 수 있고, 나를 각종 위험에서 보호해 줄 것이라고 확신하는', 그런 것들이다. 우상숭배의 본질은 '나 자신'이 중심이다. 우상은 내가 원하는 모든 것을 공급해 주어야 한다고 의무를 부과한다. 그런 신들을 내가 만들고 의지한다면, 그것이 곧 우상숭배다.

기독교 신앙의 중심은 우리가 아니고 하나님이시다. 하나님은 주권을 가지고 그의 뜻을 행하신다. 하나님은 우리 눈으로 볼 수 있는 그런 분이 아니시다. 그래서 어떤 형상으로도 하나님을 표현할 길이 없다. 구약성경에서 우상숭배의 문제를 가장 심각하게 다루고 있는 책이 이사야서이다. 거기 이런 말씀이 있다.

> "이 나무는 사람이 땔감을 삼는 것이거늘 그가 그것을 가지고 자기 몸을 덥게도 하고 불을 피워 떡을 굽기도 하고 신상을 만들어 경배하며 우상을 만들고 그 앞에 엎드리기도 하는구나. 그중의 절반은 불에 사르고 그 절반으로는 고기를 구워 먹고 배불리며 또 몸을 덥게 하여 이르기를 아하 따뜻하다 내가 불을 보았구나 하면서, 그 나머지로 신상 곧 자기의 우상을 만들고 그 앞에 엎드려 경배하며 그것에게 기도하여 이르기를 너는 나의 신이니 나를 구원하라 하는도다"(사 44:15-17).

어떤 사람이 나무 둥치 하나를 가져다가 쪼개어서 불을 피우고 떡을 구워 먹었다. 그리고 남은 조각으로는 우상을 만들었다. 옛날 사람들은 손바닥 안에 들어갈 만한 우상을 만들어 가신(家神)으로 섬겼다. 그리고 우상 앞에 엎드려서 자기를 구원해 달라고 기도했다. 얼마나 어리석은 일인가? 불에 타서 없어질 나뭇조각을 의지하며 숭배하다니….

훗날 하나님께서는 하박국 선지자를 통하여 이렇게 탄식하셨다.

> "새긴 우상은 그 새겨 만든 자에게 무엇이 유익하겠느냐. 부어 만든 우상은 거짓 스승이라 만든 자가 이 말하지 못하는 우상을 의지하니 무엇이 유익하겠느냐. 나무에게 '깨라' 하며 말하지 못하는 돌에게 '일어나라' 하는 자에게 화 있을진저 그것이 교훈을 베풀겠느냐. 보라 이는 금과 은으로 입힌 것인즉 그 속에는 생기가 도무지 없느니라. 오직 여호와는 그 성전에 계시니 온 땅은 그 앞에서 잠잠할지니라 하시니라"(합 2:18-20).

왜 사람들이 우상을 숭배할까? 두렵기 때문이다. 사탄은 저주에 대한 두려움으로 사람을 얽어맨다. 우상을 숭배하는 사람에게는 자유가 없다. 그러나 하나님은 이스라엘 백성을 애굽에서 구원하시고 참 자유를 주셨다. 하나님은 그들이 다시 우상을 숭배함으로 두려움에 사로잡히기를 원치 않으셨다. 하나님께서 그들을 위하시면 아무도 해할 자가 없을 것이다. 그리스도인들은 어떤 경우에도 담대해야 한다.

> "그런즉 이 일에 대하여 우리가 무슨 말 하리요. 만일 하나님이 우리를 위하시면 누가 우리를 대적하리요"(롬 8:31).

우상에게 절하는 행위를 하나님께서 가장 미워하신다. 하나님께서 반드시 우상숭배자들의 죄를 갚으실 것이다. 다행히 자손 삼사 대까지만 갚으신다. 그러나 하나님을 사랑하고 그의 계명을 지키는 자에게는 천 대에 이르도록 은혜를 베푸신다. 하나님의 자비로우심이 얼마나 크고 놀라운가?

제3계명 "너는 네 하나님 여호와의 이름을 망령되게 부르지 말라."

> "너는 네 하나님 여호와의 이름을 망령되게 부르지 말라. 여호와는 그의 이름을 망령되게 부르는 자를 죄 없다 하지 아니하리라"(출 20:7).

하나님은 '구원자'이시다. 하나님의 이름을 부르면서 마음으로는 그의 구원하시는 능력을 믿지 않는다면, 그것이 바로 하나님의 이름을 망령되게 부르는 태도다. '망령되게'라는 말은 '헛되이, 공허하게, 쓸데없이'라는 뜻이다.

하나님의 이름을 망령되이 부른다는 말의 의미를 좀 더 포괄적으로 살펴보자. 그것은 하나님께서 살아 계신다는 믿음 없이 그의 이름을 부르는 경우이다. 또, 악한 생각과 행동을 하면서 입으로만 하나님의 이름을 부르는 경우이다. 그때 하나님은 "네가 나를 너와 같은 줄로 생각하였도다"(시 50:21)라고 책망하신다. 그뿐만 아니라 무한하신 하나님을 유한하신 분으로 생각하며 그 이름을 부르는 경우이다. 예를 들면, 우리가 하나님을 얼마든지 속일 수 있으며 내 마음대로 설득시킬 수 있다고 생각하는 경우이다. 하나님께서 예레미야를 통해 이렇게 말씀하셨다.

"여호와의 말씀이니라. 나는 가까운 데에 있는 하나님이요 먼 데에 있는 하나님은 아니냐? 여호와의 말씀이니라. 사람이 내게 보이지 아니하려고 누가 자신을 은밀한 곳에 숨길 수 있겠느냐. 여호와가 말하노라. 나는 천지에 충만하지 아니하냐"(렘 23:23-24).

하나님께서는 그의 이름을 존귀하게 여기고 경외하는 마음으로 부르는 자들에게 반드시 축복하신다.

"하나님이 이르시되…그가 내 이름을 안즉 내가 그를 높이리라"(시 91:14).

"여호와의 이름은 견고한 망대라. 의인은 그리로 달려가서 안전함을 얻느니라"(잠 18:10).

제4계명 "안식일을 기억하여 거룩하게 지키라."

"안식일을 기억하여 거룩하게 지키라. 엿새 동안은 힘써 네 모든 일을 행할 것이나 일곱째 날은 네 하나님 여호와의 안식일인즉 너나 네 아들이나 네 딸이나 네 남종이나 네 여종이나 네 가축이나 네 문 안에 머무는 객이라도 아무 일도 하지 말라. 이는 엿새 동안에 나 여호와가 하늘과 땅과 바다와 그 가운데 모든 것을 만들고 일곱째 날에 쉬었음이라. 그러므로 나 여호와가 안식일을 복되게 하여 그날을 거룩하게 하였느니라"(출 20:8-11).

안식일에 하나님께서 이 세상 만물들을 다 창조하셨다는 사실을 기억하고 감사드려야 했다. 안식일은 '나를 지으신 하나님께 예배드리는 날'이다. 훗날 모세는 안식일에 두 번째 의미를 부여했다. 그것은 베풀어 주신 구원의 은혜에 감사드리는 일이다.

> "너는 기억하라. 네가 애굽 땅에서 종이 되었더니 네 하나님 여호와가 강한 손과 편 팔로 거기서 너를 인도하여 내었나니 그러므로 네 하나님 여호와가 네게 명령하여 안식일을 지키라 하느니라"(신 5:15).

우리는 예수님께서 부활하신 날을 안식일로 지킨다. 예수님께서 십자가의 죽으심과 부활을 통하여 우리를 다시 지어 주셨다. 우리는 예수님 안에서 죄 사함 받고 재창조되었다. 영원히 구원을 받았다. 그래서 우리는 주일에 모여서 하나님께 예배를 드린다.

> "안식일을 기억하여 거룩하게 지키라"(Remember the Sabbath day by keeping it holy).

NIV 성경이 강조하는 점이 특별하다. 안식일을 거룩하게 지킴으로써 기념(기억)하라는 뜻이다. 어떻게 거룩하게 지킬 수 있을까? 하나님께서는 거룩하게 지키는 방식으로 '쉼'을 말씀해 주셨다. 단순한 쉼이 아니다. 예배드림으로써 경험하는 온전한 '쉼'이다. 예배드릴 때에 하나님의 은혜가 임하면 우리의 영·혼·육이 쉼을 얻고 새로워진다.

제5계명 "네 부모를 공경하라."

"네 부모를 공경하라. 그리하면 네 하나님 여호와가 네게 준 땅에서 네 생명이 길리라"(출 20:12).

하나님께서 "너희는 거룩하라"고 명령하셨다. 그리고 그 거룩함을 안식일과 부모 공경과 우상숭배하지 말라는 명령에 연결시키셨다.

"너는 이스라엘 자손의 온 회중에게 말하여 이르라. 너희는 거룩하라. 이는 나 여호와 너희 하나님이 거룩함이니라. 너희 각 사람은 부모를 경외하고 나의 안식일을 지키라. 나는 너희의 하나님 여호와이니라. 너희는 헛된 것들에게로 향하지 말며 너희를 위하여 신상들을 부어 만들지 말라. 나는 너희의 하나님 여호와이니라"(레 19:2-4).

다시 말하면, 부모 공경하는 일이 안식일을 지키고 우상을 숭배하지 않는 일만큼이나 거룩한 일이라는 말씀이다. 그래서 하나님에 관한 네 가지 계명 바로 뒤에 부모 공경에 대한 계명을 넣어 두셨다. 예수님은 다른 전통은 엄격히 지키면서도 부모를 공경하지 않는 바리새인들을 꾸짖으셨다.

"하나님이 이르셨으되 네 부모를 공경하라 하시고 또 아버지나 어머니를 비방하는 자는 반드시 죽임을 당하리라 하셨거늘, 너희는 이르되 누구든지 아버지에게나 어머니에게 말하기를 내가 드려 유익하게 할 것이 하나님께 드림이 되었다고 하기만 하면, 그 부모를 공경할 것이 없다 하여 너희의 전통으로 하나님의 말씀을 폐하는도다"(마 15:4-6).

물질로 부모를 공경할 의무가 있는 자녀가 '그 돈을 이미 하나님께 드렸습니다' 하면서 책임을 모면하려고 한다면, 그것이 곧 위선이라는 말씀이다. 아마 그는 하나님께도 그것을 드리지 않았을 것이다. 틀림없이 거짓말로 둘러대고 자기가 다 가졌을 것이다. 부모 공경과 하나님 섬김은 서로 분리될 수 없다. 아무도 부모를 공경하는 일에서 면제를 받을 수 없다.

자녀들은 부모에게 순종해야 한다. 부모의 말이 좀 고루하게 들릴지라도 순종하면 복을 받는다. 하나님께서 보상해 주신다. 우리는 부모에게 감사드려야 한다. 길러 주신 은혜를 기억하고 항상 감사해야 한다. 부모의 마음을 편안하게 해드려야 한다. 그러기 위해서 형제와 자매 사이에 화목해야 한다. 그리고 부모를 존경해야 한다. 자녀들의 무례한 말이 부모의 마음에 상처를 줄 수 있다. 부모에게 지켜야 할 자녀의 예의가 있다.

"부모의 물건을 도둑질하고서도 죄가 아니라 하는 자는 멸망 받게 하는 자의 동류니라"(잠 28:24).

제6계명 "살인하지 말라."

새벽예배에서 십계명을 가지고 연속설교를 한 적이 있다. 그때 성도들로 하여금 이 계명을 소리 내어 따라 하게 했다. 그랬더니 모두 웃었다. 일종의 실소(失笑)였다. 기가 막힌다는 표정이 역력했다. 예수님을 믿는 성도들에게, 그것도 새벽기도까지 나오는 신실한 성도들에게 "살인하지 말라"는 말은 분명히 어색하고 경우에 맞지 않는 말처럼 들렸을 것이다. 정말로 그런가? 예수님의 말씀을 들어보자.

> "옛 사람에게 말한 바, '살인하지 말라. 누구든지 살인하면 심판을 받게 되리라' 하였다는 것을 너희가 들었으나 나는 너희에게 이르노니 형제에게 노하는 자마다 심판을 받게 되고, 형제를 대하여 라가(바보)라 하는 자는 공회에 잡혀가게 되고, 미련한 놈이라 하는 자는 지옥 불에 들어가게 되리라"(마 5:21-22).

살인에 이르는 지뢰밭이 있다. 그것은 바로 미움이다. 미움은 거절당한 감정이다. 미움의 덫에 걸려 있는 사람들이 보편적으로 하는 말이 있다. '내가 저에게 얼마나 잘해주었는데…'라는 말이다. 이것은 직접적으로 거절당했을 때 느끼는 감정이다. 그런가 하면, '왜 내가 그 사람보다 못해?' 하며 시기한다. 이것은 제3자에 의해 간접적으로 거절당한 감정이다.

사울 왕은 '백성'이라고 하는 제3자에 의해 거절당했다. 그에게는 다윗을 미워할 만한 직접적 이유가 없었다. 그러나 백성들이 "사울이 죽인 자는 천천이요 다윗이 죽인 자는 만만이라"고 노래할 때에 아픈 거절을 경험했다. 그리고 그 상처 때문에 끝까지 다윗을 미워하며 죽이려고 따라다녔다.

거절당한 상처는 분노를 일으킨다. 분노는 분출되지 못한 가스(gas)와 같다. 스스로 해결할 길이 없다. 거절당해 가슴이 아프다는 사실도 인정할 수가 없다. 속이 부글부글 끓는다. 그 감정을 통제할 수 없게 될 때에 살인에 이른다. 살인에는 두 종류가 있다. 자기를 죽이는 자살과 남을 죽이는 타살이다.

정신과 의사인 브루스와 바바라 톰슨(Dr. Bruce and Barbara Thompson) 부부가 지은 《내 마음의 벽》(Walls of my heart)이라는 책이 있다. 톰슨 박사 부부는 이 책에서 '권위자'에 대하여 다룬다.

모든 사람들은 누군가를 권위의 인물로 삼으려는 경향이 있다. 권위의 인물로부터 인정과 칭찬을 받고 싶어 한다. 그 욕구가 성취되지 않을 때에 '나는 거절당했다'는 상처를 입게 되는데, 이 상처를 치료받지 못하면 살인이나 자살에 이르게 된다.

예를 들어, 반항적인 사람은 자기를 거절한 권위의 인물에 대하여 적개심, 자만심, 우월의식, 경쟁의식, 완고함, 비통, 분개를 거쳐서 지배하고 소유하려고 애쓴다. 그러다가 그 일이 불가능하게 되면 그 인물을 죽이고 만다. 한편, 수동적인 사람은 자기를 거절한 권위의 인물 때문에 슬퍼한다. 점점 자기연민과 자기증오에 빠지고 의기소침하게 된다. 만사에 흥미를 잃고 열등의식으로 괴로워하며, 정서적으로 불안정하고 실패의식과 죄의식에 사로잡힌다. 이렇게 정신적으로 죽어가다가 마침내는 자신을 죽이게 된다.

어떻게 하면 이 거절당한 상처를 치료할 수 있을까? 톰슨 부부는 권위의 인물을 바꾸라고 말한다. 사람을 권위의 대상으로 삼지 말고 하나님을 권위의 주(主)로 모시라고 권한다. 성경에 이런 말씀이 있다.

"사람이 무엇이기에 주께서 그를 생각하시며 인자가 무엇이기에 주께서 그를 돌보시나이까. 그를 하나님보다 조금 못하게 하시고 영화와 존귀로 관을 씌우셨나이다"(시 8:4-5).

"여호와는 내 편이시라. 내가 두려워하지 아니하리니 사람이 내게 어찌할까"(시 118:6).

"무릇 하나님의 영으로 인도함을 받는 사람은 곧 하나님의 아들이라. 너희는 다시 무서워하는 종의 영을 받지 아니하고 양자의 영을 받았으므로 우리가 아빠 아버지라고 부르짖느니라"(롬 8:14-15).

하나님을 사랑한다는 말은 하나님께 우리 삶의 모든 권위를 위임해 드린다는 말이다. 하나님은 절대로 우리를 거절하지 않으신다. 하나님은 상한 갈대를 꺾지 아니하며 꺼져가는 심지를 끄지 아니하시는 분이시다(마 12:20). 하나님은 회개하는 자의 모든 죄를 용서하시고 그 허물을 덮어 주시는 분이시다. 하나님께서 자신의 성품을 이렇게 말씀하셨다.

"나 곧 나는 나를 위하여 네 허물을 도말하는 자니 네 죄를 기억하지 아니하리라"(사 43:25).

'도말'은 페인트로 칠해서 더 이상 보이지 않게 한다는 말이다. 하나님께서 우리를 용서하시면 하나님 자신도 그 죄를 기억해 내실 수 없다. 우리 하나님은 그렇게 좋으신 분이시다. 예수님은 말씀하셨다.

"아버지께서 나를 사랑하신 것같이 나도 너희를 사랑하였으니 나의 사랑 안에 거하라"(요 15:9).

예수님의 사랑 안에 거하는 사람은 다른 사람에게 인정받기 위해 구걸하지 않는다. 왕의 자녀들처럼 당당하게 살아간다. 사람들에게 거절당할 이유가 없다. 미워하고 분을 낼 필요도 없다. 사람들의 말에 걸려 넘어지지 않는다. 하나님의 사랑 안에 사는 사람들은 모든 일과 모든 관계를 매끄럽게 풀어간다. 거침이 없다.

이런 사람은 거절을 당할 때 '그 사람도 나를 거절할 자유가 있다. 나도 얼마든지 거절당할 수 있다. 그래도 괜찮다. 하나님께서 나를 인정하시기 때문에 나는 더 바랄 것이 없다'고 생각하며 의연한 삶을 살아간다. 우리는 다른 사람들보다 모자랄 수도 있고, 패배할 수도 있고, 선택받지 못할 수도 있다. 그러나 거절당한 것 때문에 상처를 입지는 않는다. 그 사람들이 내 인생의 권위자가 아니기 때문이다. 그래서 마음으로 살인하지 않고 살아간다.

살인하지 말라는 계명의 다른 면은 '서로 사랑하라'이다. 모세는 시내 산에서 "살인하지 말라"고 말했고, 예수님은 십자가 위에서 "서로 사랑하라"고 말씀하셨다. 우리는 권위자이신 하나님의 성품을 닮아가야 한다. 그의 선하심과 인자하심을 닮아가야 한다.

"우리는 형제를 사랑함으로 사망에서 옮겨 생명으로 들어간 줄을 알거니와 사랑하지 아니하는 자는 사망에 머물러 있느니라"(요일 3:14).

제7계명 "간음하지 말라."

예수님은 이 계명을 좀 더 포괄적인 의미로 가르치셨다.

> "또 간음하지 말라 하였다는 것을 너희가 들었으나 나는 너희에게 이르노니 음욕을 품고 여자를 (계속해서 쳐다)보는 자마다 마음에 이미 간음하였느니라"(마 5:27-28).

바울은 예수님의 말씀을 더 깊이 이해했다.

> "음행과 온갖 더러운 것과 탐욕은 너희 중에서 그 이름조차도 부르지 말라. 이는 성도에게 마땅한 바니라. 누추함과 어리석은 말이나 희롱의 말이 마땅치 아니하니 오히려 감사하는 말을 하라"(엡 5:3-4).

십계명은 하나님의 원칙이다. 이 원칙은 결과와 동기를 동일하게 여긴다. 그 동기로 인하여 잘못된 결과가 일어났다면 동기에도 똑같은 책임을 물어야 한다는 말씀이다. 여자를 보고(혹은 남자를 보고) 음욕을 품은 결과가 간음으로 나타났다면, 아무도 몰래 가슴속에 품은 음욕 자체가 곧 간음이라는 말씀이다. 사람들은 이런 원칙이 너무 과하다고 생각하며 적당한 지점에 선을 긋고 싶어 한다. 그러나 음란의 비탈길에는 스스로 멈추어 설 만한 안전한 지대가 없다. 이것이 십계명의 원칙이다. 그리고 그 원칙 때문에 언약의 백성들은 이 위험한 세상에서 안전한 삶을 살 수 있다.

"간음하지 말라."

하나님께서 '하지 말라'고 하실 때에 그 명령 속에는 언제나 '그렇게 하면 죽는다'는 엄중한 의미가 담겨 있다. 그래서 "살인하지 말라"는 계명 다음에 이 계명을 두셨다.

우리는 성적으로 극히 음란한 사회에서 살고 있다. 음란한 생활을 오히려 미화시키는 시대에 살고 있다. 간음은 부부가 아닌 남녀들이 범하는 죄다. 간음에는 치명적 독성이 있다. 간음은 언젠가 반드시 드러나게 된다. 사탄은 절대로 끝까지 죄를 숨겨 주지 않는다. 간음은 수치감과 죄책감으로 당사자들을 고통스럽게 한다. 간음은 한 가정을 파멸에 이르게 한다. 부부 사이에 쉽게 아물지 않는 금이 가고, 자녀들의 마음에 치료받기 어려운 상처가 남는다. 그뿐만 아니라 간음은 한 사회와 국가를 파멸에 이르게 한다. 다윗이 밧세바와 범한 간음은 그의 생애에 오점을 남겼을 뿐만 아니라 그의 백성들에게도 깊은 상흔을 남겼다.

언약 아래 사는 하나님의 백성들은 간음을 살인만큼이나 엄중하게 생각해야 한다. 음행에 발을 딛는 순간 언약의 땅에서 벗어나기 때문이다.

"음행을 피하라. 사람이 범하는 죄마다 몸 밖에 있거니와 음행하는 자는 자기 몸에 죄를 범하느니라. 너희 몸은 너희가 하나님께로부터 받은 바 너희 가운데 계신 성령의 전인 줄을 알지 못하느냐. 너희는 너희 자신의 것이 아니라 값으로 산 것이 되었으니 그런즉 너희 몸으로 하나님께 영광을 돌리라"(고전 6:18-20).

음란한 사회에서 가정을 지킬 수 있는 좋은 방법이 있다. 그것은 사랑하는 아내(남편)와 더불어 즐겁게 사는 삶이다. 부부는 서로 행복하기 위해 모든 노력을 다해야 한다. 말로 서로를 무시하지 않아야 한다. 무관심하지도 않아야 한다. 설사 의견충돌이 있더라도 속히 화목해야 한다. 가슴에 앙금이 남아 있지 않게 해야 한다. 그리고 결심해야 한다.

'나는 평생토록 내 남편만(내 아내만) 존중히 여기며 살리라.'

> "네 헛된 평생의 모든 날 곧 하나님이 해 아래에서 네게 주신 모든 헛된 날에 네가 사랑하는 아내와 함께 즐겁게 살지어다. 그것이 네가 평생에 해 아래에서 수고하고 얻은 네 몫이니라"(전 9:9).

제8계명 "도둑질하지 말라."

아마 내 기억으로는 그날 새벽기도회에서도 이 제목을 소리 내어 따라 하던 성도님들이 어색하게 웃었던 것 같다. '도둑'이라는 말은 사람들이 가장 듣기 싫어하는 말이다. 그 말을 듣는 순간 화를 내고 변명하지 않을 사람이 어디 있겠는가? 도둑질하다가 현장에서 들킨 사람도 일단은 펄펄 뛰며 부인한다.

> "도둑질하지 말라."

이 계명도 "네 부모를 공경하라"는 계명처럼 모든 사람들에게 보편적으로 적용될 수 있을까? 예수님은 계명과 율법을 완벽하게 지키고 있다고 자부하는 바리새인들에게 이렇게 말씀하셨다.

> "입에서 나오는 것들은 마음에서 나오나니 이것이야말로 사람을 더럽게 하느니라. 마음에서 나오는 것은 악한 생각과 살인과 간음과 음란과 도둑질과 거짓 증언과 비방이니 이런 것들이 사람을 더럽게 하는 것이요, 씻지 않은 손으로 먹는 것은 사람을 더럽게 하지 못하느니라"(마 15:18-20).

바울은 에베소 교회 성도들(그렇다, 성도들이다)에게 권면했다.

> "도둑질하는 자는 다시 도둑질하지 말고 돌이켜 가난한 자에게 구제할 수 있도록 자기 손으로 수고하여 선한 일을 하라"(엡 4:28).

조금 불편하지만 우리 속에도 도둑질하고 싶은 탐욕이 숨어 있다는 사실을 인정하자. 제8계명은 탐욕의 함정에 빠져들지 말라는 경고의 말씀이다. 계명의 목적은 심판이 아니고 예방이다. 그러므로 우리는 이 계명 앞에서 겸손해야 한다. 나도 넘어질 수 있다고 인정하는 사람은 성령의 도우심을 구하게 되고, 그래서 오히려 더 안전하다.

왜 성도들이 도둑질하면 안 될까? 하나님을 욕되게 하기 때문이다. 만일 우리가 도둑질을 한 후에 '하나님께서 나를 축복하셨다'고 말한다면 그보다 더 하나님의 이름을 망령되게 하는 일도 없을 것이다. 하나님께서 그와 한 팀이 되어 남의 것을 훔치셨다는 뜻이 되니까.

도둑질하고 싶은 유혹을 사전에 예방할 수는 없을까? 있다. 정직함이다. 모든 사람들은 정직한 사람을 원한다. 직원들이 정직하기를 원하고, 나라의 공무원들이 정직하기를 원한다. 인간관계에서 '정직함'이라는 단어는 중요한 역할을 한다. 부정직한 나라는 쉽게 허물어진다. 그러나 정직한 사회는 어떤 어려움이 와도 무너지지 않는다. 개인도 마찬가지다. 정직함에 있어서 우리는 단호해야 한다. 타협하지 않아야 한다.

야곱은 정직한 사람이었다. 그는 마음으로 결심했다. '내가 외삼촌의 소유를 도둑질하지 아니하리라.' 단순히 도둑질하지 않으리라는 결심이 아니었다. 단순히 정직하게 살리라는 결심도 아니었다. 야곱은 해를 끼치지 않는 것으로 만족하지 않고, 유익을 끼치는 사람이 되기로 작정했다.

> "내가 이 이십 년을 외삼촌과 함께하였거니와 외삼촌의 암양들이나 암염소들이 낙태하지 아니하였고, 또 외삼촌의 양 떼의 숫양을 내가 먹지 아니하였으며, 물려 찢긴 것은 내가 외삼촌에게로 가져가지 아니하고, 낮에 도둑을 맞았든지 밤에 도둑을 맞았든지 외삼촌이 그것을 내 손에서 찾았으므로 내가 스스로 그것을 보충하였으며, 내가 이와 같이 낮에는 더위와 밤에는 추위를 무릅쓰고 눈 붙일 겨를도 없이 지냈나이다"(창 31:38-40).

하나님은 정직한 사람을 축복하신다.

> "여호와께서 보시기에 정직하고 선량한 일을 행하라. 그리하면

네가 복을 받고 그 땅에 들어가서 여호와께서 모든 대적을 네 앞에서 쫓아내시겠다고 네 조상들에게 맹세하신 아름다운 땅을 차지하리니 여호와의 말씀과 같으니라"(신 6:18-19).

정직은 무엇일까? 하나님이 나를 보고 계신다는 의식이다. 이런 의식을 지닌 사람은 믿어도 된다.

제9계명 "네 이웃에 대하여 거짓 증거하지 말라."

다른 말로 하면 '위증(僞證)하지 말라'는 뜻이다. 도둑질이 이웃에게 물질적인 손해를 끼친다면, 위증은 다른 사람의 인격에 손해를 끼친다. 전자는 뉘우치고 돌려줄 수 있지만, 후자는 회복시켜 줄 기회조차 없다.

광야 길을 가고 있는 이스라엘 백성들은 정서적으로 매우 불안정한 상태였다. 이런 상황에서 서로가 서로에게 거짓말을 한다면 그 공동체는 순식간에 무너지고 말 것이다. 그래서 하나님께서 말씀하셨다.

"네 이웃에 대하여 거짓 증거하지 말라."

이웃도 얼마든지 원수처럼 살 수 있다. 이웃은 서로가 믿고 의지하며, 서로를 보호하고, 서로의 것을 지켜 주고, 서로의 필요를 채워 주고, 서로의 상처를 치료해 줄 수 있는 특별한 관계를 의미한다. 그런데 하나님께서 '네 이웃을 위하여'라고 하시지 않고 '네 이웃에 대(적)하여(against)'라고 하셨다. 이것은 이웃과 척(斥)을 지고 살아가는 관계를 말한다. 이웃에 대하여 적대감을 가지고, 이웃을 시기하고, 이웃을 대하여 악한 마음을 가지고 있는 경우를 뜻한다. 거짓 증언은 없는 말을 그럴싸하게 만들어 이웃을 허물어뜨리는 행위이다.

어떻게 거짓 증언하고 싶은 유혹에서 벗어날 수 있을까? 먼저 이웃에 대한 적대감정을 버려야 한다. 거짓 증거는 이웃에 대한 악한 생각이 입술로 표현된 것이다. 십계명에 하나님께서 '하지 말라'고 명령하신 일들은 모두 우리들의 악한 성품과 연결되어 있다. 그러므로 우리는 이웃을 향하여 선한 생각을 해야 한다.

> "거짓 증인은 벌을 면하지 못할 것이요 거짓말을 뱉는 자는 망할 것이니라"(잠 19:9).

> "너는 거짓된 풍설(false report, 뜬소문, '했다고 하더라')을 퍼뜨리지 말며 악인과 연합하여 위증하는 증인이 되지 말며"(출 23:1).

서로 의지하고 살던 이웃이 갑자기 안면을 바꾸고 거짓말로 증언할 때에 그 충격은 말로 다 표현할 수 없다. 가까운 사람이 거짓말로 우리를 쳐서 증언하면 마음에 한이 맺히게 된다. 억울하고 가슴이 아프다.

> "자기의 이웃을 쳐서 거짓 증거하는 사람은 방망이요, 칼이요, 뾰족한 화살이니라"(잠 25:18).

성경에서 거짓 증인들로 인하여 가장 큰 고통을 받았던 인물이 욥이다. 욥을 위로하기 위해서 찾아온 세 친구들은 '네가 이렇게 고난을 당하는 까닭은 다른 사람이 모르는 죄를 네가 범했기 때문이다'고 악평을 했다. 그들은 욥의 잘못을 눈으로 직접 본 사람들처럼 욥에 대하여 위증했다.

> "네 악이 크지 아니하냐. 네 죄악이 끝이 없느니라. 까닭 없이 형제를 볼모로 잡으며, 헐벗은 자의 의복을 벗기며, 목마른 자에게 물을 마시게 하지 아니하며, 주린 자에게 음식을 주지 아니하였구나…너는 과부를 빈손으로 돌려보내며 고아의 팔을 꺾는구나. 그러므로 올무들이 너를 둘러 있고 두려움이 갑자기 너를 엄습하며, 어둠이 너로 하여금 보지 못하게 하고 홍수가 너를 덮느니라"(욥 22:5-11).

훗날 하나님께서 그들을 꾸짖으셨다. 하나님과 욥에 대하여 위증했기 때문이다.

우리는 이웃에 대적하여 거짓말로 증언하지 않는 것으로 만족하지 말고, 한 걸음 더 나아가서 우리의 말로 이웃을 살려 주고 세워 주어야 한다. 우리가 예수님에게 이 계명을 해석해 달라고 부탁한다면 어떤 대답을 하실까. 아마도 이렇게 대답하실 것이다.

"옛 사람들은 '네 이웃에 대하여 거짓 증거하지 말라'고 하였거니와 나는 너희에게 이르노니 네 이웃을 격려하고 보호하며 세워 주어라."

오늘 우리가 살고 있는 사회는 다른 어느 때보다도 격려가 필요한 시대이다. 어느 때보다도 인정과 칭찬, 감사와 위로의 말이 필요한 시대이다. 너 나 할 것 없이 모두 절벽 위를 걸어가고 있기 때문이다.

제10계명 "네 이웃의 집을 탐내지 말라."

> "네 이웃의 집을 탐내지 말라. 네 이웃의 아내나 그의 남종이나 그의 여종이나 그의 소나 그의 나귀나 무릇 네 이웃의 소유를 탐내지 말라"(출 20:17).

십계명은 하나님을 사랑하라는 전반부의 네 계명들과 이웃을 사랑하라는 후반부의 여섯 계명들로 구성되어 있다. 이 마지막 계명은 이웃 사랑에 대한 안전장치다. 이 계명을 지키지 못하면 이웃을 사랑할 수가 없다. 이 계명은 이전의 계명들과 달리 내면의 세계를 다루고 있다. 그 사람의 탐심이 말과 행동으로 나타나기 전에는 아무도 알 수가 없다. 탐심은 하나님과 자신만이 알 수 있는 영역이다.

탐심이 들어오면 나의 소유는 보이지 않고 이웃의 소유만 보인다. 탐심은 내가 모든 것을 다 가졌으면 좋겠다는 생각이다. 탐심에서 끝없는 불만이 나온다. 탐심은 불행한 느낌의 원천이다. 탐심은 모든 범죄의 동기가 된다. 옛말에 "모든 것을 탐내면 모든 것을 잃는다"(All covet, all lose)고 했다. 탐심에 족쇄를 채워야 한다. 어떤 시인은 이렇게 기도했다.

> "내 마음을 주의 증거들에게 향하게 하시고 탐욕으로 향하지 말게 하소서. 내 눈을 돌이켜 허탄한 것을 보지 말게 하시고 주의

길에서 나를 살아나게(머무르게) 하소서"(시 119:36-37).

탐심을 물리치는 몇 가지 비결이 있다. 첫째로, 하나님을 절대 신뢰해야 한다. 하나님만이 우리의 필요를 부족함 없이 채워 주실 수 있다. 하나님께서 채워 주시면 언제나 열두 광주리가 남는다. 둘째로, 자족하는 마음으로 감사하며 살아가야 한다.

"그러나 자족하는 마음이 있으면 경건은 큰 이익이 되느니라. 우리가 세상에 아무것도 가지고 온 것이 없으매 또한 아무것도 가지고 가지 못하리니, 우리가 먹을 것과 입을 것이 있은즉 족한 줄로 알 것이니라"(딤전 6:6-8).

셋째로, 이웃을 축복해야 한다. 이웃이 잘될 때 하나님께 감사드리고 축하해 주는 사람은 절대로 탐욕의 노예가 될 수 없다. 넷째로, 선한 목적을 가지고 열심히 살아야 한다. 베풀기 위해 모으는 삶은 탐욕과 상관없는 선한 삶이다. 다섯째로, 성령님의 도우심을 구해야 한다. 성령님이 나와 함께하시면 나 자신을 속일 수 없다. 투명한 삶을 살 수 있다.

십계명의 정신은 사랑이다. 하나님을 사랑하고 이웃을 사랑하라는 말씀이다. 어떻게 하나님과 이웃을 사랑할 수 있을까? C. S. 루이스는 그의 저서 《순전한 기독교》(Mere Christianity, 홍성사, 2005년)에서 하나님을 사랑하고 이웃을 사랑할 수 있는 지혜로운 방법을 제시하고 있다. 그는 이렇게 말한다.

"기독교적 의미의 사랑은 감정이 아닙니다. 그것은 감정의 상태가 아니라 의지의 상태로서, 우리 자신에 대해서는 자연적으로 가지고 있지만 남에 대해서는 배워서 익혀야 하는 것입니다…우리 모두에게 주어진 법칙은 아주 간단합니다. 자신이 이웃을 사랑하나 사랑하지 않나 하고 고민하느라 시간을 낭비하지 마십시오. 그냥 그를 사랑한다 치고 행동하십시오. 그러면 곧 위대한 비밀 하나를 발견할 것입니다. 어떤 사람을 사랑한다 치고 행동하면, 얼마 지나지 않아 진짜로 그를 사랑하게 되는 비밀 말입니다. 어떤 사람이 싫다고 해서 상처를 주면, 점점 더 그가 싫어집니다. 그러나 싫은 사람이라도 잘 대해 주면, 점점 덜 싫어집니다…나의 행복을 바라듯 그의 행복을 바라는 마음으로 잘해 준다면 그때마다 우리는 조금씩 더 그를 사랑하게 될 것이며, 아니면 적어도 덜 싫어질 것입니다…사람들은 인간이 이렇게 하나님을 사랑해야 한다는 데 종종 난색을 표합니다. 자기 마음속에서는 그런 감정을 찾을 수가 없기 때문입니다. 그러면 어떻게 해야 할까요? 대답은 똑같습니다. 하나님을 사랑한다 치고 행동하십시오. 가만히 앉아 억지로 사랑의 감정을 만들어 내려고 애쓰지 마십시오. '만일 내가 하나님을 진정으로 사랑한다면 무엇을 할까?' 하고 스스로에게 물어보십시오. 그래서 떠오르는 일을 가서 하십시오…하나님을 향한 사랑이든 인간을 향한 사랑이든, 기독교적인 사랑은 의지(will)의 문제입니다. 하나님의 뜻(will)을 행하려고 노력한다면, 이미 우리는 '주 너희 하나님을 사랑하라'는 계명에 순종하고 있는 것입니다."

율법들

// 출애굽기 20장 22절-23장 //

하나님께서 모세와 말씀하시는 동안 백성들은 두려움에 떨었다. 그들이 본 것은 우레와 나팔 소리와 산의 연기가 전부였다. 하나님께서 모세에게 말씀하셨다.

> "여호와께서 모세에게 이르시되, 너는 이스라엘 자손에게 이같이 이르라. 내가 하늘로부터 너희에게 말하는 것을 너희 스스로 보았으니 너희는 나를 비겨서 은으로나 금으로나 너희를 위하여 신상을 만들지 말고 내게 토단을 쌓고 그 위에 네 양과 소로 네 번제와 화목제를 드리라. 내가 내 이름을 기념하게 하는 모든 곳에서 네게 임하여 복을 주리라. 네가 내게 돌로 제단을 쌓거든 다듬은 돌로 쌓지 말라. 네가 정으로 그것을 쪼면 부정하게 함이니라"(출 20:22-25).

십계명이 하나님의 원칙이라면 율법은 적용이다. 우리는 율법 속에서 십계명의 정신을 찾아내야 한다. 율법의 시작은 예배(제단)에 대한 법이다(출 20:22-26). 핵심은 하나님을 상징하는 어떤 신상도 만들지 말라는 말씀이다. 단순하게 토단(土壇) 위에서 양과 소로 제사를 드리라고 하셨다. 장인(匠人)들이 다듬은 돌로 제단을 쌓지 말고, 제단에 올라가는 계단도 만들지 말라고 하셨다. 이는 당시에 일반화된 우상숭배의 문화로부터 구별되라는 말씀이었다.

율법들을 주제별로 나누어 보면 다음과 같다.

·히브리 남녀 노예들에 대한 율법들(출 21:1-11)

같은 동족이 어려운 형편 때문에 자신이나 가족을 종으로 팔았다면 7년째 되는 해에 자유하게 된다. 만일 종들이 주인과 영원히 함께 살기를 원하면 재판관의 입회 아래 귓불에 구멍을 뚫어 그 증거를 삼았다. 아버지가 딸을 여종으로 팔았으면 주인은 그 여종을 인격적으로 대우해야 했다. 그 여종과 동침하여 아내로 삼지 않으려면 자유인으로 내보내야 했다. 이 율법의 정신은, 비록 지금 우리들이 완전히 동의할 수 없을지라도, 그때의 상황에서는 최선을 다하여 사람을 인격적으로 대하고 존중히 여기는 방식이었다.

·폭력에 대한 율법들(출 21:12-17)

실수로 사람을 죽였을 때에는 도피성으로 피하여 목숨을 부지하게 했다. 그러나 고의적인 살인에는 반드시 사형이 따르게 했다. 자기 부모에게 폭행을 하거나 저주하는 자식도 죽임을 당해야 했다. 사람을 납치하고 파는 자도 반드시 죽였다. 이 율법의 정신은 '살인하지 말라'는 계명과 연결된다.

·사형죄에 해당하지 않는 폭력들(출 21:18-27)

다른 사람에게 폭력을 행하였으나 신체적인 상해가 없으면 돈으로 갚아야 한다. 그러나 해가 있다면 생명은 생명으로, 눈은 눈으로, 이는 이로, 손은 손으로, 발은 발로, 덴 것은 덴 것으로, 상하게 한 것은 상함으로, 때린 것은 때림으로 갚게 했다. 종에게 상해를 입혔을 경우에는 벌이 그보다 가벼웠다. 이 율법의 목적은 폭행을 그치게 하는 데 있었다.

·가축 임자의 책임(출 21:28-32)

소가 사람을 받는 버릇이 있어서 사람을 죽일 경우, 소와 임자는 죽임을 당했다. 사형을 면하려면 죽은 사람의 생명의 대가를 지불해야 했다. 남종이나 여종을 받아 죽이면 은 삼십 세겔로 보상해야 했다. 자신의 부주의로 다른 사람의 가축이 죽을 경우, 또는 자기 가축이 타인의 가축을 죽일 경우에도 합당한 보상을 해야 했다. 이 율법은 목축업을 하던 이스라엘 백성들에게 반드시 필요한 법이었다.

·배상의 법(출 22:1-15)

도둑은 훔친 물건에 대하여 반드시 배상을 해야 했다. 도둑질한 소나 양을 도살했거나 팔았다면 소 한 마리에 다섯 마리, 양 한 마리에 네 마리를 배상해야 한다. 훔친 가축이 아직 살아 있으면 갑절로 배상해야 한다. 자기 가축으로 남의 밭이나 포도원에서 먹게 했으면(이것도 도둑질이었으니까) 자기 소유의 가장 좋은 것으로 배상해야 했다. 남의 것을 맡았다가 도둑질 당해도 배상해야 했다. 빌려온 것들이 상하거나 죽었을 때에도 배상해야 했다. 불을 놓아 남에게 손해를 끼친 사람도 배상을 해야 했다. 이 법들은 공동체 안에서 서로 책임지는 삶을 가르치고 있다.

·도덕적인 법들(출 22:16-31)

약혼하지 않은 처녀를 꾀어서 동침한 경우는 제7계명의 원칙 아래 처리해야 한다. 결혼하지 않은 처녀는 아버지의 권리에 속했다. 그러므로 아버지에게 벌금을 물어야 했다. 무당과 다른 신에게 제사를 드리는 자는 짐승과 행음하는 자들처럼 죽여야 했다. 우상숭배도 영적인 간음이기 때문이다. 그다음에는 나그네와 고아와 과부들, 그리고 가난한 자들을 업신여기지 말라는 말씀이 나온다. 마지막으로 재판장과 지도자들을 존중히 여기고, 하나님께 드리는 예물을 먼저 드리며, 짐승에게 찢긴 것은 먹지 말라고 명령하고 있다.

·정의로움에 관한 법들(출 23:1-9)

재판할 때는 위증과 부당한 증언과 편견을 버려야 한다. 가난한 자를 무시하지 말며, 불의한 뇌물을 받지 말고 바른 재판을 해야 한다. 원수가 곤란한 일을 당할 때에 못 본 체하지 말아야 한다. 나그네를 압제해서도 안 된다.

·안식에 관한 법들(출 23:10-12)

7년째는 온 땅으로 쉬게 해야 한다. 그리고 7일째 되는 날은 안식일로 지켜야 한다. 세상에 하나님 외에 어떤 다른 신이 안식을 명한 적이 있었던가? 안식은 단순한 쉼이 아니다. 하나님의 축복을 나누는 쉼이다.

"일곱째 해에는 갈지 말고 묵혀 두어서 네 백성의 가난한 자들이 먹게 하라. 그 남은 것은 들짐승이 먹으리라 네 포도원과 감람원도 그리할지니라"(출 23:11).

·세 가지 절기들(출 23:14-19)

이스라엘 백성들에게는 기념하고 기억해야 할 절기들이 있었다. 유월절로 시작되는 무교절, 훗날 가나안 땅에 들어가서 처음으로 지은 농사를 기억하는 맥추절, 그리고 가을 추수를 끝낸 후에 지키는 수장절이다. 19절 말미에 특별한 명령이 나온다.

"너는 염소 새끼를 그 어미의 젖으로 삶지 말지니라"(출 23:19).

이 말씀은 가나안 사람들의 제사 드리는 방식을 따르지 말라는 뜻일 것이다. 어쨌든 어미 염소의 젖으로 그 새끼를 삶는 일은 무정한 일이다. 그래서인지 지금도 이스라엘 호텔 식탁에는 우유와 고기가 함께 나오지 않는다. 우유가 나오면 고기가 없고, 고기가 나오면 우유가 없다.

·젖과 꿀이 흐르는 땅에 들어가거든(출 23:20-33)

하나님께서 이스라엘 백성들에게 주신 이 약속은 창세기 15장에서 아브라함에게 주셨던 언약과 일치한다. 하나님의 사자(천사)가 이스라엘을 보호하며 준비하신 땅으로 인도할 것이다. 그 사자는 하나님의 이름으로 보냄을 받았다. 그러므로 그의 말에 순종해야 한다. 순종하면 받는 선물이 있다.

"네가 그의 목소리를 잘 청종하고 내 모든 말대로 행하면 내가 네 원수에게 원수가 되고 네 대적에게 대적이 될지라"(출 23:22).

하나님의 사자가 앞서 가서 가나안 땅의 여섯 부족들을 끊어내실 것이다. 이스라엘은 그들이 섬기던 우상을 멀리하고 하나님을 섬겨야 한다. 그러면 축복이 차고 넘칠 것이다.

"네 하나님 여호와를 섬기라. 그리하면 여호와가 너희의 양식과 물에 복을 내리고 너희 중에서 병을 제하리니 네 나라에 낙태하는 자가 없고 임신하지 못하는 자가 없을 것이라. 내가 너의 날 수를 채우리라. 내가 내 위엄(두려움)을 네 앞서 보내어 네가 이를 곳의 모든 백성을 물리치고 네 모든 원수들이 네게 등을 돌려

도망하게 할 것이며 내가 왕벌을 네 앞에 보내리니 그 벌이 히위 족속과 가나안 족속과 헷 족속을 네 앞에서 쫓아내리라"(출 23:25-28).

하나님의 돌보심은 자상하고도 세밀했다.

"그러나 그 땅이 황폐하게 됨으로 들짐승이 번성하여 너희를 해할까 하여 일 년 안에는 그들을 네 앞에서 쫓아내지 아니하고 네가 번성하여 그 땅을 기업으로 얻을 때까지 내가 그들을 네 앞에서 조금씩 쫓아내리라"(출 23:29-30).

이중계약은 비난 받아 마땅하다. 하나님의 언약 아래 있는 백성들이 우상과 언약을 맺으면 그것은 범죄행위에 해당한다. 하나님께서 다시 한 번 경고하셨다.

"너는 그들과 그들의 신들과 언약하지 말라"(출 23:32).

피로 세운 언약

// 출애굽기 24장 //

계약은 서로가 동의해서 맺은 약속이다. 그러나 언약은 하나님께서 그의 백성들에게 무조건 은혜를 베푸시겠다는 일방적 약속이다. 그 약속에 상대방은 믿음과 순종으로 반응만 하면 된다. 이것이 언약의 관계다. 언약 아래 있는 백성들은 하나님의 법을 지켜야 한다.

마침내 시내 산에서 하나님과 이스라엘 자손 사이에 언약을 세우는 의식(儀式)이 거행되었다. 먼저 하나님의 은혜로운 약속에 대한 이스라엘의 이해와 동의가 필요했다. 그래서 모세는 지금까지 하나님께 받은 모든 말씀을 그들에게 전했다. 그러자 이스라엘 회중이 한목소리로 응답했다.

"여호와께서 말씀하신 모든 것을 우리가 준행하리이다"(출 24:3).

모세는 하나님께 받은 말씀들을 다 기록했다. 그리고 제단을 쌓은 후에 열두 지파를 상징하는 열두 (돌)기둥들을 세웠다. 그 후에 청년들을 보내어 소를 잡아 하나님께 제사를 드리게 했다. 왜 청년들을 보냈을까? 다음 세대들로 하여금 이 언약체결에 참여하여 축복의 유산을 누리게 하려는 의도였다. 제단을 쌓은 후에 모세는 소의 피를 양푼에 담아 절반을 제단에 뿌렸다. 그리고 언약의 글을 백성들 앞에서 낭독했다. 그러자 다시 한 번 백성들이 한목소리로 응답했다.

"여호와의 모든 말씀을 우리가 준행하리이다."

모세가 백성들을 향해 남은 절반의 피를 뿌리면서 말했다.

"이는 여호와께서 이 모든 말씀에 대하여 너희와 세우신 언약의 피니라"(출 25:8).

성경에서 언약은 언제나 피 뿌림으로 세워졌다. 노아 때도 그랬고(창 8장), 아브라함 때도 그랬다(창 15장). 훗날 히브리서 기자는 예수님께서 세우신 새 언약에도 피 뿌림이 있다고 기록했다.

> "염소와 황소의 피와 및 암송아지의 재를 부정한 자에게 뿌려 그 육체를 정결하게 하여 거룩하게 하거든 하물며 영원하신 성령으로 말미암아 흠 없는 자기를 하나님께 드린 그리스도의 피가 어찌 너희 양심을 죽은 행실에서 깨끗하게 하고 살아 계신 하나님을 섬기게 하지 못하겠느냐. 이로 말미암아 그는 새 언약의 중보자시니 이는 첫 언약 때에 범한 죄에서 속량하려고 죽으사 부르심을 입은 자로 하여금 영원한 기업의 약속을 얻게 하려 하심이라"(히 9:13-15).

언약을 세운 후에 백성의 존귀한 지도자들이 시내 산으로 올라가서 하나님을 뵈었다. 그전에는 아무도 올라오지 못하게 하셨다. 경계선을 넘어 올라오면 죽을 것이라고 경고하셨다. 그런데 언약을 맺은 후에는 하나님께서 그들을 초청하셨다. 언약이 간격을 메우고 벽을 허물었다. 영광스럽게도 그들에게 하나님을 뵐 수 있는 특권이 주어졌다. 정확하게 말하자면 하나님의 발아래만 보았다.

그 모습이 마치 청옥(sapphire)을 편 듯하고, 그 색깔은 하늘같이 청명(淸明)했다. 그들은 하나님을 뵙고 그분 앞에서 먹고 마셨다. 마치 국가 간에 중요한 협정을 체결한 후에 파티를 열고 즐기는 장면과 흡사했다.

식사 후에 하나님께서 모세를 시내 산의 더 높은 곳으로 부르셨다. 계명과 율법을 새겨 놓은 돌판을 주시겠다고 하셨다. 모세는 여호수아와 함께 산으로 올라가면서 아론과 훌에게 백성을 맡겼다. 모세가 산 위에 올라간 지 7일째 되던 날 하나님께서 모세를 더 가까이 부르셨다. 산 아래 있는 백성들의 눈에는 맹렬한 불이 붙는 것처럼 보였다. 여호와의 영광이 임하여 있었다.

모세는 40일을 산 위에 머물며 성막 건축과 제사장들이 입을 옷에 관한 말씀을 받았다.

성막(聖幕)의 청사진

// 출애굽기 25-27장 //

출애굽기에서 성막은 대단히 중요한 위치를 차지한다. 무려 열세 장(章)에 걸쳐 이 주제를 다루고 있다(25-31장, 35-40장). 출애굽기 전체의 32.5%이다. 그런데 읽다 보면 흥미가 사라지는 듯한 느낌을 갖게 된다. 두 가지 이유 때문이다. 첫째는 그 성막이 이스라엘 백성들을 위한 것이기 때문이요, 둘째는 너무 상세하게 기록되어 있기 때문이다. 나는 학생 시절에 이 부분을 읽으며 숫자를 계산하다가 자주 잠들곤 했다. 아마 여러분도 마찬가지일 것이다. 이 두 가지에 대하여 잠시 생각해 보자.

우선 성막 건축이 우리와 무슨 상관이 있는가에 대한 대답이다. 그 당시의 성막은 하나님에 대한 믿음과 순종, 여행의 안전과 보호, 그리고 온 민족의 구심점으로서 중요한 역할을 했다. 무엇보다도 성막은 하나님께서 이스라엘 백성들 가운데 거하신다는 증거였다. 물론 성막 건축은 철저히 유대인들에게, 그것도 광야를 지나는 유대인들에게 국한된 과제였다.

그런데 신약성경의 히브리서는 이 성막을 예수님과 연관시켜 설명한다. 예수님은 우리를 지성소로 인도하시는 큰 대제사장이 되셨다. 예수님께서 십자가에서 운명하시던 날, 성소와 지성소를 나누고 있던 휘장이 찢어졌는데, 그 휘장은 곧 그의 깨어진 몸이라고 성경은 해석하고 있다. 이 점에 관해서는 다음에 다시 살펴보도록 하자.

다른 하나는 성막 건축의 세밀함이다. 성막 건축에 나오는 숫자들과 자세한 묘사는 성막의 중요성을 의미한다. 성막은 아무렇게나 대충 지어 놓은 막사(幕舍)가 아니다. 하나님께서 모세와 이스라엘 백성들을 만나시고 말씀하시는 만남의 자리(meeting place)이다. 하나님께서 그의 백성들의 죄를 용서하시는 은혜의 자리다. 모세가 건축한 성막은 하늘에 있는 성막의 모형이었다.

이제 졸음에 빠지지 않을 만큼 간단하게 살펴보기로 하자. 성막의 크기를 재는 '규빗'은 그 당시 이스라엘을 비롯하여 중근동 일대에서 사용하던 통상 규격이다. 한 규빗은 팔꿈치에서 가운데 손가락 끝까지의 길이다. 사람마다 그 길이가 다른데 내 경우는 48센티미터 정도다. 보통 영어로 된 책에는 1.5피트, 한국어 책에는 50센티미터로 환산하고 있는데 이 책에서는 편리하게 0.5미터로 환산하였다.

우리는 바깥 울타리로부터 시작하여 지성소 안으로 들어가 보려고 한다. 그러나 성경은 가장 안쪽에 있는 지성소로부터 시작하여 성막 뜰의 울타리 방향으로 기록하고 있다.

성막의 뜰은 남북으로 50미터와 동서로 25미터에 이르는 직사각

형이다. 2.5미터 높이의 울타리에 2.5미터마다 놋 기둥을 세우고 세마포로 둘렀다. 보통 사람은 울타리 안쪽을 들여다볼 수 없을 정도의 높이였다. 울타리 동편에는 성막 안으로 들어가는 휘장(揮帳)이 있는데 너비가 10미터였다.

휘장을 지나 성막의 뜰로 들어서면 제사 드리는 번제단이 먼저 나온다. 죄의 문제가 해결되지 않으면 아무도 하나님께로 나아갈 수 없기 때문이다. 제단의 크기는 가로와 세로가 각각 2.25미터, 높이가 1.5미터인데, 그 아래는 빈 공간으로 남겨두었다. 제단은 조각목으로 만들고 놋으로 씌웠다. 또 네 다리에는 고리를 만들어 조각목 채를 끼워 옮길 수 있게 했다.

제단을 지나면 놋으로 만든 물두멍(bronze basin)이 있다. 제사장들은 성소에 들어가기 전에 여기에 담아 놓은 물로 손과 발을 씻었다. 그렇게 함으로 자신을 거룩하게 했다.

물두멍을 지나면 남북으로 15미터, 동서로 4.5미터 크기의 직사각형 성막이 나온다. 성막의 벽(壁)은 조각목 판자로 세웠는데 높이 5미터(10규빗)에 너비 75센티미터(한 규빗 반)였다. 이것이 널판 한 장의 크기다. 남쪽과 북쪽 벽은 각각 20개의 판자로 세웠고, 서쪽은 6개로 세웠다. 조각목은 싯딤 나무라고 알려진 아카시아과(科)의 나무로, 광야에서 자라기 때문에 뿌리를 수십 미터 깊이까지 내리고 있다. 재질(材質)은 무겁고 단단하여 벌레가 파먹을 수 없고 부패하지 않으며 그 형태가 쉽게 변하지 않았다.

나는 조각목 판자의 크기를 생각할 때마다 경이로움에 사로잡히곤 한다. 어디에서 이렇게 큰 널판들을 구해 왔을까? 광야에서 자라나는 싯딤 나무는 일반적으로 그렇게 커 보이지 않았다. 그렇다고 오늘날처럼 나무 조각들을 아교풀로 연결하여 크게 만들지도 않았을 것이다. 백성들이 조각목을 헌물했지만 이렇게 큰 판자를 애굽에서 가져온 사람들이 몇이나 되겠는가. 조각목 자체만으로도 성막은 특별했다. 조각목 판자의 두께에 대해서는 따로 기록이 없다. 그러나 적어도 10센티미터 이상 되었을 것이다. 우리가 목재소에서 구입하는 판자도 30센티미터 너비에 5센티미터 두께가 가장 크기 때문이다.

성막 안의 모든 기구들은 조각목으로 만들고 그 위에 '순금'을 입혔다. 그 외에 사용되는 금은 평범한 '금'이다. 성막은 다시 2:1의 비율로 성소와 지성소로 나누어지고, 그 사이에 휘장을 걸어놓았다.

성소로 들어가면 오른편에 조각목을 순금으로 씌운 진설병(陳設餠) 상이 있다. 그 위에 이스라엘 12지파를 상징하는 떡 열두 덩이를 안식일마다 새것으로 올려놓았다. 하나님께서 그의 백성들과 교제하시는 의미였다. 실제로 제사장들은 그 상에서 나오는 떡을 이스라엘을 대표하여 상징적으로 먹었다. 상의 크기는 길이가 1미터, 너비가 75센티미터, 높이가 75센티미터이며, 조각목 채로 꿰어 메고 다닐 수 있게 했다.

그 맞은편에는 순금 한 덩어리(약 34킬로그램)를 쳐서 만든 등대가 있다. 등대 원줄기와 거기에서 나온 여섯 개의 가지 끝마다 등잔을 만들었다. 모두 일곱 개의 등잔에는 저녁부터 아침까지 항상 불을 켜놓아야 했다.

지성소로 들어가는 휘장 앞에는 순금으로 된 '분향 제단'이 있었다. 역시 조각목으로 만들고 순금으로 입힌 이 제단은 크기가 가로와 세로가 50센티미터, 그리고 높이가 1미터였는데, 채를 꿰기 위한 고리들이 있었다. 이 제단에서 아론은 특별한 방식으로 제조된 향을 아침과 저녁에 피워야 했다. 이 향단은 지극히 거룩하였으므로 일 년에 한 번씩 대속죄일에 피를 뿌려 정결케 했다.

금향로 뒤에는 휘장이 있어서 성소와 지성소를 구별했다. 지성소 안에는 조각목으로 만든 상자에 순금을 입혀 놓은 언약궤(혹은 증거궤)가 있고, 그 궤를 덮은 판 위에는 황금으로 만든 두 천사들의 모양이 있었다. 이곳은 '은혜를 베푼다'는 의미의 시은좌(施恩座)라고 불렸다. 언약궤의 크기는 길이가 1.25미터, 폭이 75센티미터, 높이가 75센티미터였다. 언약궤 안에는 만나를 담아 놓은 항아리와 십계명을 새긴 돌판, 그리고 아론의 싹 난 지팡이를 넣어 두었다.

성막은 네 종류의 휘장으로 덮었다. 첫 번째 덮개는 가늘게 꼰 베실과 청색, 자색, 홍색 실로 그룹(천사)을 정교하게 수놓은 열 폭의 휘장이었다. 매 폭의 길이가 14미터이고 너비는 2미터였는데, 10폭을 다 연결하면 14미터에 20미터가 되었다. 성막을 덮으면 남북으로 각기 2.5미터씩 남고, 동서로는 각각 4.5미터씩 남았다.

성막의 두 번째 덮개는 염소 털로 만들었는데 처음 휘장보다 약간 더 컸다. 한 폭의 길이가 15미터, 너비는 2미터인데 이번에는 열한 폭을 연결했다. 전체 넓이는 15미터에 22미터가 된다. 남북으로 각각 5미터씩이 남고 동쪽으로는 2미터, 서쪽으로는 5미터가 남아서 처음 덮개를 덮고도 남았다. 남는 부분들은 땅에 말뚝을 박고 줄로 고정시켰다.

그 위에 붉게 물들인 숫양의 가죽을 덮고 해달의 가죽으로 그 위에 한 번 더 덮었다. 비가 내려도 넉넉히 견딜 수 있었다. 숫양과 해달의 가죽 덮개는 더 넉넉하게 성막을 덮었을 것이다. 해달(sea otter)

은 홍해에 서식하고 있는 물개의 일종으로, 수명이 70년이고 무게는 400킬로그램에 이른다. 지금도 베두인들은 해달의 가죽으로 샌들을 만든다.

성막은 무엇보다도 하나님께서 임재해 계시는 곳이다. 그러므로 거룩하게 구별되어야 했다. 하나님은 그 성막에서 모세와 이스라엘 백성들을 만나셨다. 성막을 짓기 이전에는 모세가 이스라엘의 진영 외곽에 회막을 만들고 하나님께 나아갔다. 앞으로 성막이 완성되면 그곳에서 하나님을 뵐 것이다. 성막에는 아무나 들어갈 수 없었다. 성소의 당번을 맡은 제사장들은 매일 들어갔지만 지성소에는 1년에 한 번 대(大)속죄일에 대제사장만 들어갔다. 성막은 진영의 가운데 있었지만 장소를 옮기기 위해 행진할 때에는 언약궤가 맨 앞으로 나아갔다. 하나님께서 그렇게 직접 이스라엘을 인도하셨다.

성막은 많은 금을 사용했지만 규모는 작았다. 번제단의 크기만 해도 양 몇 마리나 소 한 마리를 드릴 정도로 작은 규모였다. 자주 옮겨야 한다는 필요성을 감안하더라도 제단은 수수했다. 성막은 해체하고 조립하기에 쉽도록 설계되었다. 언약궤와 성소 안의 기구들, 그리고 제단은 제사장들이나 레위인들이 어깨로 메어 옮겼고, 나머지는 소달구지에 실어 운반했다.

성막 뜰의 넓이는 1,250제곱미터(50m×25m)였다. 미국식으로 계산하면 13,500스퀘어피트, 약 0.3에이커, 한국 평수로 계산하면 375평이다. 쉽게 말해 집 한 채를 조금 넉넉하게 지을 수 있는 넓이였다. 200여 만 명이 모여 사는 넓은 지역에서 성막 뜰은 겨우 한 점(點)에 불과한 작은 땅이었다. 성막의 크기는 그보다 훨씬 더 작았다. 90제곱미터, 1,000스퀘어피트, 약 28평이다. 그 위에 구름기둥과 불기둥이 없었다면 보통 사람은 성막의 위치를 찾기도 어려웠을 것이다.

그런데 지금 그 작은 성막 안에 천지와 만물을 지으신 여호와 하나님이 내려와 계셨다. 하나님께서 광야에, 이스라엘의 장막들 사이에 친히 임재하여 계셨다. 하나님께서 그의 백성들이 사는 낮은 곳으로 찾아오셨다. 하나님은 큰 땅이나 큰 건물을 요구하지 않으셨다. 그때 이스라엘 자손들 가운데 몇 사람이나 그 사실을 깨닫고 감격했을까?

성막에는 약 1톤의 금과 3.75톤의 은, 그리고 2.5톤의 놋이 사용되었다. 그러나 성막이 거룩하고 존귀한 처소가 된 까닭은 금과 은 때문이 아니다. 하나님의 임재하심 때문이었다.

> "내가 그 회막과 제단을 거룩하게 하며 아론과 그의 아들들도 거룩하게 하여 내게 제사장 직분을 행하게 하며 내가 이스라엘 자손 중에 거하여 그들의 하나님이 되리니, 그들은 내가 그들의 하나님 여호와로서 그들 중에 거하려고 그들을 애굽 땅에서 인도하여 낸 줄을 알리라 나는 그들의 하나님 여호와니라"(출 29:44-46).

부모의 마음을 자식들이 알아주었으면 하는 생각을 할 때가 있다. 하나님께서도 그런 생각을 하고 계셨다. 왜 성막을 세우게 하셨는가? 왜 아론과 그의 아들들을 거룩하게 하여 제사장 직분을 감당하게 하셨는가? 왜 이스라엘 백성들을 애굽에서 인도하여 내셨는가? 하나님께서 가슴속의 생각을 들려주셨다.

"그들은 내가 그들의 하나님 여호와로서 그들 중에 거하려고 그들을 애굽 땅에서 인도하여 낸 줄을 알리라."

이것이 출애굽기가 묻고 있는 모든 질문에 대한 정답이다. 하나님께서 이스라엘 중에 거하시려고 그들을 애굽에서 인도하여 내셨고, 광야에서 성막을 건축하게 하셨다. 왜 성막에 거하시는가? '은혜'가 아니면 달리 설명할 길이 없다. 창조주 하나님이 지성소에서 은혜를 베푸셨다. 그 은혜로 이스라엘의 죄가 사함을 받았다. 그 은혜로 이스라엘의 의식주 문제가 해결되었다. 그 은혜 때문에 주변의 국가들이 이스라엘을 침략할 수 없었다. 그 은혜 때문에 발도 부르트지 않았다. 은혜 위에 은혜였다. 모세는 훗날 이렇게 말했다.

> "이 사십 년 동안에 네 의복이 해어지지 아니하였고 네 발이 부르트지 아니하였느니라"(신 8:4).

이전에는 출애굽기 25장을 읽다가 사르르 잠이 들곤 했다. 그런데 이번에는 달랐다. 눈이 번쩍 떠졌다. 가슴이 뭉클했다. 하마터면 울 뻔했다. 갑자기 예수님이 생각났다. 하나님의 아들이 하늘의 모든 영광을 버려두고 이 세상에 사람이 되어 오셨다. 사도 요한은 예수님의 오심을 이렇게 표현했다.

> "말씀이 육신이 되어 우리 가운데 거하시매 우리가 그의 영광을 보니 아버지의 독생자의 영광이요 은혜와 진리가 충만하더라"(요 1:14).

이 구절 가운데 '거하시매'라는 원어(σκηνόω)의 의미는 '성막 안에 거하신다'는 뜻이다. 출애굽기 26장 1절에 "성막을 만들되"에서 사용된 히브리어 단어를 70인역에서 헬라어로 번역한 단어다(70인역은 구약의 히브리어 성경을 헬라어로 번역한 역본이다). 그러므로 사도 요한이 '거하시매'라는 단어를 사용할 때 틀림없이 광야의 성막을 연상했을 것이다. 실제로 신약성경에서 이 단어를 사용한 사람은 요한뿐이었다. 요한복음에 한 번, 그리고 요한계시록에 네 번이 전부이다. 특히 요한계시록 21장에서는 하나님의 장막과 성도들의 장막을 동일시하고 있다.

> "내가 들으니 보좌에서 큰 음성이 나서 이르되, 보라 **하나님의 장막이 사람들과 함께 있으매** 하나님이 그들과 함께 계시리니 그들은 하나님의 백성이 되고 하나님은 친히 그들과 함께 계셔서 모든 눈물을 그 눈에서 닦아 주시니 다시는 사망이 없고 애통하는 것이나 곡하는 것이나 아픈 것이 다시 있지 아니하리니 처음 것들이 다 지나갔음이러라"(계 21:3-4).

요한이 이 단어 '거하시매'를 사용할 때 그는 예수님을 성막에 임하셨던 하나님과 연결시켰다. 성막에 하나님께서 임재하셨는데 이번에는 예수님 자신이 성전이 되어 우리 가운데 임하셨다. 광야의 성막에 하나님의 영광과 은혜가 충만하였던 것처럼, 우리를 위해 이 땅에 오신 예수님도 "독생자의 영광과 은혜와 진리"가 충만하셨다. 예수님은 자기의 몸을 성전으로 묘사하셨다.

> "예수께서 대답하여 이르시되, 너희가 이 성전을 헐라. 내가 사

> 흘 동안에 일으키리라. 유대인들이 이르되 이 성전은 사십육 년 동안에 지었거늘 네가 삼 일 동안에 일으키겠느냐 하더라. 그러나 예수는 성전 된 자기 육체를 가리켜 말씀하신 것이라. 죽은 자 가운데서 살아나신 후에야 제자들이 이 말씀하신 것을 기억하고 성경과 예수께서 하신 말씀을 믿었더라"(요 2:19-22).

우리는 이 말씀을 대수롭지 않게 읽는다. 사도 요한과 제자들도 처음에는 귓전으로 흘렸을 것이다. 그러나 예수님이 부활 승천하신 후에 성령님께서 제자들을 찾아오셔서 예수님의 말씀을 깨닫게 해 주셨다. 그때 비로소 제자들은 예수님의 이 말씀에서 경천동지(驚天動地)할 만한 충격을 받게 되었다. 모세가 광야에 세웠던 바로 그 성막이 '예수님'을 통하여 그들 가운데 세워졌기 때문이다.

하나님께서 이스라엘 백성들 가운데 임하셨던 것처럼 성자 하나님이 사람이 되어 이 낮은 세상에 오셨다. 기껏 28평짜리 성막 안에 하나님께서 임재하셨던 것처럼 예수님께서도 짐승의 여물(밥)통에 누워 계셨다. 예수님은 단순한 사람이 아니셨다. 종 같은 사람이셨다. 종처럼 섬기기 위해서 오셨다. 그의 목숨으로 속죄제물을 삼아 우리를 구원하시기 위해 오셨다.

예수님께서 자신을 묘사하셨던 말씀들을 읽어보자.

> "예수께서 이르시되, 여우도 굴이 있고 공중의 새도 거처가 있으되 인자는 머리 둘 곳이 없다 하시더라"(마 8:20).

> "내가 문이니 누구든지 나로 말미암아 들어가면 구원을 받고 또

는 들어가며 나오며 꼴을 얻으리라. 도둑이 오는 것은 도둑질하고 죽이고 멸망시키려는 것뿐이요 내가 온 것은 양으로 생명을 얻게 하고 더 풍성히 얻게 하려는 것이라"(요 10:9-10).

예수님께서 십자가에서 운명하실 때 성전의 성소와 지성소 사이를 나누고 있던 휘장이 위에서 아래로 찢어졌다. 이제는 누구나 지성소로 들어갈 수 있게 되었다. 죄인들이 하나님께 나아갈 수 있는 길이 열렸다. 하나님께 나아가기 위해 더 이상 소나 양을 제물로 드릴 필요가 없었다. 예수님이 우리의 영원한 제물이 되셨다. 그것이 바로 히브리서의 핵심이다.

"그러므로 형제들아 우리가 예수의 피를 힘입어 성소에 들어갈 담력을 얻었나니 그 길은 우리를 위하여 휘장 가운데로 열어 놓으신 새로운 살 길이요 휘장은 곧 그의 육체니라"(히 10:19-20).

광야의 작은 성막에 하나님이 임재하셨고, 그의 영광이 나타났다. 그로부터 1,500여 년이 지난 후에 하나님의 아들이 종과 같은 사람이 되어 이 세상에 오셨다. 그리고 그의 깨어진 몸을 통하여 우리들이 하나님께 직접 나아갈 수 있는 길을 열어 주셨다. 거기서 끝났는가? 아니다. 예수님께서 떠나신 후에 성령 하나님께서 우리에게 찾아오셨다. 그리고 우리 몸을 성전으로 삼아 주셨다. 이보다 더 감격스러운 일이 또 있겠는가? 바울은 음란한 생활을 대수롭지 않게 여기며 살아온 고린도 교회의 성도들에게 강렬한 어조로 권했다.

"너희 몸은 너희가 하나님께로부터 받은 바 너희 가운데 계신 성령의 전인 줄을 알지 못하느냐. 너희는 너희 자신의 것이 아니라 값으로 산 것이 되었으니 그런즉 너희 몸으로 하나님께 영광을 돌리라"(고전 6:19-20).

우리 자신이 바로 하나님의 전이다. 하나님께서 우리 안에 임재해 계신다. 그 진리를 깨달을 때 진정한 출애굽이 우리 내면에서 일어나기 시작한다. 경건하지 않은 모든 것들을 우리의 내면세계로부터 정리해 낼 수 있다. 그리고 매일 우리와 동행하시는 임마누엘의 하나님을 경험하며 살게 된다.

아론이 입는 옷

// 출애굽기 28장 //

하나님은 모세에게 아론이 입는 옷에 대해서도 자세히 알려주셨다. 그 옷이 그토록 중요했을까? 그렇다. 대단히 중요했다. 하나님 앞에서 백성들을 대표할 사람이 입는 옷이니까.

아론에게는 나답과 아비후와 엘르아살과 이다말이라고 하는 네 아들들이 있었다. 하나님께서 아론을 대제사장으로, 그리고 그 아들들을 제사장으로 세우시고 성막에서 하나님을 섬기게 하셨다. 하나님은 특별히 대제사장 아론에게 거룩하고 영화롭고 아름다운 옷을 지어 입히게 하셨다. 아론의 옷은 바깥쪽으로부터 판결 흉패, 에봇, 겉옷, 반포 속옷, 그리고 관과 띠였다. 모든 옷은 금실과 청색,

자색, 홍색 실과 가늘게 꼰 베 실로 정성껏 지었다.

겉옷 위에 에봇을 걸쳤다. 에봇의 앞판과 뒤판을 어깨받이로 연결하고, 그 위에 호마노 보석 둘을 붙였다. 보석마다 여섯 지파의 이름을 새기고 금테로 둘렀다. 에봇 위에 판결 흉패(가슴 판)를 덧입혔다. 판결 흉패는 사방 한 뼘의 크기로, 그 위에 각각 세 개의 보석들을 네 줄로 물리고 금테로 둘렀다. 흉패 위의 열두 보석에 열두 지파의 이름들을 새겨 넣었다. 흉패를 에봇의 어깨걸이에 단단히 매고 그 속에 우림(빛)과 둠밈(완전함)을 넣어 두었다. 이 두 보석은 대제사장이 하나님의 뜻을 분간하는 데 사용되었다. 어떻게 사용하는지에 대해서는 성경에 자세한 설명이 없다. 아론의 판결 흉패는 여호와 앞에서 영원한 기념이 되었다.

대제사장의 의복과 치장(decoration)에 중요한 의미들이 담겨 있다. 대제사장은 하나님 앞에서 이스라엘을 대표했다. 그가 걸쳐 입은 판결 흉패와 에봇에는 이스라엘 열두 지파들의 이름이 두 번씩이나 보석에 새겨 있다. 이스라엘 백성들은 하나님께 보석과 같은 존재였다. 대제사장은 그 옷을 입고 이스라엘을 위하여 제사를 드렸다. 대제사장이 예복을 입고 기도할 때 하나님은 이스라엘을 기억하셨다. 이스라엘의 이름들이 기록된 판결 흉패는 여호와 하나님께 영원한 기념이 되었다.

하나님께서는 이스라엘 백성들이 빛 가운데 완전하기를 원하셨다. 대제사장은 빛과 완전함의 두 가지 원칙으로 백성들을 재판했다. 그리하여 온 백성들이 하나님 앞에서 성결한 삶을 살도록 했다. 대제사장의 모자 전면에는 순금으로 만든 패를 매달아 이마 위까지 내려오게 했다. 그 패에는 '여호와께 성결'이라는 글이 새겨져 있었다. 겉옷은 청색으로 짓고, 겉옷의 아랫단 가장자리에는 금으로 만든 방울과 석류를 반복하여 매달았다. 그래서 대제사장이 하나님을 섬기러 성소에 들어갈 때마다 아름다운 방울 소리가 울리게 했다. 하나님께서는 대제사장이 입은 모든 옷과 치장들을 '영화롭고 아름답게' 만들도록 하셨다. 그들이 이스라엘을 대표하여 제사(예배) 드릴 때 하나님은 그들에게서 영화롭고 아름다운 모습 보기를 원하셨다.

아론의 아들들은 제사장들로서 아버지를 도와 성막에서 섬겼다. 그들도 깨끗한 속옷을 입고 허리에 띠를 띠며 머리에 관을 써서 영화롭고 아름답게 했다. 만일 그들이 속바지를 입지 않고 섬기면 자기들의 죄로 인하여 죽게 되었다.

제사장들의 위임식

// 출애굽기 29장 //

아무리 영화롭고 아름답게 꾸몄어도 제사장들 역시 죄인이었다. 이스라엘 백성들을 위하여 기도하고 가르치며 판결하려면 자신들이 먼저 거룩하게 되어야 했다. 그래서 제사장들로 하여금 자기를 위하여 속죄제사를 드리라고 명령하셨다.

미리 준비해 둔 수송아지를 끌어다가 머리에 안수할 때 그들의 죄가 송아지에 전가(轉嫁)되었다. 자신들의 죄를 대속하는 제사다. 숫양도 잡아서 각을 뜨고 제단 위에서 불로 태웠다. 그것은 하나님 앞에 향기로운 제물이 되었다. 남은 또 한 마리의 양을 잡아 그 피를 아론과 아들들의 귓불과 오른손, 오른발의 엄지, 그리고 옷에 뿌린다. 그리고 제단 위에 있는 관유(특별한 방식으로 만든 거룩한 기름)와 피를 그들의 옷, 보석으로 아름답게 장식한 옷 위에 뿌려야 한다.

아름답게 만든 옷 위에 피와 기름을 뿌리면 지저분한 옷이 되지 않을까? 아니다. 그때에야 그 옷들과 장신구들이 하나님 앞에서 진정으로 영화롭고 아름다운 옷이 될 것이다. 옷 자체가 그들을 영화롭고 아름답게 하지 못한다. 그 위에 뿌린 피와 기름이 그들을 거룩하고 영화로운 제사장들이 되게 한다.

그렇게 몇 가지 제사를 더 드리고 위임식을 마친다. 아론이 입었던 옷은 일주일 동안 성소에 들어가서 섬기는 그의 아들들이 돌아가면서 입게 될 것이다. 제사장들은 매일 아침과 저녁으로 이스라엘을 위하여 어린 양을 잡아 제사를 드려야 한다. 하나님께서 모세에게 말씀하셨다.

> "이는 너희가 대대로 여호와 앞 회막 문에서 늘 드릴 번제라. 내가 거기서 너희와 만나고 네게 말하리라. 내가 거기서 이스라엘 자손을 만나리니 내 영광으로 말미암아 회막이 거룩하게 될지라. 내가 그 회막과 제단을 거룩하게 하며 아론과 그의 아들들도 거룩하게 하여 내게 제사장 직분을 행하게 하며 내가 이스라엘 자손 중에 거하여 그들의 하나님이 되리니, 그들은 내가 그들의 하나님 여호와로서 그들 중에 거하려고 그들을 애굽 땅에서 인도하여 낸 줄을 알리라 나는 그들의 하나님 여호와니라"(출 29:42-46).

왜 제사(예배)를 드리는가? 하나님을 만나기 위해서이다. 제사를 통하여 하나님께서 이스라엘 백성들을 만나시고 그들에게 말씀하신다. 죄에 대하여, 용서에 대하여, 은혜에 대하여, 거룩함에 대하여, 그리고 영광에 대하여 말씀하신다. 이 짧은 몇 구절에서 하나님은 자신을 가리키는 1인칭 대명사를 여덟 번이나 사용하셨다. 그리고 이스라엘을 가리키는 2인칭과 3인칭 대명사를 열두 차례나 사용하셨다. 무엇을 의미하는가?

제사는 하나님과 그의 백성들의 만남이라는 진리를 말하고 있다. 예배마다 이런 만남이 있어야 한다. 예배 가운데서 하나님의 음성을 들어야 한다. 예배 중에 하나님의 영광을 보아야 한다. 예배 중에 우리가 거룩하게 되어야 한다. 예배 중에 우리의 삶을 인도해 가시는 하나님의 손길을 발견해야 한다. 예배 중에 하나님의 임재하심을 가슴으로 느껴야 한다.

성소의 기구들

// 출애굽기 30-31장 //

하나님은 다시 한 번 모세에게 성막과 그 안의 모든 기구들, 기름과 향의 제조법과 사용법, 제사장이 입어야 할 옷들, 그리고 제사장의 위임식 절차들을 세밀하게 알려주셨다. 그뿐만 아니라 그것들을 지혜롭게 만들 두 사람, 브살렐과 오홀리압도 지명해 주셨다. 그들이 지도자가 되어 다른 지혜로운 사람들과 함께 모세가 받은 각종 모양들을 만들어 낼 것이다. 브살렐에게 하나님의 영을 충만하게 부어 주시겠다고 약속하셨다. 하나님의 영이 함께하시면 불가능한 일이 없다. 훗날 그들은 짧은 시간 안에 모든 일들을 완벽하게 해내었다.

하나님께서 20세 이상의 모든 남자들로 하여금 반 세겔을 속전(贖錢)으로 성소에 드리게 했다. 하나님께서 그들을 애굽에서 구원해 내시고 죄를 용서하신 은혜에 대한 감사 예물이었다. 부자나 가난한 자나 동일한 금액을 내게 하셨다. 그리고 이 돈은 성막 봉사에 사용되었다.

성막 안에서 섬기는 제사장들은 항상 거룩함을 유지해야 했다. 섬김이 일상화되면 위기가 다가온다. 하나님의 임재하심을 잊어버린 채 형식적으로 섬길 수 있다. 섬김의 절차가 부담이 되어 적당히 축소하거나 변형시킬 수도 있다. 아니면 다른 종교로부터 색다른 절차들을 차용(借用)해 올 수도 있다. 훗날 이스라엘의 성전에서 이런 일들이 빈번히 일어났다.

그래서 하나님은 제사장들이 자신의 거룩한 임무를 기억할 수 있는 장치를 마련해 주셨다. 회막과 성소 입구 사이에 있는 '물두멍'인데, 놋으로 만든 큰 물그릇이었다. 제사장들은 제사를 드리거나 성소에 들어갈 때에 물두멍의 물로 손과 발을 씻었다. 그래야 생명을 유지할 수 있었다. 이처럼 깨어 있지 않으면 제일 먼저 하나님을 잊어버릴 사람들이 바로 제사장들이었다. 주의 종들의 틀에 박힌 생활이 오히려 살아 계신 하나님을 잊어버리게 할 수 있다. 주의 종들에게는 자신의 존재와 임무를 깨닫게 해주는 물두멍이 있어야 한다.

또 하나의 중요한 장치는 '거룩한 기름 부음'이었다. 특별한 방식으로 제조된 기름을 성소에 있는 기구들과 제사장들에게 발랐다. 바르는 횟수에 대한 기록은 없다. 그러나 자주 발랐을 것이다. 그들의 옷에서 특별한 향내가 났을 것이다. 그 기름 부음이 자신들을 거룩하게 하고 제사장 직분을 올바로 행하게 하는 출발점이 되었다. 신약시대의 용어를 빌린다면 '성령의 기름 부으심'이다. 주의 종들이 매너리즘에서 벗어나려면 항상 성령의 기름 부으심 아래 있어야 한다. 이것은 사활(死活)이 걸린 문제였다.

제사장들이 자신을 거룩하게 지키는 마지막 장치는 지성소의 휘장 앞에서 분향하는 행위였다. 이 향단은 아주 작았다. 사방 50센티미터에 불과했다. 제사장들은 이 작은 향단 위에서 특별하게 제작된 향으로 아침과 저녁에 분향했다. 예수님께서 말씀하신 기도하는 '골방'이 연상된다.

> "너는 기도할 때에 네 골방에 들어가 문을 닫고 은밀한 중에 계신 네 아버지께 기도하라 은밀한 중에 보시는 네 아버지께서 갚으시리라"(마 6:6).

모든 주의 종들에게 기도의 향로가 있어야 한다. 그렇지 않으면 분주한 일상의 섬김에서 정작 하나님의 임재하심이 없는 삯꾼이 되고 말 것이다. 하나님께서는 제사장들이 전문적인 직업의식에 갇혀 지내기를 원치 않으셨다. 그들과 만나시기를 원하셨다. 제사장의 임무 중에 하나님과의 개인적인 만남보다 더 중요한 일은 없었다. 하나님과 끊임없이 만나는 사람만이 하나님의 말씀을 전할 수 있다. 그렇지 않으면 변질된다.

하나님은 모세가 산을 내려가기 전에 안식일에 대하여 다시 한 번 말씀하셨다.

> "너는 이스라엘 자손에게 말하여 이르기를, 너희는 나의 안식일을 지키라. 이는 나와 너희 사이에 너희 대대의 표징이니 나는 너희를 거룩하게 하는 여호와인 줄 너희가 알게 함이라. 너희는 안식일을 지킬지니 이는 너희에게 거룩한 날이 됨이니라. 그날을 더럽히는 자는 모두 죽일지며 그날에 일하는 자는 모두 그 백성 중에서 그 생명이 끊어지리라"(출 31:13-14).

이스라엘의 안식일이 아니고 하나님의 안식일이다. 참으로 중요한 말씀이다. 주일은 단순한 휴일이 아니다. 하나님께서 그의 백성들을 거룩하게 하시는 날이다. 일주일 동안 쌓여 있던 모든 오염으로부터 성령님께서 우리를 씻어 주시는 날이다. 예배가 우리를 거룩하게 한다. 성령께서 말씀으로 우리를 씻어 거룩하게 하신다. 모든 그리스도인들은 이런 기대를 가지고 주의 전에 모여서 예배드려야 한다.

아론이 만든 금송아지

// 출애굽기 32-34장 //

어느새 산 위에 머문 지 40일째가 되었다. 하나님께서 돌판 둘을 모세에게 주셨다. 돌판에는 하나님께서 손수 새겨 주신 계명과 율법들이 선명했다. 이보다 더 큰 선물이 또 있을까? 모세의 마음은 이미 산 아래로 내려가 있었다. 하나님을 위하여 성막을 세우고, 형님 아론에게 아름다운 옷을 입혀드리며 조카들을 제사장으로 위임할 생각을 하니 가슴이 벅찼다. 그런데 모세보다 더 급하신 분은 하나님이셨다.

> "여호와께서 모세에게 이르시되, 너는 내려가라, 네가 애굽 땅에서 인도하여 낸 네 백성이 부패하였도다. 그들이 내가 그들에게 명령한 길을 속히 떠나 자기를 위하여 송아지를 부어 만들고 그것을 예배하며 그것에게 제물을 드리며 말하기를, '이스라엘아 이는 너희를 애굽 땅에서 인도하여 낸 너희 신이라' 하였도다"(출 32:7-8).

모세가 자신의 귀를 의심했다. 어떻게 그런 일이 가능하다는 말인가. 얼마 전에 하나님의 십계명을 들려주면서 신신당부하지 않았던가?

> "나는 너를 애굽 땅, 종 되었던 집에서 인도하여 낸 네 하나님 여호와니라. 너는 나 외에는 다른 신들을 네게 두지 말라. 너를 위하여 새긴 우상을 만들지 말고 또 위로 하늘에 있는 것이나 아래로 땅에 있는 것이나 땅 아래 물속에 있는 것의 어떤 형상도 만들지 말며 그것들에게 절하지 말며 그것들을 섬기지 말라"(출 20:2-5).

하나님의 말씀이 계속되었다.

> "여호와께서 또 모세에게 이르시되, 내가 이 백성을 보니 목이 뻣뻣한 백성이로다. 그런즉 내가 하는 대로 두라 내가 그들에게 진노하여 그들을 진멸하고 너를 큰 나라가 되게 하리라"(출 32:9-10).

왜 이런 말씀을 하실까? 이스라엘 자손들을 애굽에서 손수 데리고 나오신 하나님께서 왜 갑자기 버리겠다고 하실까? 그들을 보석처럼 영롱하게 가슴에 품으신 하나님께서 왜 길가의 돌멩이처럼 내버리겠다고 하실까? 애굽 왕 바로에게 불같은 노를 발하시며 "내 백성을 내어놓으라"고 하시던 하나님께서 왜 갑자기 그 백성들을 진멸하겠다고 하실까? 백성들이 금으로 송아지를 만들었다니, 믿을 수가 없었다.

상황은 나중에 파악해도 된다. 일단 하나님의 진노하심부터 막아야 했다. 하나님께서 말씀하시면 언제나 그대로 이루어졌다. 아마 하나님께서 이스라엘을 이미 멸하기 시작하셨을지도 모른다. 우선 하나님의 진노의 불부터 꺼야 했다. 생각이 여기에 미치자 모세는 경악하듯이 하나님께 부르짖었다.

> "모세가 그의 하나님 여호와께 구하여 이르되, 여호와여 어찌하여 그 큰 권능과 강한 손으로 애굽 땅에서 인도하여 내신 주의 백성에게 진노하시나이까. 어찌하여 애굽 사람들이 이르기를 여호와가 자기의 백성을 산에서 죽이고 지면에서 진멸하려

는 악한 의도로 인도해 내었다고 말하게 하시려 하나이까. 주의 맹렬한 노를 그치시고 뜻을 돌이키사 주의 백성에게 이 화를 내리지 마옵소서. 주의 종 아브라함과 이삭과 이스라엘을 기억하소서. 주께서 그들을 위하여 주를 가리켜 맹세하여 이르시기를, '내가 너희의 자손을 하늘의 별처럼 많게 하고 내가 허락한 이 온 땅을 너희의 자손에게 주어 영원한 기업이 되게 하리라' 하셨나이다"(출 32:11-13).

모세의 기도가 당돌하기 짝이 없다. 이렇게 광야에서 백성들을 멸망시키실 바엔 왜 애굽에서 그들을 데리고 나오셨느냐고 물었다. 애굽 사람들이 이 소식을 들으면 얼마나 고소해하고 기고만장하겠느냐고, 왜 하나님의 거룩하신 이름이 그들의 입에 오르내려야 하느냐고 상기시켜 드렸다. 주의 맹렬한 노를 그치고 이 백성들에게 화를 내리지 마시라고 두 손을 들고 가로막았다. 옛날 아브라함과 이삭과 야곱에게 하셨던 약속을 잊지 마시라고 당돌하게 채근(採根)했다.

그것은 수많은 자손들에 대한 약속과 가나안 땅을 그들에게 주시겠다는 약속이었다. 이 백성들을 멸망시키시면 그 약속도 물거품이 되지 않겠느냐고 항의했다. 모세의 이런 용기는 어디서 나왔을까? 성경은 하나님께서 모세를 친구처럼 대하셨다고 기록하고 있다(출 33:11). 하긴 친구 사이에는 못할 이야기가 없으니까.

하나님께서 모세의 부르짖음을 들으시고 일단 재앙을 멈추셨다. 아마도 하나님께서 모세의 그런 강렬한 중보기도를 기다리고 계셨는지도 모른다. 잘못을 저지른 아들을 가만두지 않겠다고 아버지가 큰소리로 엄포한다. 왜 자기의 계획을 그렇게 큰소리로 드러내는가? 아내 들으라고 하는 말이다. 중간에 나서서 아들도 나무라고 자기도 좀 말려 달라는 뜻이다.

지혜로운 아내들은 남편의 의도를 간파한다. 그리고 즉시 아들과 남편 사이를 비집고 들어간다. 하나님께서 모세에게 “내가 그들에게 진노하여 그들을 진멸하고 너를 큰 나라가 되게 하리라”고 하신 말씀도 그런 식으로 이해하면 안 될까? 왜냐하면 이스라엘을 향한 하나님의 뜻은 언제나 재앙이 아니고 소망이었으니까.

선걸음에 산을 내려오는 모세의 귀에 이상한 소리가 들려왔다. 소리는 언제나 낮은 곳에서 높은 곳으로 올라온다. 함께 내려가던 여호수아가 말했다.

“진중에서 싸우는 소리가 나나이다.”

그런데 가만히 들어보니 싸우는 소리가 아니었다. 모세가 말했다.

“이는 승전가도 아니요 패하여 부르짖는 소리도 아니라. 내가 듣기에는 노래하는 소리로다.”

싸우는 소리보다 노래하는 소리가 더 좋지 않은가. 모세는 발걸음을 재촉했다. 마지막 언덕 위에 서서 산 아래를 내려다보니 기가 막힌 장면이 벌어지고 있었다. 백성들이 금으로 만든 송아지 앞에서 떼춤을 추고 있었다. 한눈에 보아도 이방인들이 우상에게 제사를 드리는 모습이었다.

이제야 하나님의 진노하심을 이해할 수 있었다. 모세의 눈에 불꽃이 일어났다. 자기도 모르는 사이에 손에 들고 있던 두 돌판을 산 아래로 던져 버렸다. 하나님께서 손수 만들어 주신 돌판이 바위에 부딪쳐 산산조각으로 흩어졌다. 훗날 성전 뜰에서 장사꾼들의 상을 엎으시고 채찍을 휘두르시던 예수님의 모습이 연상된다.

백성들은 모세가 왜 그렇게 화를 내는지 이해할 수가 없었다. 다른 신을 만든 것도 아니었다. 그들을 애굽에서 나오게 하시고 홍해를 가르신 하나님을 만들었다. 그것도 정성을 다하여 금으로 만들었다. 무엇이 잘못되었는가? 어리둥절한 백성들에게 모세가 이렇게 말했을 것이다.

'내가 너희들에게 말하지 않았느냐? 너희를 위하여 새긴 우상을 만들지 말고, 또 위로 하늘에 있는 것이나 아래로 땅에 있는 것이나 땅 아래 물속에 있는 것의 어떤 형상도 만들지 말며, 그것들에게 절하지 말며, 그것들을 섬기지 말라고 하신 하나님의 말씀을 잊었느냐?'

모세는 금송아지를 불로 태워 가루로 만들었다. 그리고 그 가루를 물에 뿌린 후에 이스라엘 자손들에게 마시게 했다. 감히 금으로 만든 송아지 신을 부수다니, 무슨 큰일이 날 줄 알았는데 아무 일도 없었다. 그 물을 마시면서 이스라엘 자손들은 중요한 교훈을 하나 배웠다. 하나님은 어떤 형상으로도 만들 수 없는 분이라는 사실을…. 그들은 그 물을 마시면서 자기들의 무지와 어리석음을 시인해야만 했다.

모세가 형 아론을 쳐다보았다. 산을 올라가면서 이 백성들을 잘 돌보라고 신신당부하지 않았던가.

"이 백성이 당신에게 어떻게 하였기에 당신이 그들을 큰 죄에 빠지게 하였느냐?"

아론이 (아마도 기어들어가는 목소리로) 대답했다.

"내 주여 노하지 마소서. 이 백성의 악함을 당신이 아나이다. 그들이 내게 말하기를, '우리를 위하여 우리를 인도할 신을 만들라.

이 모세 곧 우리를 애굽 땅에서 인도하여 낸 사람은 어찌 되었는지 알 수 없노라' 하기에, 내가 그들에게 이르기를 금이 있는 자는 빼내라 한즉 그들이 그것을 내게로 가져왔기로 내가 불에 던졌더니 이 송아지가 나왔나이다."

무책임하기가 짝이 없다. 자신의 잘못을 조금도 인정하지 않았다. 모든 책임을 백성들에게 돌렸다. "내가 불에 던졌더니 이 송아지가 나왔나이다"라니, 말은 청산유수처럼 잘했다. 그러나 그는 백성들을 멸망의 길로 인도했다. 그러고도 자기는 책임이 없다고 시치미를 뗐다. 무책임한 지도자는 백성들에게 재앙이다.

40일 동안 아론은 무슨 생각을 했을까? 점점 날이 지나가면서 모세가 다시 돌아오지 않으리라고 생각했을지도 모른다. 갑자기 자기가 모세인 줄로 착각했을까? 모를 일이다. 그러나 한 가지 사실만은 분명하다. 모세가 반드시 내려오리라는 믿음이 겨자씨만큼만 있었더라도 그런 잘못을 저지르지 않았을 것이다. 목숨을 걸고서라도 백성들을 만류했을 것이다. 왜 하나님께서 아론을 마지못해 천거하셨던가를 이제야 알 것 같다.

모세가 백성들을 둘러보았다. '이 방자한 백성들을 어떻게 다스려야 하나?' 생각하다가 모세가 소리쳤다.

"누구든지 여호와의 편에 있는 자는 내게로 나아오라."

레위 족속들이 앞으로 나아왔다. 모세가 그들에게 할 일을 들려주었다.

"모세가 그들에게 이르되, '이스라엘의 하나님 여호와께서 이렇게 말씀하시기를 너희는 각각 허리에 칼을 차고 진 이 문에서 저 문까지 왕래하며 각 사람이 그 형제를, 각 사람이 자기의 친구를, 각 사람이 자기의 이웃을 죽이라' 하셨느니라"(출 32:27).

모세의 말이 너무 잔인하게 들리는가? 이것 하나만 기억하자. 만일 모세가 중보의 기도를 드리지 않았더라면 산 아래 있던 이스라엘 백성들은 벌써 진멸되고 말았을 것이다. 그들이 아직도 살아 있다는 사실이 은혜였다. 이 일은 모세가 이스라엘 자손의 일부라도 희생해서 하나님의 진노를 달래겠다는 생각으로 한 일이 아니다. 우리 하나님은 그런 분이 아니시다. 선하심과 인자하심이 끝없는 분이시다.

백성들을 충동질하여 하나님을 떠나게 했던 질이 나쁜 사람들에게는 하나님의 심판이 필요했다. 그것은 마치 종기를 수술하고 고름을 제거하는 것과 같다. 그날 레위 족속의 손에 죽임을 당했던 3천 명이 바로 그런 사람들이었다. 그들은 아론에게 찾아와 금송아지를 만들도록 압력을 넣었던 지도자들이었을 것이다. 32장 35절을 보면 3천 명 외에도 금송아지 사건에 연루된 사람들을 하나님께서 재앙으로 치셨다는 말씀이 있다. 분명히 악한 일을 선동한 사람들이 있었다. 하나님의 눈이 그들을 보고 계셨다.

모세가 레위 족속들에게 말했다.

"각 사람이 자기의 아들과 자기의 형제를 쳤으니 오늘 여호와께 헌신하게 되었느니라. 그가 오늘 너희에게 복을 내리시리라."

각 사람이 자기의 아들과 자기의 형제를 쳤다. 문자적으로 자기 아들을 죽였다는 말은 아닐 것이다. 그러나 죽은 사람이 누군가의 아들이고 형제였을 것이다. '헌신되었다'는 말은 구별되어졌다는 뜻이다. 그 일 때문이었을까. 훗날 레위인들은 성막을 옮기는 거룩한 일을 맡아 하게 되었다. 모세는 이튿날 다시 하나님께 올라가서 부르짖었다. 하나님을 금송아지 형상으로 만든 백성들의 죄가 결코 가볍지 않았기 때문이다.

> "모세가 여호와께로 다시 나아가 여짜오되, 슬프도소이다. 이 백성이 자기들을 위하여 금 신을 만들었사오니 큰 죄를 범하였나이다. 그러나 이제 그들의 죄를 사하시옵소서. 그렇지 아니하시오면 원하건대 주께서 기록하신 책에서 내 이름을 지워 버려 주옵소서"(출 32:31-32).

중보자 모세, 우리는 왜 하나님께서 모세를 포기하지 않으셨는지 알 것 같다. 진정한 지도자는 돌보는 무리들을 위하여 목숨을 버릴 수 있는 용기를 가진 사람이다. 아론은 백성들의 위협에 쉽게 물러섰지만 모세는 하나님 앞에서 물러서지 않았다. 모세의 기도는 성경에서 찾아볼 수 있는 가장 당돌한 기도 중의 하나다. 때때로 나는 생각한다. 당돌한 기도를 드릴 수 있도록 허락하신 하나님의 은혜가 너무나 크다고. 하나님께서 "내 이름을 지워 버려 주옵소서"라는 모세의 기도에 대답하셨다.

"여호와께서 모세에게 이르시되 누구든지 내게 범죄하면 내가 내 책에서 그를 지워 버리리라."

그다음 말씀이 모세를 얼어붙게 만들었다.

> "이제 가서 내가 네게 말한 곳으로 백성을 인도하라. 내 사자가

네 앞서 가리라. 그러나 내가 보응할 날에는 그들의 죄를 보응하리라"(출 32:34).

모세는 자기의 귀를 의심했다. 더 이상 하나님께서 이스라엘과 함께 동행하지 않으시겠다는 말씀으로 들렸기 때문이다. 놀라 어안이 벙벙한 모세에게 하나님께서 계속 말씀하셨다.

"여호와께서 모세에게 이르시되, 너는 네가 애굽 땅에서 인도하여 낸 백성과 함께 여기를 떠나서 내가 아브라함과 이삭과 야곱에게 맹세하여 네 자손에게 주기로 한 그 땅으로 올라가라. 내가 사자를 너보다 앞서 보내어 가나안 사람과 아모리 사람과 헷 사람과 브리스 사람과 히위 사람과 여부스 사람을 쫓아내고, 너희를 젖과 꿀이 흐르는 땅에 이르게 하려니와 나는 너희와 함께 올라가지 아니하리니 너희는 목이 곧은 백성인즉 내가 길에서 너희를 진멸할까 염려함이니라"(출 33:1-3).

말에는 감정이 담겨 있다. '아' 다르고 '어' 다르다. 출애굽기 20장 2절에서 하나님은 분명히 "나는 너를 애굽 땅, 종 되었던 집에서 인도하여 낸 네 하나님 여호와니라"고 말씀하셨다. 그런데 지금은 "네가 애굽 땅에서 인도하여 낸 백성"이라고 하신다. 심하게 이야기하면, '나와 상관없는 백성'이라는 말씀이다. 왜 이런 말씀을 하실까?

모세는 '심판 중에도 인자하신 하나님의 마음'을 읽어냈다. 그것은 교만하여 목이 곧은 백성들이 하나님과 함께 여행을 하다가 멸망당할까봐 염려하시는 하나님의 긍휼하신 마음이었다. 그래도 하나님께서 그들과 함께 동행하지 않으시겠는 말씀만은 받아들일 수가 없었다. 그보다 더 큰 재앙이 없었기 때문이다. 어떻게 해서든지 그 재앙을 막아야 했다.

모세는 하나님의 준엄한 말씀을 백성들에게 전하며 그들의 몸에 있는 장신구들을 다 버리라고 명령했다. 그것은 하나님의 명령이었다.

"여호와께서 모세에게 이르시기를, 이스라엘 자손에게 이르라. 너희는 목이 곧은 백성인즉 내가 한순간이라도 너희 가운데에 이르면 너희를 진멸하리니 너희는 장신구를 떼어내라. 그리하면 내가 너희에게 어떻게 할 것인지 정하겠노라"(출 33:5).

어머니는 갓 젖을 뗀 아이들로부터 잠시도 눈을 돌릴 수가 없다. 어느 순간에 무슨 일을 저지를지 모르기 때문이다. 아마도 하나님의 마음이 그랬을 것이다. 어느 순간에 이스라엘 백성들의 반역과 하나님의 진노가 교차될지 모르는 살얼음판 같은 날들이었다. 하나님은 이스라엘 백성들이 겸손하여 회개하기를 원하셨다. 그래서 장신구들을 몸에서 떼어내라고 하셨다. 장신구들을 떼어내는 행위는 낮아짐과 슬픔을 의미했다. 그제야 백성들은 사태의 심각성을 깨닫고 모든 장신구들을 버리며 슬퍼했다.

모세는 다시 진 밖에 있는 회막에 들어가서 하나님께 간절히 기도했다. 그때는 아직 성막이 건축되기 전이었다.

"모세가 여호와께 아뢰되, 보시옵소서. 주께서 내게 이 백성을 인도하여 올라가라 하시면서 나와 함께 보낼 자를 내게 지시하지 아니하시나이다. 주께서 전에 말씀하시기를 나는 이름으로도 너를 알고 너도 내 앞에 은총을 입었다 하셨사온즉, 내가 참으로 주의 목전에 은총을 입었사오면 원하건대 주의 길을 내게 보이사 내게 주를 알리시고 나로 주의 목전에 은총을 입게 하시며 이 족속을 주의 백성으로 여기소서"(출 33:12-13).

하나님께서 사자를 앞서 보내시겠다고 하셨지만 아직 그가 누구인지 이름을 말씀하지 않으셨다. 다른 말로 하면 하나님의 결정이 아직 최종적인 것은 아니었다. 모세는 희망의 끈을 놓지 않고 부르짖었다. 모세의 부르짖음이 얼마나 간절했던지 하나님께서 우는 아이를 달래듯 모세를 달래셨다. 하나님과 모세가 주고받은 친밀한 대화를 들어 보자.

"내가 친히 가리라. 내가 너를 쉬게 하리라."

"주께서 친히 가지 아니하시려거든 우리를 이곳에서 올려 보내지 마옵소서. 나와 주의 백성이 주의 목전에 은총 입은 줄을 무엇으로 알리이까. 주께서 우리와 함께 행하심으로 나와 주의 백성을 천하 만민 중에 구별하심이 아니니이까."

"네가 말하는 이 일도 내가 하리니 너는 내 목전에 은총을 입었고 내가 이름으로도 너를 앎이니라."

"원하건대 주의 영광을 내게 보이소서."

대화의 흐름이 이상해졌다. 어느 순간부터 모세가 당당해지고 하나님은 쩔쩔매시는 것 같다.

"여호와께서 이르시되, 내가 내 모든 선한 것을 네 앞으로 지나가게 하고 여호와의 이름을 네 앞에 선포하리라. 나는 은혜 베풀 자에게 은혜를 베풀고 긍휼히 여길 자에게 긍휼을 베푸느니라. 또 이르시되, 네가 내 얼굴을 보지 못하리니 나를 보고 살 자가 없음이니라. 여호와께서 또 이르시기를, 보라. 내 곁에 한 장소가 있으니 너는 그 반석 위에 서라. 내 영광이 지나갈 때에 내가 너를 반석 틈에 두고 내가 지나도록 내 손으로 너를 덮었다가 손을 거두리니 네가 내 등을 볼 것이요 얼굴은 보지 못하리라"(출 33:19-23).

분명히 모세는 그날에 하나님의 등 뒤를 보았을 것이다. 그런데 아무런 기록도 없다. 아마도 그 영광이 인간의 언어로는 표현할 수 없었을지 모른다. 성경에 나오는 어떤 인물도 하나님의 등을 본 사람이 없다. 그만큼 모세는 하나님께서 가까이하셨던 사람이었다.

여기까지 전개된 상황을 다시 한 번 정리해 보자.

모세가 하나님의 명령을 받기 위해 시내 산에 올라간 지 여러 날이 되었다. 하루가 멀다 하고 백성들이 아론을 찾아와서 '산에 올라간 모세는 살았는지 죽었는지 모르겠다. 이제 어떻게 할 셈이냐?'고 괴롭혔다. 아론은 임시방편으로 백성들에게 금귀고리들을 가져오라고 했다. 그리고 그 금으로 송아지를 만들어 세웠더니 백성들이 소리쳤다.

"이스라엘아, 이는 너희를 애굽 땅에서 인도하여 낸 너희의 신이로다."

이에 대한 아론의 대처방식이 일을 더 복잡하게 만들었다. 아론은 금송아지 앞에 제단을 쌓고 공포했다.

"내일은 여호와의 절일(節日)이니라."

아론이나 백성이나 다를 바가 없었다. 그들은 금송아지에게 제사를 드렸다. 애굽에서 우상을 숭배하던 식으로 먹고 마시며 일어나 뛰놀았다. 물론 아론이 직설적으로 그 금송아지가 곧 여호와 하나님이라고 말한 적은 없었다. 그러나 백성들이 그의 말을 오해하기에 충분했다. 넓게 보면 모두 아론의 책임이다.

그래서 하나님은 백성들과 함께 가나안 땅으로 올라가지 않겠다고 하셨다. 이스라엘 자손들을 애굽에서 나오게 하셨으니 하나님의 임무는 다 끝났다는 말씀일까? 아니다. 이렇게 목이 곧은 백성들과 함께 가다가는 언제 그들을 진멸할지 모를 그의 공의로우심 때문이었다. 하나님의 뜻은 이스라엘의 멸망이 아니었다.

하나님은 뒷날 모세를 다시 부르셨다. 이번에는 모세가 스스로 만든 돌판을 들고 시내 산으로 올라갔다. 그러자 하나님께서 그 돌판에 다시 한 번 계명들을 새겨 주셨다. 그리고 그의 이름을 선포하셨다.

"여호와께서 그의 앞으로 지나시며 선포하시되, 여호와라. 여호와라. 자비롭고 은혜롭고 노하기를 더디 하고 인자와 진실이 많은 하나님이라. 인자를 천 대까지 베풀며 악과 과실과 죄를 용서하리라. 그러나 벌을 면제하지는 아니하고 아버지의 악행을 자손 삼사 대까지 보응하리라"(출 34:6-7).

만일 하나님께서 '인자를 사 대까지 베풀며 아버지의 악행도 사 대까지 갚으리라'고 하셨다면 '자비하신 하나님'이 아니시다. 그런데 옳은 일을 한 사람은 천 대까지 축복하시고, 악을 행한 사람은 삼사 대까지만 벌하겠다고 하셨다. 얼마나 자비하신가? 자그마치 1000:4의 비율이다. 하나님의 자비하심이 악한 자의 악행보다 250배나 더 크다. 그래서 우리는 '말로 다 표현할 수 없는 그 은혜'에 감사하며 살아간다.

에스겔서에 이런 말씀이 있다.

> "그런데 너희는 이르기를 아들이 어찌 아버지의 죄를 담당하지 아니하겠느냐 하는도다. 아들이 정의와 공의를 행하며 내 모든 율례를 지켜 행하였으면 그는 반드시 살려니와 범죄하는 그 영혼은 죽을지라. 아들은 아버지의 죄악을 담당하지 아니할 것이요 아버지는 아들의 죄악을 담당하지 아니하리니 의인의 공의도 자기에게로 돌아가고 악인의 악도 자기에게로 돌아가리라. 그러나 악인이 만일 그가 행한 모든 죄에서 돌이켜 떠나 내 모든 율례를 지키고 정의와 공의를 행하면 반드시 살고 죽지 아니할 것이라. 그 범죄한 것이 하나도 기억함이 되지 아니하리니 그가 행한 공의로 살리라. 주 여호와의 말씀이니라. 내가 어찌 악인이 죽는 것을 조금인들 기뻐하랴. 그가 돌이켜 그 길에서 떠나 사는 것을 어찌 기뻐하지 아니하겠느냐"(겔 18:19-23).

사람들은 조상의 잘못으로 자손들이 벌을 받으리라고 생각한다. 그러나 하나님은 그렇게 생각하지 않으신다. 설사 아버지가 잘못했더라도 자식이 하나님 앞에서 정의와 공의를 행하면 아버지의 잘못 때문에 벌을 받지 않을 것이다. 마찬가지로 아버지도 아들의 죄를 담당하지 않는다. 누구든지 죄를 범하는 자마다 그 죄로 인해 죽을 것이다. 그러나 회개하고 돌이켜 바른 삶을 살면 죽지 않고 살 것이다. 이전에 지은 죄도 기억되지 않을 것이다. 하나님의 뜻은 악인이 자기 죄로 인하여 죽는 것이 아니다. 죄를 용서받고 사는 것이다. 물론 자식이 아버지의 죄를 물려받아 악한 생활을 하면 그들은 하나님의 심판 아래 있게 될 것이다.

모세가 다시 한 번 땅에 엎드려 경배하며 하나님의 약속을 구했다.

> "이르되, 주여 내가 주께 은총을 입었거든 원하건대 주는 우리와 동행하옵소서. 이는 목이 뻣뻣한 백성이니이다. 우리의 악과 죄를 사하시고 우리를 주의 기업으로 삼으소서"(출 34:9).

오히려 목이 뻣뻣한 백성이기 때문에 하나님께서 함께 가주셔야 한다는 말이다. 모세의 말에 하나님께서 무슨 생각을 하셨을까? 하나님께서 모세와 언약을 세우셨다.

> "여호와께서 이르시되, 보라. 내가 언약을 세우나니 곧 내가 아직 온 땅 아무 국민에게도 행하지 아니한 이적을 너희 전체 백성 앞에 행할 것이라. 네가 머무는 나라 백성이 다 여호와의 행하심을 보리니 내가 너를 위하여 행할 일이 두려운 것임이니라"(출 34:10).

하나님께서 '아직 온 땅 아무 국민에게도 행하지 아니한 이적'을 이스라엘 온 백성들 앞에서 행하시겠다고 약속하셨다. 어떤 이적일까? 앞으로 우리는 그런 이적들을 보게 될 것이다. 하나님의 이적 아니면 살아남을 수 없는 백성들에게 하나님께서 몇 가지 중요한 명령을 주셨다.

"너는 스스로 삼가 네가 들어가는 땅의 주민과 언약을 세우지 말라."
"너희는 도리어 그들의 제단들을 헐고 그들의 주상을 깨뜨리고 그들의 아세라 상을 찍을지어다."
"너는 다른 신에게 절하지 말라."
"너는 신상들을 부어 만들지 말지니라."
"너희의 모든 남자는 매년 세 번씩 주 여호와 이스라엘의 하나님 앞에 보일지라."
"엿새 동안은 일하고 일곱째 날은 너희를 위한 거룩한 날이니 여호와께 엄숙한 안식일이라."

모세는 다시 한 번 40일 동안 하나님 앞에서 떡도 먹지 않고 물도 마시지 않으며 지냈다. 수심이 가득한 채 산을 올라갔던 모세가 내려올 때에는 얼굴에서 광채가 났다. 하나님께서 이스라엘의 죄를 용서하시고 다시 그의 백성으로 받아들여 주셨기 때문이다. 하나님의 영광이 다시 이스라엘 가운데 임하였다. 이스라엘 자손들은 모세의 얼굴에서 나는 광채를 보며 두려워했다. 당분간은 사람들을 만날 때마다 모세가 수건으로 자기의 얼굴을 가려야 했다.

성막을 짓다

// 출애굽기 35-40장 //

지혜로운 사람들이 오홀리압과 브살렐과 함께 작업을 시작했다. 마치 눈으로 본 것처럼 정확하게 성막을 짓고 기구들을 만들었다. 백성들은 성막을 짓는 데 필요한 재료들을 헌물(獻物)로 가져왔다. 너무 많이 가져와서 더 이상 받을 수 없을 정도가 되었다. 금송아지 사건으로 하나님 앞에 크게 회개한 직후였으므로 아마 더 많이 드렸을지도 모른다.

마침내 브살렐과 오홀리압이 완성된 성막과 기구들을 모세에게 가져왔다. 모세가 살펴보니 하나님께 받은 식양대로 완전하게 만들어졌다. 아론이 대제사장의 옷을 입고 모세와 백성들 앞에 섰다. 머리에 쓴 세마포 모자의 전면에 '여호와께 성결'이라고 새긴 금패가 매달려 있었다. 가슴 위의 흉패에는 열두 지파들의 이름을 새긴 열두 보석들이 네 줄로 박혀 있었다. 에봇의 어깨에는 각각 여섯 지파들의 이름을 새긴 두 개의 큼지막한 호마노가 매달려 있었다. 겉옷 아랫단에는 석류와 순금으로 만든 종이 번갈아 매달려 있어서 걸을 때마다 아름다운 소리를 냈다.

하나님께서 아론의 수치를 영광스러운 옷으로 가려 주셨다. 뻔뻔스러운 말로 책임을 회피했던 아론에게 거룩한 옷을 입혀 주셨다. 무능한 아론에게 이스라엘을 축복할 수 있는 최고의 권세를 주셨다.

"나는 은혜 베풀 자에게 은혜를 베풀고 긍휼히 여길 자에게 긍휼을 베푸느니라"(출 33:19).

하나님의 은혜와 긍휼하심은 도대체 그 끝이 어디일까? 시인은 '광대하신 하나님'이라고 고백했다. 성경에서 말하는 '광대'의 의미는 '~보다 더 큰'이라는 뜻이다. 하나님의 은혜는 이스라엘의 반역행위보다 더 크고, 하나님의 긍휼은 아론의 수치심보다 더 컸다. 어떤 것들도 하나님의 은혜보다 더 큰 것이 없다. 하나님의 긍휼히 여기심보다 더 큰 것이 없다. 아론만의 이야기인가? 우리 이야기는 아닌가? 나는 하나님의 은혜와 긍휼히 여기심, 그의 자비하심, 그의 광대하심을 생각할 때마다 목이 멘다.

애굽에서 나온 지 1년째 되는 첫째 달 초하루, 드디어 성막이 세워졌다. 성막 안에 순금으로 만든 기구들도 제자리에 놓여졌다. 뜰에 있는 물두멍에 물을 채웠다. 모든 기구에 거룩한 기름을 발랐다. 아론과 그의 아들들을 물로 씻기고 거룩한 옷을 입혔다. 그 옷에 향유를 바르고 피를 뿌렸다. 그리고 제단 위에서 번제를 드렸다. 성소 안에 있는 향로에 거룩한 향을 피우고 등잔의 불도 켰다. 상 위에는 금방 구워낸 떡 열두 덩이가 진설되었다. 지성소 안에 있는 언약궤 위에는 금으로 만든 두 천사가 서로를 향해 날개를 펴고 있었다. 하나님께서 은혜를 베푸실 자리다.

그날 짙은 구름이 성막을 덮었다. 모세마저도 성막에 들어갈 수가 없었다. 여호와의 영광이 성막에 충만했다. 낮에는 성막 위에 구름이 덮이고, 밤에는 구름 속에 불이 있었다. 성막에 나타난 하나님의 영광이 온 이스라엘 자손들을 영화롭게 해주었다. 모처럼 하나님의 평안이 진영을 감쌌다.

성막을 준비하는 데 필요한 시간은 얼마나 되었을까? 정확히 계산할 수는 없다. 그러나 미루어 짐작할 수는 있다. 이스라엘 자손들이 시내 산에 이르는 데 3개월이 걸렸다. 모세가 40일씩 두 번이나 시내 산에 올라갔다. 그렇게 또 다른 3개월이 지나갔다. 그 외에도 이런 일 저런 일로 시간을 보냈다. 그렇다면 성막을 만드는 데 아무리 많이 잡아도 3개월 이상은 걸리지 않았을 것이다. 하나님께서 지혜를 주시고 회개한 백성들이 순전한 마음으로 동참하니까 그 짧은 기간에 아름다운 성막과 제사장의 의복들이 완성되었다. 그리하여 애굽에서 나온 지 1년 후 첫째 달 초하루에 성막을 세웠다. 만 1년 만이다. 얼마나 놀라운 일인가.

이제 계명과 율법도 받았고 성막도 건축했다. 가나안 땅으로 들어가는 일만 남았다. 그랬으면 얼마나 좋겠는가? 출애굽기가 약 1년 2개월 동안의 여정을 기록해 놓았다면 민수기에는 나머지 39년의 광야생활이 기록되어 있다.

이제 민수기로 넘어가 보자.

제2편

민수기

'민수기'(民數記)라는 이름은 70인역에서 왔다. 민수기에 숫자와 통계가 몇 차례 나오지만 원래 히브리 성경의 이름은 단순히 '광야에서'(in the wilderness of)이다. 70인역(Septuagint, 라틴어로 70이란 뜻)은 주전 3-2세기경에 이집트의 알렉산드리아에서 헬라어로 번역된 구약성경이다. 당시 수많은 유대인들이 여러 나라에 흩어져 살고 있었다. 그들의 자녀들은 점점 모국어인 히브리어를 잊어가고 있었다. 그래서 다음 세대들을 위해 (전설에 의하면) 70명의 성경학자들이 헬라어로 번역했다는 뜻에서 그런 이름이 붙었다.

하나님의 뜻은 언제나 최선이다. 모든 일이 하나님의 뜻대로 이루어진다면 그보다 더 좋을 수가 없다. 그러나 하나님의 뜻은 우리가 말하는 '운명'이 아니다. 인간이 하나님의 뜻에 어떤 반응을 보이느냐에 따라 그 일이 이루어지는 시점과 방식이 지체되거나 변경될 수 있다. 출애굽기와 민수기에 그런 일들이 기록되어 있다. 그러나 하나님의 선하신 뜻은 반드시 이루어진다. 하나님의 선하신 성품과 전능하신 능력 때문이다.

오래전, 하나님께서 아브라함에게 약속하셨다.

> "내가 너로 큰 민족을 이루고 네게 복을 주어 네 이름을 창대하게 하리니 너는 복이 될지라"(창 12:2).

하나님은 그 약속을 이루시기 위하여 야곱과 그의 자녀들을 애굽 고센 땅으로 인도하셨다. 고센 땅은 이스라엘이 큰 민족으로 성장할 수 있는 묘판이었다. 그곳에서 하나님은 400여 년 동안 다른 민족의 침략으로부터 이스라엘을 보호해 주셨다. 그리고 때가 되자 애굽에서 이스라엘을 불러내셨다.

그런데 하나님의 계획에 반역하고 나선 것은 애굽의 바로 왕뿐만이 아니었다. 이스라엘 백성들도 하나님의 뜻을 거절했다. 홍해를 건넌 후에도 기회만 있으면 애굽으로 돌아가려고 했다. 모세가 시내 산에 올라가 있는 동안에는 우상을 만들기도 했다. 그래도 하나님은 그의 계획을 포기하지 않으셨다. 좀 지체가 되었지만 마침내 그의 선하신 뜻을 이루셨다.

이제 이스라엘 자손들이 시내 산을 떠날 때가 되었다. 하나님의 계획대로라면 한 달 이내에 아브라함에게 약속하신 가나안 땅으로 들어갈 것이다. 그런데 이스라엘의 불순종이 그들을 신(Zin) 광야로 되돌아가게 했다. 그래서 민수기의 무대는 광야이다. 이스라엘 백성들은 그 광야에서 39년을 보냈다.

광야는 어떤 곳일까? 광야는 유배지가 아니다. 죗값을 치르는 곳이 아니다. 이스라엘 백성들이 광야에서 보낸 세월은 허송세월이 아니었다. 왜냐하면 하나님께서 그들과 함께 그곳에 계셨기 때문이다. 광야에서 하나님은 무슨 일을 하셨을까? 모세는 신명기에서 이렇게 회상했다.

"네 하나님 여호와께서 이 사십 년 동안에 네게 광야 길을 걷게 하신 것을 기억하라. 이는 너를 낮추시며 너를 시험하사 네 마음이 어떠한지 그 명령을 지키는지 지키지 않는지 알려 하심이라. 너를 낮추시며 너를 주리게 하시며 또 너도 알지 못하며 네 조상들도 알지 못하던 만나를 네게 먹이신 것은 사람이 떡으로만 사는 것이 아니요 여호와의 입에서 나오는 모든 말씀으로 사는 줄을 네가 알게 하려 하심이니라. 이 사십 년 동안에 네 의복이 해어지지 아니하였고 네 발이 부르트지 아니하였느니라"(신 8:2-4).

광야생활 39년은 이스라엘의 불순종 때문이었다. 성경에도 '광야에서 39년을 허송세월한 것은 이스라엘 때문이었다'고 명시해야 옳다. 그런데 하나님은 모세를 통해 이렇게 말씀하셨다.

"네 하나님 여호와께서 이 사십 년 동안에 네게 광야 길을 걷게 하신 것을 기억하라."

잘못은 이스라엘이 저질렀다. 그러나 일단 용서하신 후에는 하나님께서 그들의 잘못까지도 품으셨다. 하나님의 인도하심 가운데 그들의 실수도 포함되었다. 이 구절을 처음 읽는 사람은, '아, 하나님께서 이스라엘을 광야에서 40년 동안 훈련시키시려고 10명의 정탐꾼을 사용하셨구나' 하고 생각할 수도 있다. 그러나 그것은 오해다.

하나님의 뜻은 이스라엘을 곧바로 가나안으로 인도하시는 것이었다. 그러나 이스라엘의 반역으로 인하여 여행이 지체되었다. 하나님은 그들의 반역과 실수를 용서하시고 아무 일도 없었던 것처럼 품에 안으셨다. 그리고 그들과 함께 광야에 머무셨다. 그들이 마침내 '사람이 떡으로만 사는 것이 아니요 여호와의 입에서 나오는 모든 말씀으로 사는 줄'을 깨닫게 되기를 원하셨다.

누군가 오해하는 사람들이 있다면 하나님께서 이렇게 말씀하실 것이다.

'그래, 내 백성들이 잘못했다. 그래도 그들은 변함없는 내 백성들이다. 내가 그들의 실수를 최대한 선용하려고 한다. 그들에게 최고의 영적인 교육을 시킬 것이다. 아무도 내 백성을 비난하지 말라!'

그렇게 해서 광야생활은 이스라엘을 성숙하게 하는 영적 여행 코스가 되었다. 광야에서 이스라엘 백성들은 옛 허물을 벗고 새롭게 되었다. 더러움을 벗고 거룩함을 입었다. 불신앙과 불순종의 허물을 벗고 믿음과 순종의 옷을 입었다. 교만을 벗고 겸손의 옷을 입었다. 무질서에서 벗어나 질서의 세계로 들어갔다. 무엇보다도 광야에서 이스라엘은 하나님을 더 깊이 알게 되었다. 하나님의 말씀을 깨닫게 되었다.

물론 이스라엘이 스스로 변화된 것은 아니다. 하나님께서 그들을 변화시켜 주셨다. 이스라엘이 반역했을 때 하나님께서 떠나셔도 그만이었다. 그러나 하나님은 그들을 대면(confront)하시고 굴복시키셨다. 굴복시키시는 과정에 아픔도 있었다. 하나님의 과격하심 때문이 아니다. 그들의 목이 곧았기 때문이다. 하나님은 그들을 굴복시키신 후에 정성을 다해 치료하시고 회복시키셨다. 그 과정을 통하여 이스라엘은 하나님 백성이 되어 갔다. 영적으로 보면 신(Zin) 광야는 하나님의 은혜가 넘치는 곳이다.

훗날 호세아 선지자는 광야생활의 축복을 이렇게 묘사했다.

"그러므로 내가 저를 개유하여 거친 들로 데리고 가서 말로 위로하고, 거기서 비로소 저의 포도원을 저에게 주고 아골(환난의) 골짜기로 소망의 문을 삼아 주리니 저가 거기서 응대하기를 어렸을 때와 애굽 땅에서 올라오던 날과 같이 하리라"(호 2:14-15, 개역한글).

광야는 하나님을 만나는 곳이다. '개유'라는 말은 '달래어'라는 뜻이다. 하나님께서 이스라엘을 달래어 광야로 데리고 가셨다. 그곳에서 이스라엘은 하나님의 위로의 말씀을 들었다. 광야의 낮은 뜨겁고 밤은 차가웠다. 하나님께서 이스라엘에게 그늘이 되어 주셨다. 사랑의 따뜻한 품으로 안아 주셨다. 부모의 품에서 흥얼거리며 미소 짓는 젖먹이처럼 이스라엘은 하나님의 사랑의 품에 안겼다.

오해하지 말자. 광야가 좋다는 말은 아니다. 아무리 멋있게 묘사해도 광야는 광야다. 하나님의 원래 계획은 광야가 아니었다. 가데스 바네아에서 곧바로 가나안 땅으로 들어가는 것이었다. 그런데 이스라엘 백성들이 하나님의 뜻을 거역하고 자기 발로 광야에 들어갔다. 그러자 하나님께서 그들을 따라 들어가셨다. 그리고 광야에서 그들을 변화시키셨다. 그리고 때가 이르자 그들을 요단 강 동편에 있는 모압 평지로 인도하셨다. 건너편에는 하나님께서 아브라함에게 약속하신 젖과 꿀이 흐르는 땅이 펼쳐져 있었다.

이것이 민수기의 큰 줄거리다.

제3장
여행 준비

여행은 준비를 잘해야 한다. 누구와 언제, 어디로 갈지, 철저한 준비를 해야 한다. 준비된 여행은 세 곱절의 기쁨을 준다. 준비하는 기쁨, 여행하는 기쁨, 그리고 다녀와서의 기쁨이다. 민수기 1장부터 9장까지는 '젖과 꿀이 흐르는 가나안 땅'으로 여행하기 위한 준비과정이다. 하나님의 말씀대로만 준비하면 여행길에 부족함이 없을 것이다.

이스라엘 백성들은 애굽에서 나온 지 2년째 되는 첫째 달(양력으로 3-4월) 첫째 날에 성막을 세웠다. 그리고 14일에 두 번째 유월절을 지켰다. 특별한 사유가 있어서 제때에 유월절을 지키지 못한 사람들을 위해 한 달 후인 2월 14일에 다시 유월절을 지킬 기회가 주어졌다.

싸움에 나갈 남자들의 숫자

// 민수기 1–2장 //

두 번째 유월절을 지킨 후에 모세는 백성들을 계수했다. 하나님의 명령이었다. 전쟁이 일어나면 '싸움에 나갈 만한 남자들의 숫자'를 미리 알고 있어야 했다. 그냥 20세 이상의 남자들이 아니다. 건강하여 '싸움에 나갈 만한 남자들'이다. 이 말이 민수기 1장에만 14회 나온다. 그런 남자들을 계수해 보니 603,550명이었다. 이 숫자는 하나님께서 아브라함에게 주셨던 그의 약속을 다 이루셨다는 선언이기도 했다.

> "내가 너로 큰 민족을 이루고 네게 복을 주어 네 이름을 창대하게 하리니 너는 복이 될지라"(창 12:2).

> "그를 이끌고 밖으로 나가 이르시되 하늘을 우러러 뭇별을 셀 수 있나 보라. 또 그에게 이르시되 네 자손이 이와 같으리라"(창 15:5).

여인들과 20세 미만의 남자들은 이 숫자에서 빠졌다. 레위 족속의 숫자도 빠졌다. 그래서 우리는 애굽에서 나온 이스라엘 백성들의 숫자를 적어도 200만 명 이상일 것이라고 추측한다. 이 숫자를 받아들이기 어려워하는 사람들도 있다. 그 많은 숫자가 광야를 지나갔다는 말을 믿을 수 없기 때문이다. 그래서 더 작은 숫자를 만들어 내느라 애쓰고 수고한다. 그런데 가끔 사람들은 쉬운 일을 어렵게 생각하는 경향이 있다. 사람의 능력으로는 불가능하겠지만 하나님의 능력으로는 모든 일이 가능하다. 성경은 하나님의 말씀이다. 그분의 말씀을 믿음으로 받아들이지 못할 다른 이유가 없다.

그래도 궁금해서 인구증가에 대한 계산을 해보았다. 야곱과 함께 애굽에 내려간 남자들이 70명이었다. 부부로 계산하면 140명이다. 그들이 일부일처제를 지켰다는 가정 아래 한 가정이 5명의 자녀를 두었다면 둘째 세대는 350명, 175쌍이 된다. 한 세대를 40년으로 계산하면 애굽 생활 430년은 적어도 10세대에 이른다.

한 세대가 지날 때마다 이전 세대의 숫자만큼 죽었다고 가정하며 매년 인구 숫자에서 제했다. 그렇게 계산하니 10세대 후에는 1,869,202명이었다. 마지막 세대의 부모들은 아직 살아 있다고 가정하고 도표로 나타내면 다음과 같다. 정확한 내용은 아니겠지만 430년 동안에 200여 만 명으로 증가하는 일이 전혀 불가능하지 않다는 점을 확인하고 싶었다.

세대 수	부부 수	자녀 수	사망자 수	인구 수
1	140	350		490
2	175	875	140	1,085
3	437	2,188	350	2,713
4	1,094	5,469	875	6,781
5	2,734	13,672	2,188	16,953
6	6,836	34,180	5,469	42,383
7	17,090	85,449	13,672	105,957
8	42,725	213,623	34,180	264,893
9	106,822	534,058	85,449	662,231
10	267,029	1,335,144	-	1,869,202

열두 지파의 이름에서 레위와 요셉이 빠져 있다. 레위인들은 전쟁에 나가지 않고 성막과 기구들을 관리했다. 그들은 성막 주변에 막사를 쳤고, 외인(外人)이 성막에 가까이 오면 죽일 수 있는 권한도 부여받았다. 그것은 이스라엘 자손들에게 진노가 임하지 않도록 하는 예방조치였다. 그리고 요셉을 대신해서 그의 두 아들 므낫세와 에브라임이 열두 지파들 중에 들어갔다. 20세 이상 남자들 숫자를 지파별로 나누면 다음과 같다. 이스라엘이 애굽에서 나온 지 2년째 되는 둘째 달 초하루에 계산한 숫자이다.

르우벤	46,500명
시므온	59,300명
갓	45,650명
유다	74,600명
잇사갈	54,400명
스불론	57,400명
에브라임	40,500명
므낫세	32,200명
베냐민	35,400명
단	62,700명
아셀	41,500명
납달리	53,400명

레위 지파를 제외한 합계 603,550명

열두 지파들이 성막을 중심으로 동서남북 사방에 진을 쳤다(여기부터는 성막과 회막, 혹은 증거의 막이 같은 의미로 사용된다). 동쪽으로는 유다 지파의 기(旗)를 세우고 좌우로 잇사갈 지파와 스불론 지파가 진을 쳤다(광야의 성막, 솔로몬의 성전, 그리고 에스겔의 환상에 나오는 성전까지, 성전문은 언제나 동쪽을 향해 나 있다). 그들의 군대 숫자는 186,400명이었다. 남쪽에는 르우벤 지파의 기(旗)를 세우고 좌우로 시므온 지파와 갓 지파가 진을 쳤다. 그들의 숫자는 151,450명이었다. 서쪽으로는 에브라임 지파의 기(旗)를 세우고 좌우로 므낫세 지파와 베냐민 지파가 진을 쳤다. 그들의 숫자는 108,100명이었다. 마지막으로 북쪽에는 단 지파의 기(旗)를 세우고 좌우로 아셀 지파와 납달리 지파가 진을 쳤다. 그들의 숫자는 157,600명이었다.

훗날 가나안 땅에 들어가서 여호수아가 지파별로 영토를 나눌 때에도 이런 형태가 어느 정도 유지되었다. 예를 들면, 해변과 북쪽 변방은 단과 아셀과 납달리가, 그리고 남쪽 변방은 르우벤과 시므온과 갓이, 중앙은 에브라임과 므낫세와 베냐민이 차지했으며, 유다와 스불론과 잇사갈은 남북으로 연결되어 있다.

레위인들의 사명

// 민수기 3-4장 //

아론은 레위 지파 사람이다. 그의 네 아들은 나답과 아비후와 엘르아살과 이다말이다. 모두 아버지와 함께 거룩한 제사장의 직분을 부여받았다. 훗날 나답과 아비후는 하나님께서 정하신 불이 아닌 다른 불씨를 향로에 사용하다가 불에 타서 죽었다. 하나님을 멸시했기 때문이다. 모세는 두 조카의 죽음을 앞에 두고 이렇게 말했다.

> "모세가 아론에게 이르되, 이는 여호와의 말씀이라. 이르시기를, '나는 나를 가까이하는 자 중에서 내 거룩함을 나타내겠고 온 백성 앞에서 내 영광을 나타내리라' 하셨느니라"(레 10:3).

레위인들의 사명은 하나님의 거룩하심을 백성들 앞에서 나타내는 것이었다. 그 사명을 제대로 감당하지 못하면 죽임을 당했다. 하나님의 거룩하심은 언제나 심판을 동반했다. 이 진리를 깨닫는 모든 주의 종들과 성도들에게 복이 있을지어다.

1년 전, 애굽의 장자들을 치시던 유월절 저녁에 하나님은 이스라엘의 장자들을 살려두셨다. 하나님은 이스라엘의 장자들을 대신하여 레위인들을 받으셨다. 레위 지파의 1개월 이상 된 남자들을 계수하니 그 숫자가 22,000명이었다. 다른 지파에 비해 상대적으로 적은 숫자였다. 그런데 신기하게도 이스라엘 전체에서 1개월 이상 된 장자들의 숫자가 22,273명이었다. 273명의 레위인들이 부족했다. 하나님께서는 그 273명의 속전(贖錢)으로 한 사람당 5세겔씩 계산하여 1,365세겔을 아론과 그 아들들에게 주라고 하셨다.

하나님의 계산은 언제나 정확하다. 이스라엘의 장자 숫자가 20세 이상의 남자 숫자에 비하여 상대적으로 적다고 생각할 수도 있다. 아마도 이스라엘의 장자는 결혼하기 전의 장자로만 계산되었기 때문일 것이다. 애굽의 각 가정에서도 장자 한 명씩만 죽었다(출 12:30 참조).

민수기에서 발견되는 특징 중의 하나가 '질서'다. 숫자나 역할이나 책임이나 실행방법에 두루뭉술하게 넘어가는 법이 없다. 항상 정확하고 분명하며, 순서에 애매모호함이 없다. 레위인들이 성막을 해체하고 운반하며 다시 조립하는 과정에도 정확한 질서가 있었다.

거슬러 올라가면 야곱의 셋째 아들 레위에게 세 명의 아들들이 있었다. 게르손과 고핫과 므라리인데, 그 이름을 따라 각기 부족이 형성되었다. 게르손 부족은 성막의 서쪽에 진을 쳤다. 고핫 자손은 남쪽에 진을 쳤고, 므라리 자손은 북쪽에 진을 쳤다. 그들의 사명은 백성들이 부주의하게 성막에 접근하다가 죽임을 당하지 않도록 지키는 일이었다. 하나님께서 세 부족에게 성막의 해체와 운반, 그리고 세움과 보호를 맡기셨다.

고핫 자손들은 성막의 기구들을 맡았고(그러나 성막 안을 들여다보면 죽었다), 게르손 자손은 성막의 덮개와 휘장들을 맡았으며, 므라리 자손은 성막의 기둥과 널판과 띠와 받침 같은 부품들을 맡았다. 그러나 그들의 사역에는 우열(優劣)이 없었다. 성막에서 일하는 레위 지파의 남자들은 30-50세로 한정되었는데 전체 숫자가 8,580명이었다. 아마도 조를 짜서 섬겼을 것이다. 그들은 제사장들의 지휘를 받았다.

거룩한 구별

// 민수기 5-6장 //

'거룩'이라는 단어는 순수한 한글이다. 17세기부터 문헌에 나오기 시작하는데 '매우 높고 위대하다'는 의미다. 성경에서 말하는 거룩도 그런 뜻일까? 성경에서 말하는 '거룩'은 윤리적인 의미 그 이상이다. 거룩은 원천적으로 우리와 상관이 없다. 아무리 노력해도 우리는 거룩하게 될 수 없다. 거룩의 근원, 거룩해야 할 이유, 거룩할 수 있는 능력, 거룩에 대한 요청, 그리고 거룩함의 증거는 전적으로 하나님께 달려 있다. 거룩에 관한 성경구절들을 찾아보자.

> "나는 여호와 너희의 하나님이라. 내가 거룩하니 너희도 몸을 구별하여 거룩하게 하고 땅에 기는 길짐승으로 말미암아 스스로 더럽히지 말라"(레 11:44).

> "나는 너희의 하나님이 되려고 너희를 애굽 땅에서 인도하여 낸 여호와라. 내가 거룩하니 너희도 거룩할지어다"(레 11:45).

> "사람이 서원하는 예물로 여호와께 드리는 것이 가축이면 여호와께 드릴 때는 다 거룩하니"(레 27:9).

> "너희는 너희가 하나님의 성전인 것과 하나님의 성령이 너희 안에 계시는 것을 알지 못하느냐? 누구든지 하나님의 성전을 더럽히면 하나님이 그 사람을 멸하시리라. 하나님의 성전은 거룩하니 너희도 그러하니라"(고전 3:16-17).

> "오직 너희를 부르신 거룩한 이처럼 너희도 모든 행실에 거룩한 자가 되라"(벧전 1:15).

이 말씀들 가운데 한 가지 공통점이 있다. 거룩은 전적으로 하나님과의 관계, 만남, 그리고 접촉을 통해서만 존재한다는 사실이다. 똑같은 짐승도 하나님께 드려지는 순간에 거룩하게 된다. 똑같은 물건도 성막에서 사용하면 거룩하게 된다. 똑같은 사람이지만 예수님을 '나를 구원하신 하나님의 아들'로 믿고 고백하는 순간 거룩하게 된다. 하나님께서 '너는 내 것이다'라고 말씀하시는 그 순간부터 우리는 거룩한 존재가 된다.

그런 의미에서 거룩은 '하나님께서 나를 거룩하게 하셨다는 존재 의식'에서 시작된다. 그것은 내가 하나님 앞에 거룩한 존재가 되었다는 의식적 고백이다. 이 의식은 "내가 거룩하니 너희도 거룩할지어다"라는 하나님의 창조적 말씀을 믿음으로 받아들이고 복창(復唱)하는 능동적 행동에 이르게 한다. 그러므로 하나님과의 만남 없이는 거룩함도 없다.

하나님께서 이스라엘을 그의 백성으로 부르셨다. 그래서 거룩하게 되었다. 이제 그들은 가나안 땅으로 들어가기 전에 해야 할 일이 있었다. 자신들을 의식적으로 거룩하게 구별하는 일이었다. 먼저 신체적인 구별을 했다. 전염병을 지닌 사람들을 진영 밖으로 내보냈다. 계속해서 피가 흐르는 여인들의 유출병도 여기에 속했다. 치료받을 때까지 진영 밖에 격리시켰다. 주검을 만진 자들도 일정 기간 격리되었다. 중근동 지방에서는 하루도 지나기 전에 시체가 부패한다. '거룩'의 반대말은 '더럽힘'이다. 하나님께서 진중(陳中)에 계시므로 진을 깨끗하게 유지해야 했다. 진 밖으로 분리된 자들은 종교적인 행사에 참여할 수가 없었다.

거룩함은 죄의 용서와도 관계가 있다. 사람에게 지은 모든 죄도 궁극적으로 하나님께 지은 죄다. 그래서 "사람들이 범하는 죄를 범하여 여호와께 거역함으로 죄를 지으면"이라고 말씀하셨다. 다른 사람에게 물질로 손해를 끼쳤다면, 반드시 20%를 더하고 되돌려주어야 한다. 그것을 받을 사람이나 친척이 없다면 제사장에게 주어야 한다. 성경이 말하는 '회개'는 감정이나 말로 끝나지 않는다.

처음 예수님을 믿는 분들이 이해하기 어려워하는 부분이 '용서'다. 어떻게 '나는 용서받았다'고 그렇게 쉽게 말할 수 있느냐고 항의한다. 만일 우리가 다른 사람들에게 물질적인 해를 끼쳤다면, 그리고 우리에게 배상할 수 있는 능력이 있다면 반드시 그렇게 해야 한다. 끼친 해가 정신적인 것이라면 진심으로 사과하고, 할 수 있다면 공개적으로 용서를 구하여 그 사람의 명예를 회복해 주어야 한다. 그래도 상대방이 용서하지 않으면 어떻게 할까? 다음 구절에 해답이 있다.

> "만일 죄 값을 받을 만한 친척이 없으면 그 죄 값을 여호와께 드려 제사장에게로 돌릴 것이니 이는 그를 위하여 속죄할 속죄의 숫양과 함께 돌릴 것이니라"(민 5:8).

죄를 용서하시는 분은 하나님이시다. 그러므로 하나님 앞에 진심으로 회개하고, 회개에 걸맞은 행동을 하며, 하나님의 용서를 믿음으로 받아들여야 한다. 그때 우리는 죄책감에서 놓여나게 된다. 하나님의 백성들은 일절 '원망 들을 만한 일'이 없어야 한다. 거룩한 백성들이기 때문이다. 그래서 예수님은 말씀하셨다.

"그러므로 예물을 제단에 드리려다가 거기서 네 형제에게 원망 들을 만한 일이 있는 것이 생각나거든 예물을 제단 앞에 두고 먼저 가서 형제와 화목하고 그 후에 와서 예물을 드리라"(마 5:23-24).

부부의 삶도 거룩해야 한다. 부부가 서로 의심하며 사는 것보다 더 큰 괴로움이 없다. 남편이 마음으로 아내의 순결을 의심하고 있다고 가정해 보자. 아무도 그의 의심을 제거해 줄 수가 없다. 분명히 아내가 다른 남자와 불륜의 관계를 맺었는데 증인도 없고 증거도 없다. 그러나 심증은 있다. 이런 상태로는 하나님 앞에 거룩한 부부관계를 유지할 수가 없다. 그런 경우를 위해 하나님께서 '의심의 법'을 제정해 주셨다. 하나님의 의도는 억울하게 의심받고 있는 아내들을 보호해 주시는 데 있었다. 내용은 이렇다.

한 남편이 의심스러운 아내를 제사장에게 데려온다. 물론 여인은 자신의 정결함을 주장한다. 그러면 제사장은 여인의 머리를 풀게 하고 '의심의 소제물'을 손에 든 채 앞에 서게 한다. 그리고 '저주가 되게 하는 쓴 물'을 만들어 자기 손에 들고 이렇게 말한다.

"네가 네 남편을 두고 탈선하여 다른 남자와 동침하여 더럽힌 일이 없으면 저주가 되게 하는 이 쓴 물의 해독을 면하리라. 그러나 네가 네 남편을 두고 탈선하여 몸을 더럽혀서 네 남편 아닌 사람과 동침하였으면 여호와께서 네 넓적다리가 마르고 네 배가 부어서 네가 네 백성 중에 저줏거리, 맹셋거리가 되게 하실지라"(민 5:19-21).

제사장은 이 저주의 말을 쓴 종이를 물에 빨고 여인으로 마시게 한다. 여인은 제사장의 말에 '아멘'으로 응답하고 자신의 순결함을 맹세하며 그 물을 마신다. 만일 그 여인이 정결하면 제사장이 말한 저주가 몸에 나타나지 않고 임신을 하게 될 것이다. 물론 남편도 더 이상 아내를 의심하지 말아야 한다.

그런데 질문이 하나 있다. '만일 남자가 부정했을 때에는 어떻게 할 것인가? 남자는 일방적으로 면죄부를 받는가?' 아니다. 하나님의 심판에는 '남존여비 사상'이 없다. 바울의 말처럼 "모든 사람이 죄를 범하였으매" 하나님의 영광에 이르지 못하였다(롬 3:23). 하나님의 불꽃같은 눈앞에서 죄인은 숨을 수도 없고 숨길 수도 없다. 이 진리가 성경 전체에 흐르고 있다.

> "모든 사람은 결혼을 귀히 여기고 침소를 더럽히지 않게 하라. 음행하는 자들과 간음하는 자들을 하나님이 심판하시리라"(히 13:4).

> "남편들아 아내를 사랑하며 괴롭게 하지 말라"(골 3:19).

하나님은 부부들이 순결한 삶을 살기를 원하셨다. 서로 신뢰하며 한 몸이 되기를 원하셨다. 남편의 의심이 곰팡이처럼 이웃에 퍼지는 일을 막고, 거룩한 공동체를 이루기를 원하셨다. 억울하게 의심받는 아내가 인격적으로 회복되기를 원하셨다. 그렇게 함으로 부부 사이에 그의 거룩하심이 머물기를 원하셨다. 그것이 의심의 법을 제정하신 하나님의 의도였다.

하나님은 신체의 거룩함, 죄로부터의 거룩함, 관계에서의 거룩함을 가르치신 후에 마지막으로 나실인(Nazirite) 법을 제정하셨다. 나실인은 하나님과 사람들 앞에서 자기를 거룩하게 구별하는 사람들이다. 스스로 일정한 기간 동안 나실인으로 살 수도 있고, 하나님께서 택하셔서 삼손처럼 평생을 나실인으로 살 수도 있다. 나실인은 남녀의 성(性)을 구별하지 않았다.

나실인의 삶에는 세 가지 금지목록이 있다. 첫째로, 포도주와 독주를 멀리해야 했다. 술 앞에는 장사가 없다. 술은 사람의 건강뿐만 아니라 인격을 망가뜨린다. 나실인은 생포도와 건포도는 물론 포도씨도 먹지 않았다. 그렇게 해서라도 술로부터 '충분한 안전거리'를 유지했다. 둘째로, 나실인으로 서원한 기간에는 머리를 밀지 않았다. 셋째로, 나실인으로 사는 동안에는 부모와 형제의 시체라도 가까이할 수 없었다. 갑자기 옆에 있는 사람이 죽어서 부정하게 된다면 머리를 밀고 제물을 드렸다. 그리고 나실인의 기간을 처음부터 다시 채워야 했다.

거룩에 대한 말씀을 마치신 후에 하나님은 아론으로 하여금 백성들을 축복하게 하셨다.

> "여호와께서 모세에게 말씀하여 이르시되, 아론과 그의 아들들에게 말하여 이르기를 너희는 이스라엘 자손을 위하여 이렇게 축복하여 이르되
> '여호와는 네게 복을 주시고 너를 지키시기를 원하며
> 여호와는 그의 얼굴을 네게 비추사 은혜 베푸시기를 원하며
> 여호와는 그 얼굴을 네게로 향하여 드사 평강 주시기를 원하노

라' 할지니라 하라
그들은 이같이 내 이름으로 이스라엘 자손에게 축복할지니 내가 그들에게 복을 주리라"(민 6:22-27).

하나님께서 그의 백성들을 지키시고 은혜와 평강을 베푸신다. 얼마나 큰 축복인가. 제사장들은 언어로 하나님의 축복을 선포하는 중재자들이었다. 어떤 마음으로 예배에 임하느냐가 중요하다. 목사님들이 축도를 할 때에 그 기도에 응답하시는 분은 하나님이시다. 믿음으로 축복을 받는 사람은 복 있는 사람이다. 오래전에 어떤 성도로부터 이런 말을 들은 적이 있다.

"목사님, 저는 무슨 일이 있어도 축도 전에 예배 자리를 떠난 적이 없습니다."

지휘관들이 드린 예물들

// 민수기 7–8장 //

민수기 7장은 성경에서 시편 119편 다음으로 긴 장(章)이다. 열두 명의 지휘관들이 덮개 있는 수레 여섯과 소 열두 마리를 레위인들을 위하여 드렸다. 레위의 첫째 아들인 고핫 자손들은 성물들을 어깨에 메었으므로 수레가 필요 없었다. 둘째 아들 게르손의 자손들은 회막의 휘장과 줄들을 옮겨야 했으므로 수레 둘에 소 네 마리를 배당했다. 셋째 아들 므라리의 자손들은 더 많은 짐들을 옮겨야 했으므로 수레 넷에 소 여덟 마리를 주었다. 크고 작은 일에도 질서가 있었다.

하나님께서 열두 명의 지휘관들에게 하루씩 순번을 맡아 제물을 드리게 하셨다. 그런데 지휘관의 이름과 그가 대표하는 지파의 이름만 다를 뿐 다른 내용은 똑같았다. 예물 중에 '은반'은 은 쟁반을, '은 바리'는 은 대접을 가리킨다. 예를 들면 이런 식이다.

"첫째 날에 헌물을 드린 자는 유다 지파 암미나답의 아들 나손이라. 그의 헌물은 성소의 세겔로 백삼십 세겔 무게의 은반 하나와 칠십 세겔 무게의 은 바리 하나라. 이 두 그릇에는 소제물로 기름 섞은 고운 가루를 채웠고, 또 열 세겔 무게의 금 그릇 하나라. 그것에는 향을 채웠고, 또 번제물로 수송아지 한 마리와 숫양 한 마리와 일 년 된 어린 숫양 한 마리이며, 속죄제물로 숫염소 한 마리이며 화목제물로 소 두 마리와 숫양 다섯 마리와 숫염소 다섯 마리와 일 년 된 어린 숫양 다섯 마리라. 이는 암미나답의 아들 나손의 헌물이었더라"(민 7:12-17).

일반적으로 이런 경우에는 한 지휘관이 드린 예물만 상세하게 적고 그 이후부터는 '이하 동문(同文)'으로 요약한다. 그러나 하나님은 각 지파가 드리는 예물을 귀하게 여기셨다. 열두 지파가 동일한 예물을 드렸지만 일일이 그 품목을 나열하셨다. 어떤 지파도 다른 지파보다 더 많이 드릴 필요가 없었다. 하나님은 그렇게 하심으로 각 지파에게 주어진 동일한 책임을 강조하셨고, 또한 그들을 향한 사랑을 보여주셨다.

7장의 마지막 절에 이런 말씀이 있다.

"모세가 회막에 들어가서 여호와께 말하려 할 때에 증거궤 위 속죄소 위의 두 그룹 사이에서 자기에게 말씀하시는 목소리를 들었으니 여호와께서 그에게 말씀하심이었더라"(민 7:89).

모세가 하나님의 목소리를 들었다. 공기 파장을 일으키며 모세의 귀에 들려오는 말씀이었다. 어떤 음성이었을까? 훗날 우리가 이 세상을 떠나 하나님의 보좌 앞에 이르면 그 목소리를 듣게 될 것이다. 그러나 이 세상에 사는 동안에는 성경과 성령님의 감동하심을 통해서만 그 음성을 들을 수 있다.

민수기 8장은 아론이 회막의 등잔에 불을 켜는 법과 레위인들이 성막에서 섬기는 내용이 기록되어 있다. 성막은 하나님께서 임재해 계시는 곳이므로 언제나 긴장하고 있어야 했다. 레위인들은 자신을 죄와 부정함으로부터 구별하며 살아야 했다. 25세부터 50세까지의 레위인들이 회막에서 섬겼다. 인생의 가장 중요한 한 토막이다.

특이한 점은 이스라엘 자손들이 회막 앞에서 레위인들을 안수하는 장면이다. 아마도 백성을 대표하는 지도자들이 안수했을 것이다. 그 후에 아론은 하나님 앞에 레위인들을 드렸다. 레위 지파의 남자들은 전체 이스라엘의 장자들을 대신하여 하나님께 바쳐졌다.

두 번째 지키는 유월절

// 민수기 9장 //

애굽에서 나온 지 2년째 되는 첫 달 14일에 이스라엘 백성들은 두 번째 유월절을 지켰다. 하나님의 은혜가 회중에 섞여 사는 다른 민족에게도 동일하게 임했다.

> "만일 타국인이 너희 중에 거류하여 여호와 앞에 유월절을 지키고자 하면 유월절 율례대로 그 규례를 따라서 행할지니 거류민에게나 본토인에게나 그 율례는 동일할 것이니라"(민 9:14).

바울이 로마서에 기록한 말씀이 기억난다.

> "유대인이나 헬라인이나 차별이 없음이라. 한 분이신 주께서 모든 사람의 주가 되사 그를 부르는 모든 사람에게 부요하시도다. 누구든지 주의 이름을 부르는 자는 구원을 받으리라"(롬 10:12-13).

출애굽기 12장부터 민수기 9장까지는 1년 동안에 일어난 일들의 기록이다. 그동안에 하나님께서 그들을 젖과 꿀이 흐르는 가나안 땅으로 인도하시기 위해 모든 준비를 시키셨다. 계명과 율법을 주셨고, 성막도 세우셨다. 아론의 아들들을 제사장으로 세우시고, 레위인들로 하여금 그들을 돕게 하셨다. 1년 전만 해도 쫓기듯 광야로 내몰렸지만 이제는 조직이 정비되었고, 지도자들도 세워졌다. 행진하는 순서도 자세히 정해졌다. 무엇보다도 일용할 양식을 걱정하지 않게 해주셨다. 이제 두 번째 유월절과 무교절을 지키고 나면 곧 시내 산을 떠나게 될 것이다.

그러나 사람이 많다 보면 예외가 발생한다. 어떤 사람들이 시체를 만지고 부정하게 되어 유월절을 지킬 수가 없었다. 그래서 둘째 달 14일에 똑같은 방식으로 그들을 위하여 유월절을 지키게 하셨다. 언제나 두 번째 은혜가 주어졌다.

제4장
가데스 바네아를 향하여

하나님께서 구름기둥과 불기둥으로 이스라엘 백성들을 인도하셨다. 낮에는 성막 위에 구름이 덮였고, 저녁에는 성막 위에 불과 같은 모양이 머물러 있었다. 구름이나 불 모양이 성막에서 떠오르면 백성들은 성막을 걷고 하나님의 명령에 따라 이동했다. 어떤 때는 하루 만에 이동할 때도 있었고, 어떤 때는 일 년 이상을 한 곳에 머물기도 했다.

그러나 넓은 곳에 흩어져서 사는 이스라엘 백성들이 성막 위의 구름과 불 모양을 다 볼 수는 없었다. 그래서 하나님은 은 나팔 둘을 만들어 가지고 회중이 신호 소리를 들을 수 있도록 하셨다. 나팔 소리로 지도자들과 회중을 모으기도 하고, 행진을 시작하게도 하며, 전쟁에 나가게도 했다. 예수님은 세상 끝 날에도 나팔 소리가 울려 퍼질 것이라고 하셨다.

"그가 큰 나팔 소리와 함께 천사들을 보내리니 그들이 그의 택하신 자들을 하늘 이 끝에서 저 끝까지 사방에서 모으리라"(마 24:31).

출발!

// 민수기 10장 //

둘째 해, 둘째 달 20일에 드디어 구름이 성막에서 떠올랐다. 나팔 소리도 길게 울려 퍼졌다. 드디어 출발이다. 그날 시내 산 산자락을 떠난 이스라엘은 바란 광야에서 구름이 멈출 때까지 단숨에 이동했다. 이동하는 이스라엘 진영의 모습이 늠름하고 일사불란했다. 맨 앞에는 유다 진영이 기를 높이 들었고, 맨 마지막에는 단 진영이 뒤를 살피며 행진했다. 레위인들은 그 중간에 해체된 성막을 조심스럽게 옮겨갔다.

지성소 안에 있던 하나님의 언약궤가 유다 진영보다 앞서 가며 머물 곳을 찾았다(민 10:33). 언약궤가 진을 떠날 때에는 회막 위에 있던 구름도 그 위에 덮여 있었다. 그렇게 사흘 길을 쉬지 않고 갔다. 바란 광야는 북쪽에 있는 신(Zin) 광야와 남쪽에 있는 시내(Sinai) 광야 사이에 있었다. 모세는 궤가 갈 때와 설 때마다 이렇게 기도했다.

"궤가 떠날 때에는 모세가 말하되, '여호와여 일어나사 주의 대적들을 흩으시고 주를 미워하는 자가 주 앞에서 도망하게 하소서' 하였고 궤가 쉴 때에는 말하되, '여호와여 이스라엘 종족들에게로 돌아오소서' 하였더라"(민 10:35-36).

민수기 10장 29절에 르우엘의 아들 호밥이 등장한다. 아마도 호밥은 모세의 장인 이드로의 다른 이름일 것이다. 이스라엘 백성들이 시내 산을 떠나 북쪽으로 이동하자 호밥은 모세를 떠나 고향으로 돌아가겠다고 했다. 그 말을 듣고 모세는 장인에게 동행하기를 간청했다. 호밥은 미디안 사람으로서 광야생활에 익숙했기 때문이다. 호밥의 후손들은 그 후에 이스라엘 백성들과 함께 살았다(삿 4:11).

한 달 동안 먹은 메추라기

// 민수기 11장 //

광야는 메마른 곳이다. 매서운 모래바람과 강렬한 햇볕을 피할 길이 없다. 낮과 밤의 기온차도 매우 크다. 사흘 동안 노숙하며 광야 길을 걸어가자 백성들의 입에서 불평이 나오기 시작했다. 불평은 점점 더 악한 말들로 채워졌다. 성경이 묘사하는 이스라엘 백성들의 성품은 거의 대부분 부정적이다. 감사하기보다는 원망하고, 인내하기보다는 조급하며, 은혜를 기억하기보다는 신속히 잊어버리는 민족이다. 그런 면에서 이스라엘은 우리를 대표한다.

백성들이 원망하는 소리가 하나님께 들렸다. 그러자 하나님께서 진노하시고 진영의 끝에 불이 붙게 하셨다. 왜 그렇게 심판이 신속했을까? 하나님께서 그들의 진영에 임재하여 계셨기 때문이다. 백성들은 모세에게 울부짖었고, 모세는 하나님께 부르짖었다. 그러자 하나님께서 불을 꺼 주셨다. 사람들은 그곳의 지명을 '다베라', 곧 '불 사름'이라고 불렀다.

이스라엘은 다베라를 떠나 '기브롯 핫다아와'에 진을 쳤다. 아카바 만(灣) 가까이에 있는 지역이다. 하나님을 원망하다가 불에 타죽을 뻔했던 날이 엊그제인데 백성들은 또다시 원망하기 시작했다. 이번에는 음식물 때문이었다.

"그들 중에 섞여 사는 다른 인종들이 탐욕을 품으매 이스라엘 자손도 다시 울며 이르되, '누가 우리에게 고기를 주어 먹게 하랴. 우리가 애굽에 있을 때에는 값없이 생선과 오이와 참외와 부추와 파와 마늘들을 먹은 것이 생각나거늘 이제는 우리의 기력이 다하여 이 만나 외에는 보이는 것이 아무것도 없도다' 하니"(민 11:4-6).

이번 불평은 엉겁결에 이스라엘과 함께 애굽에서 나온 다른 민족들이 불을 지폈다. 오래전에 나온 "모세"라는 영화에서 상당히 잘 사는 애굽 사람 몇이 이스라엘에 섞여 나오는 장면을 보았다. 그런 사람들은 애굽에 있으면서 호의호식했던 부류에 속했다. 그들이 보기에는 만나가 단조로운 음식이었을 것이다. 그런데 과연 이스라엘 백성들이 애굽에서 값없이 음식물을 먹었던가? 아니다. 노예생활을 하면서 피와 땀을 지불하고 사먹은 음식이 아니던가. 그러나 만나는 값없이 하나님께서 내려주신 최상의 음식이었다.

감사와 원망은 관점의 차이에서 온다. 매일 하늘로부터 내려주신 만나를 먹고 살았던 민족이 이스라엘 외에 어디에 또 있었던가? 둥

글고 진주 같은 만나는 밤에 이슬과 함께 내렸다가 아침에 해가 뜨면 사라졌다. 그것을 모아 요리하면 기름 섞은 과자 맛이었다. 이보다 더 편리한 삶이 또 어디 있겠는가. 감사하고 또 감사해도 부족할 것이다. 그런데 백성들은 애굽에서 먹었던 생선과 채소들만 생각했다. 광야 길을 걷느라 피곤은 했지만 영양이 부족한 적은 없었다. 하나님께서 공급하신 만나에는 온갖 영양소가 풍부했을 것이다.

감사가 하나님을 영화롭게 한다. 감사가 이웃과 화평을 이루게 한다. 감사하는 사람은 어려움도 잘 극복한다. 소망에 넘치는 말을 하고 진취적인 삶을 산다. 그러나 원망은 무너지는 모래성과 같다. 순식간에 패망의 길로 들어서고 만다. 누구도 원망하는 사람과 동행하기를 원치 않는다. 외롭고 쓸쓸하다. 그래서 더욱 악을 쓰며 원망한다. 악순환이 계속된다. 감사할 줄 모르는 민족은 그렇게 망한다.

이스라엘 백성들에게 원망의 전염병이 퍼져 나갔다. 모든 사람들이 장막 문에 앉아서 울기 시작했다. 인류역사상 가장 큰 울음소리였을 것이다. 기가 막힌 모세가 하나님 앞에 하소연하기 시작했다.

"모세가 여호와께 여짜오되, 어찌하여 주께서 종을 괴롭게 하시나이까? 어찌하여 내게 주의 목전에서 은혜를 입게 아니하시고 이 모든 백성을 내게 맡기사 내가 그 짐을 지게 하시나이까? 이 모든 백성을 내가 배었나이까? 내가 그들을 낳았나이까? 어찌 주께서 내게 양육하는 아버지가 젖 먹는 아이를 품듯 그들을 품에 품고 주께서 그들의 열조에게 맹세하신 땅으로 가라 하시나이까? 이 모든 백성에게 줄 고기를 내가 어디서 얻으리이까? 그들이 나를 향하여 울며 이르되 우리에게 고기를 주어 먹게 하라 하온즉 책임이 심히 중하여 나 혼자는 이 모든 백성을 감당할 수 없나이다. 주께서 내게 이같이 행하실진대 구하옵나니 내게 은혜를 베푸사 즉시 나를 죽여 내가 고난당함을 내가 보지 않게 하옵소서"(민 11:11-15).

모세가 하소연을 하다 보니 자기도 모르게 하나님을 원망하고 있었다. 감사의 언어는 언제나 하나님 중심이다. 예를 들면, '하나님께서 베푸신 은혜에 감사합니다', 이런 식이다. 그러나 원망의 언어는 언제나 내가 중심이다. 예를 들면, '내가 왜 이 고생을 해야 하느냐?' 하는 식이다. 이스라엘 백성들은 "누가 우리에게 고기를 주어 먹게 하랴!"고 원망했다. 모세도 "어찌하여…이 모든 백성을 내게 맡기사 내가 그 짐을 지게 하시나이까?" 하고 항의했다. 원망은 전염성이 매우 강하다. 원망하는 사람과 하루만 지내보라. 혼자 있을 때에도 원망하게 될 것이다.

물론 우리는 모세의 심정을 이해할 수 있다. 이스라엘 백성들은 그의 가슴에 못을 박았다. 억울한 일을 당하던 이스라엘 노동자를 구하느라 애굽 감독자를 죽였는데 동족이 그 사실을 발설하고 말았다. 그래서 광야로 도망쳤고, 40년 동안 미디안에서 목자생활을 했다. 하나님의 명령을 거절하지 못해서 동족을 구출하여 나왔지만 그들은 여전히 감사할 줄 모르는 백성들이었다.

지도자로서 모세가 받은 특별한 혜택도 없다. 권력을 누리거나 호강을 해본 적도 없다. 오히려 밤낮 없이 긴장 가운데 백성들을 돌보았다. 혹시라도 그들이 하나님 앞에 죄를 범하고 징벌 당할까봐 안절부절못하며 지냈다. 그런데 고기를 먹지 못한다고 어른 아이할 것 없이 울고 있다. 기가 막힐 일이었다. 모세가 탄식했다.

"어찌하여 내게 주의 목전에서 은혜를 입게 아니하시나이까?"

가만 있자. 모세가 지금 무슨 말을 하고 있는가? 자기 생명을 거두어 가시라는 하소연이다. '죽을 수 있는 은혜'가 어떻게 은혜가 될 수 있는가? 모세는 그만큼 마음의 여유가 없었다. 절박했다. 다시 눈을 뜨고 싶지 않았다. 더 이상 긴장과 압박감을 버텨낼 힘이 없었다. '왜 내가 이 짐을 짊어져야 하는가?' 아마도 모세는 울먹이는 소리로 하나님께 부르짖었을 것이다.

"이 모든 백성을 내가 배었나이까? 내가 그들을 낳았나이까? 어찌 주께서 내게 양육하는 아버지가 젖 먹는 아이를 품듯 그들을 품에 품고 주께서 그들의 열조에게 맹세하신 땅으로 가라 하시나이까?"

앞 못 보는 심학규가 딸 심청이를 데리고 젖동냥 다니는 장면이 생각난다. 그나마 심청이는 자기 딸이다. 이스라엘은 모세가 낳은 백성이 아니다. 꿈속에서라도 품어 본 백성이 아니다. 그 많은 사람들을 어떻게 자기 힘으로 고기를 먹게 할 수 있다는 말인가? '나 혼자서 이 일을…', 생각할수록 기가 막혔다.

모세의 말에 1인칭 대명사가 열다섯 번이나 나온다. 자신을 중심에 두자 모세는 서서히 무너지기 시작했다. 출애굽은 원래부터 모세의 의도가 아니었다. 하나님께서 아브라함과 이삭과 야곱에게 말씀하셨던 약속을 성취하신 사건이었다. 거기에는 모세가 설 자리가 없었다. 모세가 길을 잘못 들어섰다. 지도자가 길을 잘못 들면 모든 일이 뒤죽박죽된다. 지도자가 죽겠다고 주저앉으면 아무도 일어날 사람이 없다. 지도자가 할 수 있는 가장 무책임한 말은 '죽겠다'는 말이다.

"구하옵나니 내게 은혜를 베푸사 즉시 나를 죽여 내가 고난 당함을 내가 보지 않게 하옵소서."

하나님께서 먼저 해결하셔야 할 문제는 백성이 아니라 모세였다. 죽여 달라는 모세를 영적으로 살아나게 하셨다. 하나님께서 두 가지 방법으로 모세를 도와주셨다. 먼저 모세와 짐을 나누어 질 수 있도록 백성들로부터 존경받는 지도자 70명을 세우게 하셨다. 하나님께서 "이스라엘 노인 중에 네가 알기로 백성의 장로와 지도자가 될 만한 자 칠십 명"(민 11:16)이라 하심으로 장로들의 선택권을 모세에게 위임해 주셨다.

> "내가 강림하여 거기서 너와 말하고 네게 임한 영을 그들에게도 임하게 하리니 그들이 너와 함께 백성의 짐을 담당하고 너 혼자 담당하지 아니하리라"(민 11:17).

다른 한 가지는 백성들이 원망하는 고기 문제를 직접 해결해 주시는 방법이었다. 그런데 그 일이 과연 가능할까? 하나님께서 모세에게 말씀하셨다.

> "또 백성에게 이르기를, 너희의 몸을 거룩히 하여 내일 고기 먹기를 기다리라. 너희가 울며 이르기를, '누가 우리에게 고기를 주어 먹게 하랴. 애굽에 있을 때가 우리에게 좋았다' 하는 말이 여호와께 들렸으므로 여호와께서 너희에게 고기를 주어 먹게 하실 것이라. 하루나 이틀이나 닷새나 열흘이나 스무 날만 먹을 뿐 아니라 냄새도 싫어하기까지 한 달 동안 먹게 하시리니 이는

너희가 너희 중에 계시는 여호와를 멸시하고 그 앞에서 울며 이르기를, '우리가 어찌하여 애굽에서 나왔던가' 함이라 하라"(민 11:18-20).

어떤 부모가 자식들로부터 '차라리 다른 부모에게 태어났더라면…' 이런 말을 들었다고 치자. 얼마나 가슴이 아프겠는가? 이스라엘 백성들의 말이 바로 그런 의미였다. 하나님 없이 애굽에 살 때가 더 좋았다는 말이다. '은혜를 잊어버리고 감사할 줄 모르는 민족 이스라엘', 이런 관용구를 쓰는 일도 이젠 피곤해졌다.

그들은 매일 아침마다 주시는 만나에 대해서는 한 마디도 감사하지 않았다. 홍해를 가르시고 건너게 하셔도, 쓴 물을 달게 해주셔도, 반석에서 물이 솟아나게 해주셔도, 아말렉의 손에서 구해 주셔도, 이스라엘 백성들은 그 은혜를 신속하게 잊어버리고 원망했다. 세상에 '원망하기 대회'가 있다면 틀림없이 챔피언이 될 만한 민족이다.

하나님께서 몹시 섭섭하셨을 것이다. 그런데도 내일부터 한 달 동안 고기를 먹이시겠다고 하셨다. 고기 냄새도 맡기 싫을 만큼 원 없이 먹여 주시겠다고 하셨다. 이쯤에서 모세가 하나님의 마음을 알아차려야 했다. 그의 백성들로부터 멸시 당하시는 하나님의 가슴이 얼마나 아프신지 느꼈어야 했다. 그런데 모세는 백성들보다 한 술 더 떴다. 모세 자신도 하나님을 믿을 수가 없다고 폭탄선언을 했다.

"모세가 이르되, 나와 함께 있는 이 백성의 보행자가 육십만 명이온데 주의 말씀이 한 달 동안 고기를 주어 먹게 하겠다 하시오니 그들을 위하여 양 떼와 소 떼를 잡은들 족하오며 바다의 모든 고기를 모은들 족하오리이까"(민 11:21-22).

믿음이 약해지면 계산기부터 찾는다. 하나님의 말씀을 분석하려 들면 언제나 한계에 부딪힌다. 한계는 말씀에서 오지 않고, 우리들의 유한한 이해력에서 온다. 이해가 되면 믿음이 필요 없다. 믿음은 이해력이 미치지 않는 영역에서 역사한다. 이해되기 때문에 믿는 것이 아니고 믿기 때문에 이해되는 영역이다. 왜 믿는가? 하나님께서 그렇게 말씀하셨기 때문이다. 단순하게 믿기로 작정하면 믿어진다.

믿음이 약해지면 주변 환경이 하나님의 말씀보다 더 현실적으로 보인다. '무슨 수로 이 무리들을 먹이신다는 말씀인가? 가족까지 합하면 200여 만 명인데….' 하루 한 사람에게 한 파운드의 고기를 먹여도 한 달이면 6천만 파운드가 필요하다. 황소 한 마리에서 나오는 살코기가 1,000파운드를 넘지 못한다. 그렇다면 6만 마리의 황소가 필요하다. 백성들이 가지고 있는 양 떼와 소 떼를 다 잡고 바다의 고기를 다 끌어올려도 불가능한 일이다. '하나님께서도 그 정도의 쉬운 계산은 하실 수 있을 터인데….' 그런데 바로 그 순간, 하나님의 한 마디 말씀이 모세가 갇혀 있던 '부정(否定)의 감옥문'을 박살내셨다.

"여호와께서 모세에게 이르시되, 여호와의 손이 짧으냐? 네가 이제 내 말이 네게 응하는 여부를 보리라"(민 11:23).

하나님께서 그의 손으로 행하신 모든 기적들이 모세의 눈앞을 스쳐 지나갔다. 애굽 왕을 꼼짝 못하게 하시고 이스라엘을 인도해내신 하나님의 손, 홍해를 좌우로 가르시던 능력의 손, 매일 아침마다 이스라엘 백성이 먹을 만나를 준비하신 하나님의 사랑의 손, 잠시 모세가 하나님의 그 펴신 팔을 잊고 있었다.

모세는 지금 이 문제가 바로 왕의 군대나 홍해보다 더 크고 깊다고 잠시 착각을 했다. 눈앞에 있는 손가락만 보면 그 손가락이 하늘보다 더 크게 보이는 법이다. 누구나 긴장하면 시야가 좁아진다. 조급하면 손에 들고 있는 열쇠 꾸러미도 눈에 보이지 않는다. 모세가 그만큼 경직되어 있었다. 이번 문제는 하나님도 해결하실 수 없다고 단정하고 있었다.

하나님의 은혜가 모세의 굳어진 생각을 바꿔 주셨다. 천지를 창조하신 하나님의 말씀만이 사람을 변화시키신다. 자신의 어리석음을 시인하고 돌아서게 하신다. 아무리 굳은 마음이라도 가루처럼 녹아내리게 하신다. 그 말씀이 바다의 모래처럼 많은 군대도 도망하게 하신다. 하나님의 말씀에 능력이 있다. 크고 놀라운 능력이 있다. 그래서 예레미야는 말했다.

> "여호와의 말씀이니라. 내 말이 불 같지 아니하냐? 바위를 쳐서 부스러뜨리는 방망이 같지 아니하냐?"(렘 23:29).

예레미야 23장에 '여호와의 말씀'이라는 말이 무려 30여 차례나 나온다. 하나님의 말씀이 우리를 살리고 변화시켜 주신다. 간절한 마음으로 하나님의 말씀을 읽고 듣고 공부해 보라. 1년이 되기 전에 당신은 전혀 다른 사람으로 변화될 것이다.

하나님의 말씀이 모세의 생각을 바꾸셨다. 백성들의 원망과 현실, 그리고 자신의 무거운 짐으로부터 '하나님의 능력의 손'으로 생각의 중심이 옮겨갔다. 이전에 하나님께서 하셨던 말씀이 다시 귓전에 맴돌았다.

"내가 내 손을 애굽 위에 펴서 이스라엘 자손을 그 땅에서 인도하여 낼 때에야 애굽 사람이 나를 여호와인 줄 알리라"(출 7:5).

모세도 우리와 똑같은 사람이다. 쉽게 두려워하고 자신감을 잃었다. 그런데 왜 하나님께서 모세를 택하셨을까? 우리와 다른 점이 딱 한 가지 더 있다. 그는 하나님 말씀에 설득 당하는 속도가 유난히 빨랐다. 하나님의 말씀에 설득 당하는 사람은 복 있는 사람이다. 어른들 말을 들으면 자다가도 떡을 얻어먹는다는 말이 있다. 하나님의 말씀은 사람의 말과 비교할 수가 없다. 말씀에 설득을 당하면 은혜 아래 살게 될 것이다. 그런 사람은 성품이 온유하고 겸손하게 변하여 실수 없는 인생을 살게 될 것이다.

하나님의 말씀에 설득당한 모세는 '내가, 나를', 이런 1인칭 대명사를 더 이상 사용하지 않았다. 그리고 '내 말, 내 손'과 같은 하나님의 1인칭에 그의 믿음을 두었다. 하나님의 말씀이 그의 가슴에 밝게 비추자 그는 분연히 일어나 백성들에게 여호와의 말씀을 외쳤다.

모세의 말을 듣고 백성들은 어떤 반응을 보였을까. 틀림없이 더 큰 소리로 울었을 것이다. 울거나 말거나, 모세는 백성의 장로 70인을 불러 회막 주변에 둘러 세웠다. 그 순간 하나님의 영이 그들에게 임했다. 모두 예언을 하기 시작했다. 고집을 부리며 장막에 머물러 있던 엘닷과 메닷 두 장로들도 예언을 했다. 그 소식을 듣고 여호수아가 항의했다.

"내 주 모세여, 그들을 말리소서."

모세가 대답했다.

"네가 나를 두고 시기하느냐? 여호와께서 그의 영을 그의 모든 백성에게 주사 다 선지자가 되게 하시기를 원하노라."

하나님의 영이 임하시는데 누가 말리겠는가? 그들도 변화되어 함께 짐을 질 수 있다면 그보다 더 좋은 일이 어디 있겠는가? 훌륭한 지도자는 자기를 돕는 지도자를 결코 시기하거나 멀리하지 않는다. 모세의 심성은 그렇게 착하고 온유했다. 하나님의 목적이 그의 체면이나 권위보다 더 중요했다.

문제는 하나님의 말씀대로 이루어지느냐에 달렸다. 모세와 장로들은 진중으로 돌아왔다. 회중의 울음소리가 잠잠해지자 이번에는 밤새 불어오는 모래바람 소리가 잠을 설치게 했다. 어떻게 한 달 동안 백성들을 고기로 먹이시려나, 모세도 잠을 이루지 못하고 있었다.

아침이 되었다. 한 마디로 장관이었다. 이스라엘의 진영 천막 사이에 메추라기들이 허리 높이로 날아다니고 있었다. 밤새 하나님께서 바람으로 동쪽에서 몰아오신 새들이었다.

오래전에 상자 하나를 선물로 받은 적이 있다. 열어 보니 털을 제거한 조그만 새들이 가득 들어 있었다. 병아리보다 조금 더 커 보였다. 그러나 무슨 새인지 알 수가 없었다. 아마도 상자 표면에 영어로 이름이 표기되어 있었겠지만 미국에 온 지 채 3년도 되지 않을 때여서 삶은 여전히 서툴렀다. 고민하다가 누군가에게 상자째 넘겨주고 말았다. 훗날에야 그 새의 이름이 메추라기(quail)라는 사실을 알았다. 그리고 몇 년 후에 멕시코 선교를 갔다가 처음으로 기름에 튀긴 메추라기를 먹어 보았다. 메뉴 중에서 가장 비쌌지만 맛도 일품이었다. 지금도 그때 넘겨준 메추라기 상자를 가끔 생각하곤 한다.

백성들이 앞을 다투어 광야로 나갔다. 멀리 갈 필요도 없었다. 가만히 선 채로 메추라기를 잡아서 무더기로 쌓기 시작했다. 진영에서 사방 하룻길에 메추라기들이 두터운 층을 이루고 있었다. 하룻길이라면 80리, 32킬로미터다. 다음 날에도 또 나가서 메추라기를 잡았다. 적게 모은 자도 열 호멜이었다. 한 호멜이 220리터이니 열 호멜이면 2200리터이다. 갤런으로 계산하면 5갤런들이 페인트 통으로 110개나 된다. 백성들은 그 고기를 진 사면에 펼쳐 두었다. 한 달만 먹었겠는가. 아껴 먹은 사람은 1년도 넘게 먹었을 것이다.

그런데 고기가 아직 입 속에 있을 때에 재앙이 임했다. 하나님께서 백성 중에 원망하는 자들을 그냥 두실 수가 없었다. 언제라도 같은 일을 반복할 수 있는 자들이었다. 모세는 그들을 '기브롯 핫다아와'에 장사 지냈다. '탐욕의 무덤'이라는 뜻이다. 그리고 하세롯을 향하여 행진을 계속했다.

모세는 이 사건에서 무엇을 배웠을까? 훗날 마지막 설교에서 모세는 외쳤다.

> "오직 너는 스스로 삼가며 네 마음을 힘써 지키라. 그리하여 네가 눈으로 본 그 일을 잊어버리지 말라. 네가 생존하는 날 동안에 그 일들이 네 마음에서 떠나지 않도록 조심하라. 너는 그 일들을 네 아들들과 네 손자들에게 알게 하라"(신 4:9).

다른 것은 다 잊어도 하나님의 은혜만은 잊지 말아야 한다. 하나님의 구원의 팔이 나타났던 은혜의 날들을 기억해야 한다. 그것이 모세의 교훈이었다.

"하나님의 은혜를 잊지 말자!"

미리암과 아론의 반역

// 민수기 12장 //

그것은 가족들 사이의 문제였다. 설사 생각이 다르더라도 조용히 해결했어야 했다. 그런데 미리암과 아론이 절제하지 못했다. 넘지 말아야 할 선을 넘고 말았다. 문제의 시작은 모세가 아내로 맞이한 구스 여인 때문이었다. 이 여인에 대해서는 여러 가지 해석이 있다. 모세가 미디안 광야에서 결혼했던 '십보라'였을 수도 있다. 성경에는 미디안 사람들과 구스 사람들을 동일시한 흔적이 있다(합 3:7).

어떤 학자들은 십보라가 죽은 후에 모세가 구스 여인을 후처로 맞이하는 과정에서 가족들과 의견충돌을 일으켰으리라고 생각한다. 그러나 성경에 십보라의 죽음에 대한 이야기가 없다. 우리는 이 문제의 발단에 대하여 명쾌하게 설명할 길이 없다. 그냥 가족 문제라 여기고 지나가자. 성경도 이 점에 대해서는 더 이상 설명하지 않고 있으니까.

"모세가 구스 여자를 취하였더니 그 구스 여자를 취하였으므로 미리암과 아론이 모세를 비방하니라"(민 12:1).

히브리어 성경의 어순(語順)은 조금 다르다.

'미리암과 아론이 모세를 비난했다. 모세가 결혼한 구스 여인 때문이었다.'

성경은 미리암과 아론이 모세를 비난했다는 점을 더 강조한다. 그것도 미리암에게 강조점을 두고 있다(비난했다는 동사가 여성형이다). 지금까지 산전수전 함께 겪어 왔는데 왜 갑자기 누나와 형이 모세를 비난했을까? 비난의 수위도 보통 높은 것이 아니다.

"여호와께서 모세와만 말씀하셨느냐? 우리와도 말씀하지 아니하셨느냐?"

미리암의 날카로운 목소리가 울타리 밖으로 넘어갔다. 왜 그런 말을 했을까? 핵심은 구스 여인과 결혼한 일이 아니었다. 평소에 동생에게 품고 있던 시기와 질투심 때문이었다. 그 감정의 앙금이 가족 사이의 사소한 충돌로 인하여 표출되었다. 미리암은 보통 누나가 아니다. 모세가 나일 강에 떠내려갈 때 끝까지 쫓아가서 어머니의 젖을 먹게 했던 생명의 은인이었다. 아론은 세 살 위의 형이다. 하나님께서 아론에게 직접 말씀하신 적도 있었다(민 2:1).

그런데 왜 모세만 높임을 받고 최종적인 권위를 가져야 하는가? 이 일은 온 백성들이 한 달 동안 메추라기 고기를 먹고 난 후에 일어났다. 혹시 그들은 모세의 높아진 권위 앞에서 상대적인 박탈감을 경험했을까?

모세가 입을 다물었다. 모세는 자기를 위해서 변명하거나 다투지 않았다. 그런데 하나님께서 미리암과 아론의 말을 다 듣고 계셨다. 그리고 그들을 회막으로 부르셨다. 구름기둥이 회막 문에 머물러 있었다. 하나님이 미리암과 아론을 회막 문으로 가까이 나아오게 하셨다. 그때 두 사람은 잠깐 동안 착각을 했을지도 모른다. '이제 관계를 정상화시켜 주시려나?' 그런데 하나님의 말씀은 뜻밖이었다.

"내 말을 들으라. 너희 중에 선지자가 있으면 나 여호와가 환상으로 나를 그에게 알리기도 하고 꿈으로 그와 말하기도 하거니와 내 종 모세와는 그렇지 아니하니 그는 내 온 집에 충성함이라. 그와는 내가 대면하여 명백히 말하고 은밀한 말로 하지 아니하며 그는 또 여호와의 형상을 보거늘 너희가 어찌하여 내 종 모세 비방하기를 두려워하지 아니하느냐"(민 12:6-8).

미리암도 선지자였다. 아론은 그 가슴에 우림과 둠밈의 패를 차고 백성을 위하여 선과 악을 구별하는 대제사장이었다. 그렇더라도 그들은 모세와 비교할 수 없었다. 하나님께서 이스라엘 온 집을 모세에게 맡기셨다. 하나님은 모세와 얼굴을 맞대고 직접 말씀하셨다. 하나님의 형상을 보여주셨다. 보통 사람이라면 벌써 죽었을 것이다. 그런데 미리암과 아론이 하나님의 종 모세 비방하기를 두려워하지 않았다. 하나님은 그들의 비방이 하나님 자신에 대한 비방이라고 여기셨다. 하나님의 음성에 진노가 서려 있었다. 말씀을 마치신 후에 하나님께서 떠나가셨다. 구름도 함께 떠나갔다.

짐작하건대 이번 일은 미리암이 앞장서고 아론은 마지못해 뒤따랐던 것 같다. '이제 어떻게 해야 하느냐?'는 얼굴로 아론이 누나를 쳐다보았다. 그런데 미리암의 피부색이 하얗게 변해 있었다. 두려움 때문일까? 아니었다. 아론의 직무 중의 하나가 문둥병을 구별하고 그 치유를 증명하는 일이다. 그것은 분명히 문둥병이었다. 누나의 피부에 문둥병이 급속도로 번져가고 있었다. 머지않아 그녀의 몸이 썩어 들어갈지도 모른다는 생각이 들었다. 아론은 그제야 자기들의 잘못을 깨닫고 모세에게 간청했다.

"슬프도다. 내 주여, 우리가 어리석은 일을 하여 죄를 지었으나 청하건대 그 벌을 우리에게 돌리지 마소서. 그가 살이 반이나 썩어 모태로부터 죽어서 나온 자같이 되지 않게 하소서"(민 12:11-12).

끔찍한 상상이다. 아이가 반쯤 썩어서 죽은 채로 태에서 나오다니, 급한 나머지 아론이 모세를 "내 주여" 하고 불렀다. 사실은 하나님께서 처음부터 모세를 아론의 주(主)로 세워 주셨다. 미리암과 아론은 마땅히 그 질서를 지켜야 했다. 하나님의 나라에서 질서와 권위는 아주 중요한 역할을 한다. 이것이 무너지거나 저항을 받으면 안 된다. 교회에서도 질서를 지켜야 한다. 차별이 아니고 질서다. 예수님이 교회의 머리이시기 때문이다. 베드로는 교회의 권위와 질서에 대해서 이렇게 가르쳤다.

"젊은 자들아, 이와 같이 장로들에게 순종하고 다 서로 겸손으로 허리를 동이라. 하나님은 교만한 자를 대적하시되 겸손한 자들에게는 은혜를 주시느니라"(벧전 5:5).

바울도 고린도 교회 성도들에게 같은 말씀으로 가르쳤다.

> "하나님은 무질서의 하나님이 아니시요 오직 화평의 하나님이 시니라"(고전 14:33).

위기의 순간에 가장 중요한 덕목은 질서다. 질서만 잘 지키면 어떤 문제도 극복할 수 있다. 옛날 어른들은 '호랑이에게 물려가도 정신만 차리면 산다'고 했다. 내 어머니는 조금 더 과장해서 '호랑이에게 열두 번 물려가도 정신만 차리면 산다'고 하셨다. 여기에서 정신은 질서를 의미한다. 광야를 지나는 동안 질서가 무너지면 큰 혼란이 일어날 것이다. 아무리 선지자와 대제사장의 직분이 중요해도 모세를 넘어설 수는 없었다. 모세에 대한 도전은 곧 하나님의 권위에 대한 도전이었다. 하나님께서 모세를 지도자로 세우셨기 때문이다. 이전에 하나님께서 아론을 모세의 조력자(助力者)로 세워 주시면서 이렇게 말씀하셨다.

> "너는 그(아론)에게 말하고 그의 입에 할 말을 주라. 내가 네 입과 그의 입에 함께 있어서 너희들이 행할 일을 가르치리라. 그가 너를 대신하여 백성에게 말할 것이니 그는 네 입을 대신할 것이요 너는 그에게 하나님같이 되리라"(출 4:15-16).

문둥병으로 하얗게 된 미리암을 보면서 모세가 하나님 앞에 황망히 엎드렸다.

"하나님이여 원하건대 그(녀)를 고쳐 주옵소서."

이 말씀을 직역하면, '하나님 제발 고쳐 주세요. 제발이요'이다. 상황이 급하게 돌아가고 있었다. 어쩌면 누나를 잃을지도 모른다.

하나님께서 모세에게 말씀하셨다. 미리암과 아론도 그 음성을 들었을 것이다.

> "그의 아버지가 그의 얼굴에 침을 뱉었을지라도 그가 이레 동안 부끄러워하지 않겠느냐? 그런즉 그를 진영 밖에 이레 동안 가두고 그 후에 들어오게 할지니라"(민 12:14).

하나님께서 사용하신 '예'(例)가 우리에게 감동을 준다. 하나님께서 '주인이 그 여종의 얼굴에 침을 뱉었어도'라고 말씀하지 않으셨다. 비록 미리암이 큰 잘못을 저질렀지만 그래도 아버지와 딸의 관계로 비유하셨다. 하나님의 자비하심이 그들의 범죄 가운데서도 빛을 발했다. 결국 미리암은 일주일 동안 진영으로부터 격리되었다. 회개하고 치료받는 시간이었다. 그 이후로는 미리암과 아론이 모세의 권위에 도전한 적이 한 번도 없었다. 모세의 상하고 위축되었던 마음도 하나님의 말씀으로 많이 회복되었을 것이다. 그 후 이스라엘 백성들은 하세롯에서 미리암이 회복될 때까지 기다렸다가 바란 광야로 길을 떠났다.

하나님의 질서 앞에 겸손해야 한다는 주제를 다루다 보면 생각나는 한 가정이 있다. 남편은 점잖고 온유하신 분이었다. 부부가 다 명예를 귀하게 여기셨다. 그런데 어느 주일에 그 집사님과 어떤 장로님 사이에 언쟁이 벌어졌다. 교회를 개척하고 얼마 되지 않아서 일어난 일이다. 소식을 듣고 급히 찾아갔다. 서로 거친 호흡을 하면서 앉아 있었다. 집사님은 나보다 열다섯이나 더 나이 드신 분이었다. 장로님보다도 10여 세 위였다. 문을 열고 들어섰지만 무슨 말로 시작해야 할지 난감했다. 그렇다고 일의 시비를 물어볼 수도 없었다. 이런 경우에 그런 질문을 했다가는 더 큰 혼란에 빠지기 십상이었다. 나는 정색을 하고 집사님에게 먼저 말했다.

"집사님, 무슨 일인지 모르지만 장로님에게 그렇게 함부로 하시면 안 되지요."

점잖으신 집사님이 고개를 숙이며 대답했다.

"목사님, 죄송합니다."

나는 기회를 놓치지 않고 권했다.

"얼른 장로님에게 사과드리세요."

왜 사과해야 하는지도 모른 채 그 집사님은 진심어린 사과를 했다. 그렇게 해서 서로 악수를 하고 다툼은 끝났다. 젊은 담임목사의 거두절미한 책망에도 일체의 토를 달지 않은 채 순종하신 집사님이 고마웠다.

그런데 주일 오후부터 마음이 편치 않았다. 분명히 그 집사님이 집에 돌아가셔서 아내에게 그날 있었던 억울한(?) 일을 말씀했을 것이다. 그러면 아내 집사님은 어떤 반응을 보이실까? 남편이라면 끔찍이 여기시는 분인데, 그분의 성품으로 미루어 즉시로 나에게 전화로 항의하실 것이 뻔한데…. 오후 내내 나는 전화기를 흘끔흘끔 쳐다보고 있었다. 그날 밤 잠자리에 들 때까지도 전화벨이 울리지 않았다.

뒷날 아침에도 전화기는 조용했다. 갑자기 마음이 불안해지기 시작했다. '이런 교회 더 다닐 필요 없다. 떠나자.' 부부가 이렇게 마음을 정리했을까? 아침 10시쯤, 견디다 못한 내가 먼저 전화를 걸었다.

"목사님, 아침 일찍부터 웬일이세요?"

(이것 봐라. 바깥 집사님이 집에 들어가서 아무 말씀도 하지 않으셨나?)

"아, 모두 평안하신가 하고요."

"목사님도 참, 어제 보시고 오늘 평안하냐고 물으세요?"

더 이상 숨길 수가 없었다.

"어제 집사님이 교회 다녀와서 무슨 말씀 안 하셨어요?"

"무슨 말이요?"

"장로님과 다퉜다는 말씀이요."

등에 식은땀이 흐르는 것 같았다. 그 순간 수화기 너머로 웃음소리가 들렸다.

"아, 그 말이요? 와서 하더라고요. 그래서 제가 그랬죠. 당신, 교회에서 장로님과 다투면 어떻게 되느냐고, 교회에는 영적 질서가 있는 것을 모르느냐고, 제가 그렇게 말했죠."

'~말했죠'라는 마지막 부분이 야무졌다. 수화기를 내려놓으면서 나는 하나님 앞에 무릎을 꿇었다. 그리고 하나님께서 꼭 이 가정을 축복해 주셔야 한다고 간절히 기도했다. 하나님께서 내 기도를 들으셨을까? 그 가정은 그 후에 상상을 초월할 정도로 큰 축복을 받게 되었다.

하나님은 자기를 쳐서 복종시키고 하나님의 나라의 질서를 귀하게 여기는 성도들을 반드시 축복하신다. 그것이 35년 목회에서 내가 얻은 결론이다.

열두 정탐꾼들

// 민수기 13–14장 //

드디어 젖과 꿀이 흐르는 땅의 문턱에 이르렀다. 시내 광야를 떠난 지 사흘 후에 '기브롯 핫다아와'에 도착했고, 거기에서 메추라기 떼를 만났다. 고기 때문에 원망하던 자들을 그곳에 장사지내느라 며칠을 더 보냈다. 하세롯에서도 미리암 때문에 일주일 이상을 지체했다. 그 후에 곧장 바란 광야를 지나 신(Zin) 광야로 들어왔다. 그리고 좀 더 북쪽에 있는 '가데스 바네아'의 '므리바' 물가에 진을 쳤다. 가데스는 현재의 브엘세바에서 50킬로미터 정도 남쪽에 있는 광야의 끝부분이다('므리바'에 관해서는 나중에 다시 살펴보기로 하자). 구름이 떠오르면 단숨에 약속의 땅으로 들어갈 수 있는 곳이었다.

그런데 갑자기 하나님께서 모세에게 말씀하셨다.

> "사람을 보내어 내가 이스라엘 자손에게 주는 가나안 땅을 정탐하게 하되 그들의 조상의 가문 각 지파 중에서 지휘관 된 자 한 사람씩 보내라"(민 13:2).

애굽을 떠난 지 1년이 지났지만 정탐꾼을 앞서 보내라고 말씀하신 것은 이번이 처음이다. 구름기둥과 불기둥이 앞서 가면 따라왔다. 구태여 정탐꾼까지 보내실 필요가 있을까? 궁금증은 신명기 1장에서 풀리게 된다. 모세는 정탐꾼을 보내게 된 배경을 이렇게 회상했다.

> "우리 하나님 여호와께서 우리에게 명령하신 대로 우리가 호렙 산을 떠나 너희가 보았던 그 크고 두려운 광야를 지나 아모리 족속의 산지 길로 가데스 바네아에 이른 때에 내가 너희에게 이르기를, '우리 하나님 여호와께서 우리에게 주신 아모리 족속의 산지에 너희가 이르렀나니 너희의 하나님 여호와께서 이 땅을 너희 앞에 두셨은즉 너희 조상의 하나님 여호와께서 너희에게 이르신 대로 올라가서 차지하라. 두려워하지 말라. 주저하지 말라' 한즉 너희가 다 내 앞으로 나아와 말하기를, '우리가 사람을 우리보다 먼저 보내어 우리를 위하여 그 땅을 정탐하고 어느 길로 올라가야 할 것과 어느 성읍으로 들어가야 할 것을 우리에게 알리게 하자' 하기에 내가 그 말을 좋게 여겨 너희 중 각 지파에서 한 사람씩 열둘을 택하매 그들이 돌이켜 산지에 올라 에스골 골짜기에 이르러 그곳을 정탐하고"(신 1:19-24).

정탐부터 해보자는 아이디어는 백성들에게서 나왔다. 왜 정탐꾼이 필요했을까? 믿음이 약해지면 이유가 많아진다. 모세가 즉시 '지금 우리가 그 땅 앞에 있다. 올라가서 차지하라. 두려워하지 말라. 주저하지 말라'고 독촉했지만 백성들은 망설였다. 그들이 '정탐꾼을 먼저 보내자'고 얼마나 고집을 부렸는지 보지 않아도 눈에 선하다. 할 수 없이 모세가 백성들의 요청을 하나님께 아뢰었다. 모세는 늘 그런 식으로 일을 처리했으니까. 그러자 하나님께서 정탐꾼을 보내라고 허락하셨던 것이다.

모세는 각 지파들을 대표하는 지휘관 열둘을 불러 모았다. 그중에는 유다 지파의 갈렙과 에브라임 지파의 호세아(여호수아)도 있었다. 모세는 그들이 수행할 정탐 업무를 자세하게 일러주었다.

> "너희는 네겝 길로 행하여 산지로 올라가서 그 땅이 어떠한지 정탐하라. 곧 그 땅 거민이 강한지 약한지, 많은지 적은지와 그들이 사는 땅이 좋은지 나쁜지와 사는 성읍이 진영인지 산성인지와 토지가 비옥한지 메마른지, 나무가 있는지 없는지를 탐지하라. 담대하라. 또 그 땅의 실과를 가져오라"(민 13:17-20).

'네겝'(Negev)은 신(Zin) 광야와 가나안의 남쪽 경계 사이에 있는 건조한 땅이다. 모세는 정탐꾼들을 가나안 땅의 남쪽에서 북쪽 끝까지 보내면서 그곳에 사는 거민과 땅과 수목과 과일들을 조사하라고 명령했다. 조사하되 하나님께서 그 땅을 주셨다는 믿음을 가지고 담대하게 행하라고 했다. 모세는 그들이 돌아와서 '맞습니다. 하나님께서 우리를 위하여 젖과 꿀이 흐르는 땅을 준비해 두셨습니다. 이제 올라갑시다' 하고 백성들에게 용기와 확신을 주기를 기대하고 있었다. 그리고 돌아오는 길에 나무 열매들도 가져오라고 부탁했다.

정탐꾼들이 조용히 길을 떠났다. 일종의 스파이들이었으니까. 바란 광야에서 출발하여 네게브를 지나고 유대 산맥을 타고 북으로 올라가 '하맛과 르홉'에 이르렀다. 하맛은 레바논의 헤르몬 산 가까이 있는 지역이다(수 13:5). 르홉은 훗날 '라기스' 혹은 '단'이라고 불렸던 이스라엘의 최북단에 있는 성읍이다(삿 18:28-29). 도중에 헤브론을 거쳐 왔는데 이 성은 400여 년 전에 아브라함이 머물렀던 곳이다. 그 성에는 신장이 거대한 아낙 자손들이 살고 있었다. 그중에서도 아히만과 세새와 달매라는 세 지도자들은 당대에 유명한 장사들이었다. 정탐꾼들이 탐지한 땅은 남쪽에서 북쪽까지 직경 거리로 2백 마일(380킬로미터)이 넘는 먼 길이었다. 그래서 왕복 40일이나 걸렸다.

정탐꾼들은 오는 길에 에스골(포도송이) 골짜기에서 포도 한 송이를 따서 장대에 메고 왔다. 무게도 무게였지만 열매가 너무 탐스러워서 손상시키고 싶지 않았을 것이다. 지금도 이스라엘은 7월에서 10월 사이에 포도를 수확한다. 만일 정탐꾼들이 9월 말에 돌아왔다면 이스라엘 백성들이 바란 광야에 도착했던 시기를 다음과 같이 역산(逆算)해 볼 수 있다.

5월 초에 시내 광야를 떠났다(둘째 해 둘째 달 20일은 양력으로 5월 초순경이다). 그 사이에 '기브롯 핫다아와'에서 메추라기를 한 달 동안 먹었고, '하세롯'에서 미리암 때문에 일주일 이상을 지체했다. 그리고 거대한 바란 광야를 지나 신(Zin) 광야 남쪽에 있는 '가데스 바네아'에 도착했다. 그리하여 시내 산을 떠난 지 약 3개월이 지난 8월 중순경에 가데스에서 가나안 땅으로 정탐꾼을 보냈다. 그리고 40일이 지난 9월 말경에 그들이 돌아왔다. 사람들은 열두 정탐꾼이 가져온 큰 포도송이와 탐스러운 석류와 무화과 열매를 보고 모두 환호성을 올렸다. 그리고 모두 정탐꾼들을 바라보았다. 이제 어떤 이야기를 들려주려나?

> "모세에게 말하여 이르되, 당신이 우리를 보낸 땅에 간즉 과연 그 땅에 젖과 꿀이 흐르는데 이것은 그 땅의 과일이니이다"(민 13:27).

'그러면 그렇지. 우리가 고생한 보람이 있구먼.' 모두들 그렇게 속삭이며 고개를 끄떡거렸을 것이다. 그런데 그다음 말이 괴상했다.

> "그러나 그 땅 거주민은 강하고 성읍은 견고하고 심히 클 뿐 아니라 거기서 아낙 자손을 보았으며, 아말렉인은 남방 땅에 거주하고 헷인과 여부스인과 아모리인은 산지에 거주하고 가나안인은 해변과 요단 가에 거주하더이다"(민 13:28-29).

'그러나'는 대부분 부정적인 문장을 시작하는 데 사용된다. 비록 그 땅이 기름지고 비옥하여 이런 열매들을 맺었지만 그럼에도 불구하고 거기 사는 사람들이 너무 강하고 성읍들은 견고하여 도저히 차지할 수 없으리라는 말이었다. 아말렉이 남쪽을 가로막고, 헷 족속과 여부스 족속과 아모리인들이 중앙의 산지를 가로막으며, 가나안 사람들은 해변길과 요단 계곡을 가로막기 때문에 어느 길로도 들어갈 수 없다는 말이다. 들어갈 수 없다면 이런 열매들이 무슨 소용이 있는가? 아무리 많은 젖과 꿀이 강물처럼 흘러도 그림의 떡 아닌가? 백성들이 웅성거리기 시작했다. 그때 갈렙이 모세 앞에서 백성들에게 손짓을 하며 말했다.

"우리가 곧 올라가서 그 땅을 취하자! 능히 이기리라!"

그러자 열 명의 다른 정탐꾼들이 더 큰 소리로 갈렙을 반박했다.

"우리는 능히 올라가서 그 백성을 치지 못하리라. 그들은 우리보다 강하니라."

부정적인 성품을 가진 사람은 갈수록 더 부정적인 말을 한다. 그 열 명도 마찬가지였다. 처음에는 '좋은 땅'이라고 했던 사람들이 손바닥 뒤집듯이 말을 바꾸며 그 땅을 악평하기 시작했다.

> "우리가 두루 다니며 정탐한 땅은 그 거주민을 삼키는 땅이요 거기서 본 모든 백성은 신장이 장대한 자들이며, 거기서 네피림 후손인 아낙 자손의 거인들을 보았나니 우리는 스스로 보기에도 메뚜기 같으니 그들이 보기에도 그와 같았을 것이니라"(민 13:32-33).

'신장이 장대한'이라는 말은 문자적으로 '두 사람 크기의 사람들'이라는 뜻이다. 네피림은 창세기 6장 4절에 나오는 전설적인 부족들로서 난폭하기 짝이 없는 사람들이었다. 숨을 죽인 채 그들 앞을 지나면서 '우리는 저들에 비하면 메뚜기 같다'고 스스로 생각했다는 말이었다.

정탐꾼들의 말을 듣고 이스라엘 백성들은 공황상태(恐惶狀態)에 빠졌다. 진중에 절망과 원망의 먹장구름이 뒤덮였다. 온 백성이 소리 높여 부르짖으며 밤새도록 가슴을 치고 통곡했다. 군중심리는 이성과 거리가 멀다. 군중이 동일한 느낌을 가지면 그것이 곧 진리가 된다. 그 부정적인 진리가 곧 믿음이 된다. 아무도 그들을 말릴 수가 없다. 물론 스스로 통제할 지혜도 없다. 날이 새자 백성들이 모세와 아론에게 몰려왔다.

"우리가 애굽 땅에서 죽었거나 이 광야에서 죽었으면 좋았을 것을, 어찌하여 여호와가 우리를 그 땅으로 인도하여 칼에 쓰러지게 하려 하는가? 우리 처자가 사로잡히리니 애굽으로 돌아가는 것이 낫지 아니하랴?"

걸핏하면 죽겠다고 했다. 자식으로 치면 가장 못된 자식들이었다. 그들은 마음으로 생각했다. '아직도 기회는 있다. 지금이라도 애굽으로 돌아가면 된다.' 젖과 꿀이 흐르는 땅을 향해 하나님과 함께 여행하면서도 그들은 끊임없이 애굽을 바라보고 있었다. 하나님의 인내와 자비하심이 없었다면 그 여행은 이미 오래전에 끝나고 말았을 것이다.

백성들 사이에 사발통문(沙鉢通文)이 돌기 시작했다.

"우리가 한 지휘관을 세우고 애굽으로 돌아가자!"

그 말을 듣고 모세와 아론이 온 회중 앞에 엎드렸다. 백성이 두려워서가 아니었다. 하나님이 두려웠다. 어느 순간에 하나님의 진노가 임할지 모르기 때문이다. 그들의 엎드림은 하나님의 긍휼히 여기심을 구하는 간절한 기도였다. 여호수아와 갈렙이 옷을 찢으며 앞으로 나섰다.

> "우리가 두루 다니며 정탐한 땅은 심히 아름다운 땅이라. 여호와께서 우리를 기뻐하시면 우리를 그 땅으로 인도하여 들이시고 그 땅을 우리에게 주시리라. 이는 과연 젖과 꿀이 흐르는 땅이니라. 다만 여호와를 거역하지는 말라. 또 그 땅 백성을 두려워하지 말라. 그들은 우리의 먹이라. 그들의 보호자는 그들에게서 떠났고 여호와는 우리와 함께하시느니라. 그들을 두려워하지 말라"(민 14:7-9).

여호수아와 갈렙이 백성들을 설득했다. '우리가 그 땅에 들어가는 것은 하나님의 신실하신 약속과 그의 능력에 달려 있으니 걱정할 것 없다'고 설득했다. 한 걸음 더 나가서 "그들은 우리의 먹이라" 고 큰소리로 외쳤다. 믿음이 없는 사람의 눈에는 자신이 메뚜기로 보였지만 하나님을 믿는 사람의 눈에는 키가 두 배나 큰 네피림도 '먹잇감'으로 보였다. 하나님께서 함께하시면 두려울 것이 없다.

하나님과 함께 가는 여행에 믿음의 관문이 나타났다. 하나님에 대한 절대 믿음을 가지고 앞으로 나아갈 것인지, 아니면 믿음을 버리고 애굽으로 돌아갈 것인지, 이스라엘 백성들은 갈림길에 서 있었다.

갈렙과 여호수아가 아무리 외쳐도 백성들의 마음에서 사라진 믿음이 다시 돌아올 것 같지 않았다. 중과부적(衆寡不敵)이었다. 백성들은 이성도 믿음도 다 잃어버렸다. 그들은 여호수아와 갈렙부터 돌로 쳐서 죽이겠다며 덤벼들었다. 그 순간 하나님의 영광이 회막에서 이스라엘 모든 자손들에게 나타났다. 백성들이 놀라서 뒤로 물러났을 것이다. 하나님께서 모세에게 말씀하셨다.

> "이 백성이 어느 때까지 나를 멸시하겠느냐. 내가 그들 중에 많은 이적을 행하였으나 어느 때까지 나를 믿지 않겠느냐. 내가 전염병으로 그들을 쳐서 멸하고 네게 그들보다 크고 강한 나라를 이루게 하리라"(민 14:11-12).

하나님을 멸시하는 사람은 누구인가? 하나님의 은혜를 잊어버린 사람이다. 이런 사람은 하나님의 말씀도 믿지 못한다. 하나님을 멸시하는 백성들을 전염병으로 다 쳐서 멸하고 모세로 새로운 민족을 이루시겠다는 말씀이 벌써 두 번째다. 얼마나 마음이 아프셨으면 그런 말씀을 하셨을까? 모세가 또다시 엎드렸다.

> "이제 주께서 이 백성을 하나같이 죽이시면 주의 명성을 들은 여러 나라가 말하여 이르기를, '여호와가 이 백성에게 주기로 맹세한 땅에 인도할 능력이 없었으므로 광야에서 죽였다' 하리이다. 이제 구하옵나니 이미 말씀하신 대로 주의 큰 권능을 나타내옵소서. 이르시기를, '여호와는 노하기를 더디 하시고 인자가 많아 죄악과 허물을 사하시나 형벌 받을 자는 결단코 사하지 아니하시고 아버지의 죄악을 자식에게 갚아 삼사 대까지 이르게 하리라' 하셨나이다. 구하옵나니 주의 인자의 광대하심을 따라 이 백성의 죄악을 사하시되 애굽에서부터 지금까지 이 백성을 사하신 것같이 사하시옵소서"(민 14:15-19).

모세의 기도를 들어보라. 모세의 심정이 되어 한 번 더 읽어 보라. 가슴이 먹먹해질 것이다. 모세는 하나님의 이름을 가장 소중하게 여겼다. 자신의 권위나 백성들의 생명보다 하나님의 영광을 더 귀하게 여겼다. 애굽 왕이 훗날 소식을 듣고 '그러기 위해 이스라엘을 데리고 나갔는가?' 하고 하나님을 비난할 생각을 하면 숨이 막혔다. 주변의 나라들이 '아하, 이스라엘의 하나님이 감당할 능력이 없으니까 자기 백성들을 광야에서 다 죽였구나' 하고 조롱할 생각을 하면 견딜 수가 없었다. 절대로 그런 일이 일어나지 않아야 했다.

물론 모세는 형벌 받을 자를 결단코 사하지 아니하시는 하나님의 공의로우심도 인정해 드렸다. 그러나 동시에 '아버지의 죄악을 자식에게 갚아 삼사 대에 이르게 하실지라'도 아주 멸족시키지 않으시는 하나님의 인자하심과 선하심을 굳게 붙들었다. "주의 큰 권능을 나타내소서", 하나님의 가장 큰 능력은 곧 그의 끝없는 사랑이었다.

모세는 애끓는 기도를 드렸다.

"구하옵나니 주의 인자의 광대하심을 따라 이 백성의 죄악을 사하시되 애굽에서부터 지금까지 이 백성을 사하신 것같이 사하시옵소서."

하나님의 사랑이 이스라엘 백성들의 죄보다 더 크다는 진리를 상기시켜 드렸다. 지금까지 이스라엘의 죄를 용서해 오신 하나님의 인자하심에 호소했다. 마침내 모세의 기도에 하나님께서 대답하셨다.

"내가 네 말대로 사하노라."

그렇다고 심판까지 생략된 것은 아니었다.

"그러나 진실로 내가 살아 있는 것과 여호와의 영광이 온 세계에 충만할 것을 두고 맹세하노니 내 영광과 애굽과 광야에서 행한 내 이적을 보고서도 이같이 열 번이나 나를 시험하고 내 목소리를 청종하지 아니한 그 사람들은 내가 그들의 조상들에게 맹세한 땅을 결단코 보지 못할 것이요 또 나를 멸시하는 사람은 한 사람도 그것을 보지 못하리라. 그러나 내 종 갈렙은 그 마음이 그들과 달라서 나를 온전히 따랐은즉 그가 갔던 땅으로 내가 그를 인도하여 들이리니 그의 자손이 그 땅을 차지하리라. 아말렉인과 가나안인이 골짜기에 거주하나니 너희는 내일 돌이켜 홍해(로 내려가는) 길을 따라 광야로 들어갈지니라"(민 14:21-25).

하나님은 이스라엘이 몇 번이나 반역했는지 다 기억하고 계셨다. 그들은 그 땅을 보지 못할 것이다. 그러나 훗날 갈렙은 하나님의 약속대로 '그 땅' 중에서 헤브론을 차지했다. 당시 헤브론은 가장 크고 견고한 성이었고 아낙 자손들이 살고 있었다. 갈렙은 '그들은 우리의 밥이라'는 그의 말을 증명하기 위해 45년을 기다렸다(수 14:6-15). 하나님께 불순종했던 20세 이상의 백성들은 모두 광야에 묻혔다. 그들은 하나님의 말씀을 믿지 못하는 쓸모없는 군대였다. 20세 미만의 새로운 세대가 자라기까지 39년의 시간이 더 필요했다. 젖과 꿀이 흐르는 가나안 땅에 들어갈 날이 그만큼 뒤로 미루어졌다.

하나님의 말씀이 다시 임하였다.

"너희 중에서 이십 세 이상으로서 계수된 자 곧 나를 원망한 자 전부가 여분네의 아들 갈렙과 눈의 아들 여호수아 외에는 내가 맹세하여 너희에게 살게 하리라 한 땅에 결단코 들어가지 못하리라. 너희가 사로잡히겠다고 말하던 너희의 유아들은 내가 인도하여 들이리니 그들은 너희가 싫어하던 땅을 보려니와 너희의 시체는 이 광야에 엎드러질 것이요, 너희의 자녀들은 너희 반역한 죄를 지고 너희의 시체가 광야에서 소멸되기까지 사십 년을 광야에서 방황하는 자가 되리라. 너희는 그 땅을 정탐한 날 수인 사십 일의 하루를 일 년으로 쳐서 그 사십 년간 너희의 죄악을 담당할지니 너희는 그제서야 내가 싫어하면 어떻게 되는지를 알리라 하셨다 하라. 나 여호와가 말하였거니와 모여 나를 거역하는 이 악한 온 회중에게 내가 반드시 이같이 행하리니 그들이 이 광야에서 소멸되어 거기서 죽으리라"(민 14:29-35).

이스라엘 백성들은 지난 1년 반 동안에 열 번이나 반역했다. 그때마다 하나님의 심판이 임했다. 함께 여행을 하다 보면 즐겁고 유쾌한 말을 해도 피곤할 때가 있다. 그런데 계속해서 반역과 심판이 반복되었다.

땅을 악평했던 열 명의 정탐꾼들이 그날 재앙으로 죽었다. 그제야 백성들의 정신이 돌아왔다. 생각해 보니 자기들 중에 아낙 사람들을 직접 본 사람은 아무도 없었다. 그들과 싸움 한번 해본 적도 없었다. 그들의 두려움에 실체가 없었다. 열 사람이 했던 말이 전부였다. 눈앞에는 그들이 가져온 열매들이 아직도 놓여 있었다. 왜 그렇게 이성을 잃고 부화뇌동했는지 돌이켜보니 어리석었다. 더구나 그들의 세대에서는 아무도 약속의 땅에 들어가지 못할 것이라는 하나님의 말씀이 두려웠다. 그들은 아침 일찍 산꼭대기로 올라가며 외쳤다.

> "보소서. 우리가 여기 있나이다. 우리가 여호와께서 허락하신 곳으로 올라가리니 우리가 범죄하였음이니이다"(민 14:40).

이스라엘 백성들이 뒤늦게 열심을 냈다. 그러나 열심이 곧 믿음은 아니다. 하나님께서 그들을 외면하셨다. 모세도 그들을 가로막으며 말했다.

> "너희가 어찌하여 이제 여호와의 명령을 범하느냐? 이 일이 형통하지 못하리라. 여호와께서 너희 중에 계시지 아니하니 올라가지 말라. 너희의 대적 앞에서 패할까 하노라 아말렉인과 가나

안인이 너희 앞에 있으니 너희가 그 칼에 망하리라. 너희가 여호와를 배반하였으니 여호와께서 너희와 함께하지 아니하시리라" (민 14:41-43).

그래도 백성들은 모세의 만류를 뿌리치고 가나안 땅으로 올라갔다. 불순종에 고집까지 더해지면 속수무책이다. 하나님의 언약궤와 모세는 진중에 남아 있었다. 하나님께서 동행하지 않으시는 전쟁은 패할 수밖에 없었다. 백성들은 아말렉인들과 가나안 사람들에게 쫓겨 '호르마'까지 내려왔다. 얼마나 많은 사람들이 이 명분 없는 전쟁에서 죽었는지 성경은 아예 그 숫자도 기록하지 않고 있다.

제5장
다시 광야로 돌아가라

민수기 13장과 14장을 읽다 보면 말로 표현할 수 없는 아쉬움이 남는다. 왜 가나안 땅으로 들어갈 수 있는 기회를 놓치고 다시 광야로 되돌아가야 했을까? 하나님을 원망하며 밤새워 통곡하던 그들의 어리석음이 견딜 수가 없다. 하나님을 믿지 못하고 멸시한 결과로 39년을 광야에서 지내야 했던 그날들이 모래의 무게처럼 가슴을 짓누른다. 모세는 슬퍼하는 백성들을 데리고 다시 광야 길로 들어섰다.

"내가 주어 살게 할 땅에 들어가서"

// 민수기 15장 //

민수기 15장부터 20장까지에 39년의 바란 광야 생활이 담겨 있다. 그런데 뜻밖에도 민수기 15장은 이렇게 시작한다.

"여호와께서 모세에게 말씀하여 이르시되, 이스라엘 자손에게 말하여 그들에게 이르라. 너희는 내가 주어 살게 할 땅에 들어가서 여호와께 화제나 번제나 서원을 갚는 제사나 낙헌제나 정한 절기제에 소나 양을 여호와께 향기롭게 드릴 때에"(민 15:1-3).

하나님은 참 대단하신 분이다. 아무 일도 없었다는 듯이 "너희는 내가 주어 살게 할 땅에 들어가서" 하고 말씀하신다. 하나님은 이스라엘의 불순종에 얽매이지 않으셨다. 하나님은 어제보다 내일을 더 중요하게 생각하셨다. 다음 세대들이 젖과 꿀이 흐르는 땅에 들어가서 사는 장면을 미리 그려 보고 계셨다. 그때까지 오래 참으실 것이다. 자비와 긍휼이 풍성하시기 때문이다. 그래서 다윗은 이렇게 하나님을 찬양했다.

"여호와께서 사람의 걸음을 정하시고 그의 길을 기뻐하시나니 그는 넘어지나 아주 엎드러지지 아니함은 여호와께서 그의 손으로 붙드심이로다"(시 37:23-24).

예루살렘을 재건한 후에 느헤미야와 백성들은 조상들의 죄를 회개하며 이렇게 감사드렸다.

"주의 크신 긍휼로 그들을 아주 멸하지 아니하시며 버리지도 아니하셨사오니 주는 은혜로우시고 불쌍히 여기시는 하나님이심이니이다"(느 9:31).

하나님께서 에스겔 선지자에게도 그의 속마음을 보여주셨다.

"그러나 내가 그들을 아껴서 광야에서 멸하여 아주 없이하지 아니하였었노라"(겔 20:17).

바벨론에서 포로생활을 하고 있는 유대인들에게도 이렇게 말씀하셨다.

"여호와의 말씀이니라. 너희를 향한 나의 생각을 내가 아나니 평안이요 재앙이 아니니라. 너희에게 미래와 희망을 주는 것이니라"(렘 29:11).

이사야도 하나님의 소망을 예언했다.

"너희는 이전 일을 기억하지 말며 옛날 일을 생각하지 말라. 보라. 내가 새 일을 행하리니 이제 나타낼 것이라. 너희가 그것을 알지 못하겠느냐. 반드시 내가 광야에 길을 사막에 강을 내리니 장차 들짐승 곧 승냥이와 타조도 나를 존경할 것은 내가 광야에 물을, 사막에 강들을 내어 내 백성, 내가 택한 자에게 마시게 할 것임이라. 이 백성은 내가 나를 위하여 지었나니 나를 찬송하게 하려 함이니라"(사 43:18-21).

하나님께서 그의 백성들의 허물을 덮어 주시겠다는데 누가 재론하겠는가? 하나님께서 그의 백성들을 다시 축복하셔서 제사를 드리게 하시겠다는데 누가 이의를 제기하겠는가? 아무리 반역하고 거슬러도 아주 멸망시키지 않으시겠다는데 누가 반박하겠는가? 바울도 이 은혜를 깨닫고 감격했다.

> "그런즉 이 일에 대하여 우리가 무슨 말 하리요. 만일 하나님이 우리를 위하시면 누가 우리를 대적하리요. 자기 아들을 아끼지 아니하시고 우리 모든 사람을 위하여 내주신 이가 어찌 그 아들과 함께 모든 것을 우리에게 주시지 아니하겠느냐? 누가 능히 하나님께서 택하신 자들을 고발하리요. 의롭다 하신 이는 하나님이시니 누가 정죄하리요. 죽으실 뿐 아니라 다시 살아나신 이는 그리스도 예수시니 그는 하나님 우편에 계신 자요 우리를 위하여 간구하시는 자시니라"(롬 8:31-34).

이제 모든 것이 백성들의 자세에 달려 있다. 회개하는 마음으로, 감사하는 마음으로, 하나님을 존중히 여기는 마음으로 남은 여행을 계속하면 된다. 그 길은 은혜의 길이 될 것이다. 때로는 넘어짐도 은혜가 된다.

하나님께서 제사 드리는 법을 가르쳐 주셨다. 제사는 예배이다. 예배 중에 모든 허물이 사해지고, 모든 상처가 치료된다. 예배 중에 절망이 사라지고, 소망의 문이 열린다. 예배 중에 의심의 안개가 사라지고, 하나님의 영광이 임하게 된다. 예배 중에 슬픔이 변하여 기쁨의 노래가 된다. 예배는 하나님께서 그의 백성에게 주시는 최고의 축복이다. 예배를 가벼이 여기지 말자. 예배를 건너뛰지 말자. 예배보다 더 소중한 일은 없다.

하나님께서 이스라엘 백성들을 다시 한 번 예배의 자리로 부르셨다. 민수기 15장을 읽다 보면 마치 오랜 장마가 그친 날처럼 느껴진다. 청명한 하늘을 보는 것 같다. 산천도 회복되고 만물에 생기가 넘친다. 기쁨이 샘솟고 평화가 끝없이 펼쳐진다. 아름다운 향기가 밀려온다. 하나님께서 말씀하셨다.

> "이스라엘 자손에게 말하여 이르라. 너희는 내가 인도하는 땅에 들어가거든 그 땅의 양식을 먹을 때에 여호와께 거제를 드리되…너희의 처음 익은 곡식 가루 떡을 대대에 여호와께 거제로 드릴지니라"(민 15:18-19, 21).

> "회중이 부지중에 범죄하였거든 온 회중은 수송아지 한 마리를 여호와께 향기로운 화제로 드리고 규례대로 소제와 전제를 드리고 숫염소 한 마리를 속죄제로 드릴 것이라"(민 15:24).

잘못을 저지르고 엄마에게 야단맞은 아이가 풀이 죽은 채 구석에 웅크리고 앉아 있다. 그때 아빠가 와서 말한다. "얘야, 일어나 밥 먹자. 엄마가 너 위해 맛있는 거 만들었다." 꼭 그런 느낌이다. 출애굽 사건 중에서 가장 후회스러운 일이 열 명 정탐꾼들의 말을 듣고 하나님을 거역한 일이다. 그런데 하나님은 아무 일도 없었던 것처럼 말씀하신다.

"너희는 내가 인도하는 땅에 들어가거든 그 땅의 양식을 먹을 때에 여호와께 거제를 드리되…."

감격스럽지 않은가? 가슴이 뭉클하지 않은가? 나는 그랬다. 이 대목에서 나는 잠깐 동안 원고 쓰기를 멈추어야 했다. 참 좋으신 우리 하나님….

그러나 고의로 범죄한 사람은 회중으로부터 끊어질 것이다. 그리고 실제로 그런 일이 일어났다. 어떤 사람이 안식일에 (아마도 고의적으로) 나무를 하러 갔다. 모세는 하나님께 그 일을 어떻게 처리해야 할지 물었다. 하나님께 말씀하셨다.

> "그 사람을 반드시 죽일지니 온 회중이 진영 밖에서 돌로 그를 칠지니라"(민 15:35).

온 회중이 그를 돌로 쳐서 죽였다. 이 사건이 백성들에게 경종을 울렸다. 하나님께서는 한 사람의 고의적인 범죄가 이스라엘 전체 백성에게 악한 영향을 끼치게 되면 엄하게 다스리셨다. 이 일에 대하여 이의를 제기하고 싶은가? 거룩에는 언제나 위험이 내재(內在)한다. 거룩하지 못한 존재들이 거룩함에 접촉될 때 그들의 죄가 드러나고 심판이 임하게 된다. 그래서 하나님은 이스라엘 백성들에게 시내 산에 가까이하지 말라고 하셨던 것이다.

그리스도인들의 삶도 마찬가지다. 거룩하신 성령님께서 우리를 하나님의 전으로 삼으시고 내주(內住)하신다. 그래서 우리는 작은 잘못에도 깜짝깜짝 놀란다. 그리고 죄와 악을 멀리한다. 수시로 회개하며 거룩함을 유지한다. 이런 삶이 부담되는가? 세상 사람들처럼 부담 없이 죄를 범하며 마음대로 살고 싶은가? 그렇게 살 수는 없다. 개가 토한 것을 다시 먹는 것처럼 그런 식으로 살 수는 없다. 우리는 하나님께서 그의 피로 값 주고 사신 그의 자녀들이기 때문이다.

거룩에는 언제나 부담감이 따른다. 그러나 거룩에는 비교할 수 없이 큰 축복이 담겨 있다. 가장 큰 축복은 하나님과의 동행이다.

하나님의 백성들은 늘 자신의 신분을 기억해야 한다. 옷의 네 귀퉁이에 술(tassel, 장식)을 달고 그 술에 청색 끈을 더했다. 이스라엘 백성들은 그 끈이 흔들릴 때마다 자기의 특별한 신분을 기억하며 거룩한 삶을 살아야 했다.

> "여호와께서 모세에게 말씀하여 이르시되, 이스라엘 자손에게 명령하여 대대로 그들의 옷단 귀에 술을 만들고 청색 끈을 그 귀의 술에 더하라. 이 술은 너희가 보고 여호와의 모든 계명을 기억하여 준행하고 너희를 방종하게 하는 자신의 마음과 눈의 욕심을 따라 음행하지 않게 하기 위함이라. 그리하여 너희가 내 모든 계명을 기억하고 행하면 너희의 하나님 앞에 거룩하리라. 나는 여호와 너희 하나님이라. 나는 너희의 하나님이 되려고 너희를 애굽 땅에서 인도해 내었느니라. 나는 여호와 너희의 하나님이니라"(민 15:37-41).

왜 하나님께서 이스라엘을 애굽에서 구원하여 내셨는가? 그들의 하나님이 되시기 위해서였다. 그렇다면 이스라엘의 사명은 분명하다. 하나님의 계명을 기억하며 거룩한 삶을 사는 것이다.

고라와 아비람과 다단의 반역

// 민수기 16장 //

우리는 이 반역 사건이 언제 일어났는지 모른다. 그러나 한 가지는 분명하다. 아마도 백성들의 불평이 다시 수면 위로 솟구쳐 올랐을 때일 것이다. 반역은 언제나 그 즈음에 일어난다.

이번에는 레위 지파의 고라와 르우벤 지파의 아비람과 다단과 온이 당을 짓고 모세와 아론에게 반기를 들었다. 지난번에는 미리암과 아론이 모세를 대적했지만 이번에는 그 규모가 꽤 컸다. 백성의 지휘관 250명이 반역에 동참했다. 상황이 심각하게 돌아가고 있었다. 지휘관들은 모두 가문의 지도자들이었다. 그들은 내심 모세와 아론이 자기들의 권력까지도 빼앗아갔다고 원망하고 있었다. 지휘관들이 함께 일어났다는 말은 상당히 많은 백성들이 심정적으로 그들과 한 편이 되었다는 뜻이다.

그들이 모세와 아론을 찾아와서 말했다.

> "너희가 분수에 지나도다. 회중이 다 각각 거룩하고 여호와께서도 그들 중에 계시거늘 너희가 어찌하여 여호와의 총회 위에 스스로 높이느냐"(민 16:3).

이전에 미리암과 아론이 모세를 대적할 때에도 비슷한 말을 했다.

"여호와께서 모세와만 말씀하셨느냐? 우리와도 말씀하지 아니하셨느냐?"

반역의 진원지는 레위 지파였다. 그들의 불평에 르우벤 지파가 합세했다.

고라가 대변했던 레위인들의 불평은 '왜 똑같은 레위 자손인데 모세와 아론만 높임을 받느냐?'는 것이었다. 출애굽기 6장을 보면, 고라는 아론과 모세의 사촌이다. 사촌 사이에 한 가문에서는 왕 같은 지도자와 대제사장이 나오고, 자기네 가문은 겨우 그들을 돕는 일꾼 노릇이나 하는 것이 말이 되느냐는 불평이다. 여호와가 회중 가운데 계시고, 그래서 회중이 다 거룩한데(여기까지는 맞는 말이다) 왜 모세와 아론만 스스로 높은 척하느냐는 불만이다.

르우벤 지파의 불평도 비슷한 내용이었다. 르우벤 지파는 야곱의 장손(長孫)임에도 불구하고 언제나 유다 지파의 뒷전으로 밀려나 있었다. 진행할 때에도 유다 지파가 선두에 섰다. 장자권이 철저히 무시당하고 있다고 불평했다. 그들의 반역 동기도 시기와 질투였다.

모세와 아론이 다시 하나님 앞에 엎드렸다. 왜 그들을 택하셨는지 대답하실 분은 하나님이셨다. 지도자가 모든 일을 다 처리할 수 있다고 생각하면 교만이다. 지도자가 해결할 수 없는 일들이 얼마든지 있다. 그때에는 하나님 앞에 엎드려야 한다. 하나님께 그 문제를 넘겨드려야 한다.

모세가 하나님의 말씀을 반역자들에게 전했다.

> "모세가 듣고 엎드렸다가 고라와 그의 모든 무리에게 말하여 이르되, 아침에 여호와께서 자기에게 속한 자가 누구인지, 거룩한 자가 누구인지 보이시고 그 사람을 자기에게 가까이 나아오게 하시되 곧 그가 택하신 자를 자기에게 가까이 나아오게 하시리니, 이렇게 하라. 너 고라와 네 모든 무리는 향로를 가져다가 내

일 여호와 앞에서 그 향로에 불을 담고 그 위에 향을 두라. 그때 에 여호와께서 택하신 자는 거룩하게 되리라. 레위 자손들아, 너 희가 너무 분수에 지나치느니라"(민 16:4-7).

분수에 지나친 사람들은 '우리가 아니고 너희'라는 말이다. 흔히 하는 말로 적반하장(賊反荷杖) 아니냐는 말이다. 그런데 모세는 왜 각자의 향로를 가지고 여호와 앞에 나오라고 했을까? 그는 나중에 향로를 통하여 어떤 일이 일어날지 알고나 있었을까? 모세의 성품으로 미루어 볼 때 아마도 몰랐을 것이다. 다만 하나님의 말씀을 따라 향로를 가져오도록 했을 뿐이다.

모세도 사람이다. 어찌 그 마음이 섭섭하지 않겠는가? 모세는 사촌 고라에게 가슴에 품은 말을 쏟아냈다.

"모세가 또 고라에게 이르되, 너희 레위 자손들아 들으라. 이스라엘의 하나님이 이스라엘 회중에서 너희를 구별하여 자기에게 가까이하게 하사 여호와의 성막에서 봉사하게 하시며 회중 앞에 서서 그들을 대신하여 섬기게 하심이 너희에게 작은 일이겠느냐? 하나님이 너와 네 모든 형제 레위 자손으로 너와 함께 가까이 오게 하셨거늘 너희가 오히려 제사장의 직분을 구하느냐? 이를 위하여 너와 너의 무리가 다 모여서 여호와를 거스르는도다. 아론이 어떠한 사람이기에 너희가 그를 원망하느냐"(민 16:8-11).

하나님께서 아론을 제사장으로 세우셨지, 아론 스스로 선택하지 않았다는 말이다. 그러니 아론을 원망할 필요가 없지 않으냐는 말이다. 하나님께서 레위인들에게 여호와의 성막에서 봉사하게 하시고 이스라엘 백성들을 대신하여 섬길 수 있는 특권을 주시지 않았느냐는 말이다. 왜 그 은혜에 감사할 줄 모르고 분수에 맞지 않는 제사장의 직분을 구하느냐는 말이다. 실제로 모세는 자기 자신을 위하여 자리를 이용해 본 적이 없었다. 훗날 레위인들은 그 직분을 계속했지만 모세의 자손들은 역사에 다시 등장하지도 않았다.

둘러보니 르우벤 지파에서 봉기한 다단과 아비람이 보이지 않았다. 모세는 다단과 아비람에게 사람을 보내어 올라오라고 했다. 그들은 또 무슨 연유로 반역에 가담했는지 알아보고 싶었다. 찾아갔던 사람들이 돌아와서 전한 말이 더 기가 막혔다.

> "네가 우리를 젖과 꿀이 흐르는 땅에서 이끌어 내어 광야에서 죽이려 함이 어찌 작은 일이기에 오히려 스스로 우리 위에 왕이 되려 하느냐? 이뿐 아니라 네가 우리를 젖과 꿀이 흐르는 땅으로 인도하여 들이지도 아니하고 밭도 포도원도 우리에게 기업으로 주지 아니하니 네가 이 사람들의 눈을 빼려느냐? 우리는 올라가지 아니하겠노라"(민 16:13-14).

말에 가시가 돋쳐 있었다. 그들이 하고 싶었던 말은 아마도 이런 내용이었을 것이다.

'모세여, 당신이 한 일을 돌아보라. 당신은 젖과 꿀이 흐르는 땅을 약속했다. 그런데 정탐꾼들은 그 땅이 사람을 집어삼키는 땅이라고 했다. 그리고 당신은 다시 광야로 우리를 데려왔다. 지금 당신 귀에는 무슨 소리가 들리는가? 모래바람 소리와 애곡하는 울음 소리뿐이지 않은가? 당신 귀에는 그 소리가 들리지 않는가? 그런데 이제 왕 노릇까지 하려고 하는가? 당신의 그 알량한 왕 노릇이 겨우 우리를 광야에서 집단학살 시키는 일인가? 당신들이 약속한 젖과 꿀이 흐르는 땅이 겨우 이 광야인가? 이런 광야생활에 비하면 우리가 떠나왔던 저 애굽 땅이 오히려 젖과 꿀이 흐르는 곳 아니던가? 보면 모르겠는가? 당신들은 눈도 없는가? 우리 눈을 빼려고 하는가? 우리는 단 한 발자국도 당신들을 따라가지 않을 것이다. 앞으로는 우리더러 오라 가라 명령하지도 말라!'

이치에 맞지 않는 이야기도 계속 듣다 보면 일리가 있어 보인다. 더구나 악한 동기를 가지고 충동질하는 사람들은 쉽게 분별할 수도 없다. 그래서 주변에 있는 백성들이 맞장구를 쳤다. 성경은 온 회중이 이들과 하나가 되었다는 강한 암시를 여러 번 주고 있다. 상황을 파악해 보니 보통 심각한 문제가 아니었다. 다른 사람도 아닌 사촌의 말에 더더욱 마음이 상했다. 이 일을 어떻게 처리해야 하는가?

하나님께서 세우신 지도자가 억울한 일을 당할 때 선택할 수 있는 반응은 극히 제한적이다. 자신이 잘못한 일이라면 마땅히 사과하고 상대방의 주장을 받아들이거나 어느 정도 타협해야 한다. 그러나 상대방의 비난이 불의하거나 근거 없는 것이라면 하나님께 아뢰는 수밖에 없다. 그를 지도자로 세우신 하나님께서 대답하실 문제이기 때문이다.

"모세가 심히 노하여 여호와께 여짜오되, '주는 그들의 헌물을 돌아보지 마옵소서. 나는 그들의 나귀 한 마리도 빼앗지 아니하였고 그들 중의 한 사람도 해하지 아니하였나이다' 하고"(민 16:15).

정말로 억울했다. 하나님의 부르심에 순종하여 밤낮 마음고생하며 여기에 이르렀다. 도대체 무슨 잘못을 했단 말인가? 나귀 한 마리 뺏은 적도 없고 사사롭게 다른 사람을 해친 적도 없다. "주는 그들의 헌물(드리는 예물)을 돌아보지 마옵소서." 그들에게 베푸신 은혜를 거두시라는 청원이다. 그것이 모세가 사용할 수 있는 가장 강력한 언어였다.

하나님께서 모세에게 해결방법을 알려주셨다. 아론과 고라를 비롯하여 지휘관 250명이 각기 놋으로 된 향로를 가지고 회막 문으로 나아오게 하셨다. 향로에는 불씨가 담겨 있었다. 이제 하나님께서 옳고 그름을 판단해 주실 것이다. 고라는 대단한 선동꾼이었다. 회중(아마도 회중의 지도자들)을 회막 문에 모아놓고 끝까지 모세와 아론을 대적했다. 그 순간 여호와의 영광이 온 회중에게 나타나셨다. 그리고 모세와 아론을 향하여 말씀하셨다.

"너희는 이 회중에게서 떠나라. 내가 순식간에 그들을 멸하려 하노라."

걸핏하면 하나님께서 그의 백성들을 멸망시키려 하신다고 오해하지 말자. 하나님은 죽이시는 분이 아니다. 살리기를 기뻐하시는 분이시다. 다만 이스라엘 백성들이 스스로 범죄함으로 심판과 멸망을 자초했을 뿐이다. 죄의 결과는 사망이다.

모세와 아론은 멸망의 그림자가 임박해 옴을 느꼈다. 그래서 또다시 하나님 앞에 엎드렸다. 이스라엘 백성들에게 위기가 찾아올 때마다 모세는 그렇게 엎드렸다.

"하나님이여, 모든 육체의 생명의 하나님이여, 한 사람이 범죄하였거늘 온 회중에게 진노하시나이까?"

하나님께서 대답하셨다.

"회중에게 명령하여 이르기를 너희는 고라와 다단과 아비람의 장막 사방에서 떠나라 하라."

모세는 그길로 고라와 다단과 아비람의 처소로 내려갔다. 이스라엘의 장로들이 뒤를 따라갔다. 모세가 주변에 있는 회중에게 말했다.

"이 악인들의 장막에서 떠나고 그들의 물건은 아무것도 만지지 말라. 그들의 모든 죄 중에서 너희도 멸망할까 두려워하노라."

사람들이 놀라며 고라와 다단과 아비람의 장막으로부터 물러섰다. 오직 그 세 사람의 가족들만 자기들의 장막 앞에 섰다. 그 순간까지도 이 세 사람은 당당하고 거만하기 짝이 없었다. 모세가 외쳤다.

"여호와께서 나를 보내사 이 모든 일을 행하게 하신 것이요 나의 임의로 함이 아닌 줄을 이 일로 말미암아 알리라. 곧 이 사람들의 죽음이 모든 사람과 같고 그들이 당하는 벌이 모든 사람이 당하는 벌과 같으면 여호와께서 나를 보내심이 아니거니와, 만일 여호와께서 새 일을 행하사 땅이 입을 열어 이 사람들과 그들의 모든 소유물을 삼켜 산 채로 스올(죽은 자들이 가는 음부)에 빠지게 하시면 이 사람들이 과연 여호와를 멸시한 것인 줄을 너희가 알리라"(민 16:28-30).

모세의 말이 끝나자마자 땅이 벌어지며 세 사람의 가족과 소유물들이 그 속으로 사라졌다. 그리고 땅은 다시 합해졌다. 다만 아버지의 반역에 참여하지 않았던 고라의 아들들은 그날 살아남았다(민 26:10-11). 같은 시간에 회막 문에서 향로를 들고 분향하고 있던 250명의 지휘관들도 하나님의 불에 타서 죽었다. 끔찍한 심판의 날이었다.

지금쯤 마음에 '살려주실 수도 있었을 텐데', 이런 생각이 들지도 모른다. 하나님의 심판은 그들의 마음이 완악하여 절대로 돌아서지 않았음을 전제로 한다. 그뿐만 아니라 온 회중이 그들에게 영향을 받아 멸망을 당할 위험한 지경에 이르렀음을 의미한다. 그런 일이 일어나기 전에 암적 요소들을 제거하는 편이 훨씬 더 유익했다. 하나님께서 250명의 지휘관들이 들고 있던 놋 향로를 쳐서 제단을 싸도록 하셨다. 이제부터 레위인들은 제단에서 제사를 드릴 때마다 이 사건을 기억하고 가볍게 처신하지 않을 것이다.

그런데 더 큰 문제가 터지고 말았다. 이튿날 온 백성들이 모세와 아론에게 대들며 소리쳤다.

"너희가 여호와의 백성을 죽였도다."

군중심리는 사람들로 만용을 부리게 한다. 그 순간에는 죽음도 두렵지 않게 된다. 그래서 악한 자는 언제나 대중을 선동하고 자기는 뒤로 숨는다. 그런 일이 역사에 수도 없이 나타났다. 다시 한 번 하나님의 음성이 들려왔다.

"너희는 이 회중에게서 떠나라. 내가 순식간에 그들을 멸하려 하노라."

그동안 하나님께서 백성들을 멸하지 않고 견디어내신 것이 은혜였다. 멸망당해도 여러 번 당해야 할 백성들이었다. 모세와 아론이 또다시 땅에 엎드렸다. 그런데 이번에는 엎드림으로 해결되지 않았다. 이미 전염병이 퍼져서 회중이 죽어가고 있었다. 모세는 대제사장 아론으로 하여금 백성을 속죄하게 했다. 아론이 급히 향로에 향을 피워 죽은 자와 산 자 사이에 섰다. 그러자 전염병이 그쳤다. 그날 전염병으로 죽은 사람이 무려 14,700명이나 되었다.

아론의 싹 난 지팡이

// 민수기 17장 //

구약성경에 '원망'이라는 단어가 나오는 구절이 스물아홉 구절이다. 그중에 출애굽기가 일곱 구절이고, 민수기가 열한 구절이다. 그리고 이 단어가 나오는 곳마다 사고가 터지곤 했다. 하루가 멀다고 모세와 아론을 원망하는 이스라엘 백성들에게 특단의 대책이 필요했다. 그렇게 놓아두었다가는 언제 또다시 멸망이 임할지 모른다. 하나님께서 열두 지파의 지휘관들에게 각각 지팡이를 제출하라고 명령하셨다. 레위 지파에서는 아론이 지팡이를 제출했다. 하나님께서 모세에게 말씀하셨다.

> "그 지팡이를 회막 안에서 내가 너희와 만나는 곳인 증거궤 앞에 두라. 내가 택한 자의 지팡이에는 싹이 나리니 이것으로 이스라엘 자손이 너희에게 대하여 원망하는 말을 내 앞에서 그치게 하리라"(민 17:4-5).

모세는 지휘관들이 가져온 열두 개의 지팡이들을 회막 안에 두었다. 이튿날 모세가 들어가 보니 믿을 수 없는 일이 벌어져 있었다. 아론의 지팡이에 움이 돋고, 순이 나고, 꽃이 피어서, 살구 열매가 맺혀 있었다. 수십 년 동안 손때 묻은 지팡이에 새순이 돋다니, 그것도 수개월 걸려 맺히는 살구 열매가 하룻밤 사이에 맺혀 있다니, 놀란 사람은 모세뿐이 아니었다. 숨죽이며 결과를 기다리던 지휘관들도 마찬가지였다.

왜 하필 아론의 지팡이에 살구 열매가 맺혔을까. 살구는 히브리어로 '솨케이드'(שָׁקֵד)이다. 그 이름에는 '깨어나다'라는 의미가 있다. 추운 겨울이 지나고 가장 먼저 꽃을 피우는 나무이기 때문이다. 하나님께서는 아론의 싹 난 지팡이를 통하여 이스라엘 백성들의 지각(知覺)이 회복되고 원망이 그치기를 원하셨던 것이다.

하나님께서 모세에게 말씀하셨다.

> "아론의 지팡이는 증거궤 앞으로 도로 가져다가 거기 간직하여 반역한 자에 대한 표징이 되게 하여 그들로 내게 대한 원망을 그치고 죽지 않게 할지니라"(민 17:10).

하나님께서 열두 지파들 중에 레위 지파를 성막과 제사를 위해 특별히 선택하셨다는 사실이 분명해졌다. 이제 그런 일로 왈가왈부하지 말고 원망을 그치라는 말씀이었다. 그럼 그날 이후로 하나님께 대한 원망이 그쳤을까? 아니다. 바로 그날 백성들은 또다시 원망했다.

"이스라엘 자손이 모세에게 말하여 이르되, 보소서. 우리는 죽게 되었나이다. 망하게 되었나이다. 다 망하게 되었나이다. 가까이 나아가는 자 곧 여호와의 성막에 가까이 나아가는 자마다 다 죽사오니 우리가 다 망하여야 하리이까?"(민 17:12-13).

어느 날 갑자기 하나님께서 마음이 변해서 백성들을 망하게 하신 적이 있었던가? 오히려 망할 백성들을 구원해 주시지 않았던가? 모든 짐을 하나님께서 짊어지고 그들을 인도해 오시지 않았던가? 백성들이 고기를 먹고 싶다고 울부짖을 때 모세는 하나님께 부르짖었다. '어찌하여 주께서 종을 괴롭게 하시나이까? 어찌하여 내게 주의 목전에서 은혜를 입게 아니하시고 이 모든 백성을 내게 맡기사 내가 그 짐을 지게 하시나이까?' 그러나 모세가 실제로 그 짐을 짊어지고 해결한 일은 아무것도 없었다. 모든 일을 하나님께서 다 하셨다. 하나님께 원망할 아무런 근거가 없었다.

원망을 끝내게 하시려고 아론의 지팡이에 살구열매가 열리게 하셨다. 그랬더니 백성들은 한 술 더 떠서 '우리가 다 죽고 망하게 되었습니다. 이제 만족하십니까?' 하고 집단으로 원망하고 나섰다. 그리고 17장은 끝난다. 무슨 할 말이 더 필요하겠는가? 참 지독한 백성이다. 혹시 내 속에도 그런 DNA가 숨어 있을까?

이스라엘 백성들은 물에 젖은 솜처럼 무거운 짐이었다. 하나님 아니시고는 아무도 짊어질 수 없는 짐이었다. 그런데 성경은 하나님께서 독수리 날개로 이스라엘을 애굽으로부터 업어서 인도하셨다고 했다(출 19:4). 독수리보다 더 날개 힘이 좋은 새는 없다. 우는 아이를 등에 업고 달래듯이 하나님께서 그들을 등에 업고 광야를 지나셨다. 잠시도 등에서 내려놓으신 적이 없었다. 하나님의 인내와 자비와 긍휼의 은혜가 눈물겹도록 가슴에 사무친다. 훗날 이사야 선지자는 이렇게 하나님을 찬송했다.

> "내가 여호와께서 우리에게 베푸신 모든 자비와 그의 찬송을 말하며 그의 사랑을 따라, 그의 많은 자비를 따라 이스라엘 집에 베푸신 큰 은총을 말하리라"(사 63:7).

아무리 찬송하고, 아무리 말해도 하나님의 사랑과 은총을 다 말할 수 없으리라. 찬송가 304장, "그 크신 하나님의 사랑"의 3절 가사가 생각난다.

> "하늘을 두루마리 삼고 바다를 먹물 삼아도/ 한없는 하나님의 사랑 다 기록할 수 없겠네/ 하나님의 크신 사랑 그 어찌 다 쓸까/ 저 하늘 높이 쌓아도 채우지 못하리."

이 찬송시의 원문을 직역하면 훨씬 더 감격어린 노랫말이 된다.

> "바다를 먹물로 채우고 하늘을 두루마리로 펼친 후/ 땅에 있는 모든 나무를 붓으로 삼고 온 인류를 필경사(筆耕士)로 세워/ 위에 계신 하나님의 사랑을 기록한다면/ 바닷물은 마를 것이고 하늘 이 끝에서 저 끝도 부족하리"(필경사는 글 쓰는 일을 직업으로 삼은 사람).
>
> Could we with ink the ocean fill,

And were the skies of parchment made,
Were every stalk on earth a quill
And every man a scribe by trade;
To write the love of God above,
Would drain the ocean dry;
Nor could the scroll contain the whole,
Tho' stretched from sky to sky.

제사장들과 레위인들의 사명

// 민수기 18장 //

하나님께서 아론과 그의 아들들이 해야 할 역할에 관하여 자세하게 설명해 주셨다. 1절부터 24절까지는 아론에게만 주시는 말씀이다. 이제부터는 점점 더 대제사장의 위치가 중요하게 되어 갈 것이다. 그들이 기본적으로 해야 할 일은 백성들이 성막에 접근하지 못하도록 하는 일이었다. 일반인들이 접근하는 날에는 그들의 죄로 인하여 죽음을 면치 못할 것이다.

> "이후로는 이스라엘 자손이 회막에 가까이하지 말 것이라. 죄값으로 죽을까 하노라"(민 18:22).

레위인들도 제사장의 일을 도울 수 있지만 성소의 기구나 제단에는 접근하지 못했다. 그러지 않으면 제사장들과 레위인들이 함께 죽게 될 것이다. 그러므로 성소 안의 모든 일은 아론과 그의 아들만 해야 했다. 제사장이 자기의 직무를 온전하게 행하면 백성들에게 더 이상 재앙이 없을 것이라고 하나님께서 약속하셨다.

> "이와 같이 너희는 성소의 직무와 제단의 직무를 다하라. 그리하면 여호와의 진노가 다시는 이스라엘 자손에게 미치지 아니하리라"(민 18:5).

제사장들과 레위인들은 약속의 땅에 들어가도 물려받을 유산이 없다. 백성들이 드리는 제물과 십일조가 그들의 몫이다. 어떤 제물의 고기는 제사장 가문의 남자들만 먹을 수 있었다. 그들이 제물을 먹는 방식도 제사 행위 가운데 하나였다. 레위인들은 백성들이 가져온 소산의 십일조 가운데서 다시 십분의 일을 구별하여 제사장 그룹에 드렸다. 하나님께서 아론에게 주신 말씀에 특별한 위로와 사랑이 넘친다.

> "여호와께서 또 아론에게 이르시되, 너는 이스라엘 자손의 땅에 기업도 없겠고 그들 중에 아무 분깃도 없을 것이나 내가 이스라엘 자손 중에 네 분깃이요 네 기업이니라"(민 18:20).

예물을 드리는 사람의 자세가 무엇보다 더 중요했다.

> "너희는 이스라엘 백성에게서 받은 모든 예물 중에서 가장 좋은 것을 나에게 바쳐야 한다. 백성들이 추수하여 예물을 바치고 남

은 것을 갖는 것처럼 너희 레위인들도 제일 좋은 것을 바치고 남은 것은 너희가 가져라"(민 18:29, 30, 현대인의성경).

언젠가 나는 젊은이들에게 이런 말을 한 적이 있다.

"여러분이 월급을 받을 때에 제일 먼저 십일조와 다른 헌금들을 떼어 놓으십시오. 그리고 남은 것으로 생활하십시오. 그렇지 않으면 십일조를 드리는 일이 쉽지 않을 것입니다."

붉은 암송아지

// 민수기 19장 //

이스라엘이 광야에서 사는 동안 매일 100여 명씩 죽어나갔다. 그 시체를 만지는 사람도 부지기수였다. 백성들이 사는 진영(陣營)의 정결 문제가 심각하게 대두되었다.

하나님께서 흠이 없고 아직 멍에를 메어 본 적이 없는 붉은 암송아지를 준비하라고 명령하셨다. 그리고 아론의 아들로서 장차 대제사장이 될 엘르아살의 감독 아래 진영 밖에서 그 송아지를 잡게 했다. 그 피를 성막을 향하여 일곱 번 뿌리고 남은 부분은 모두 불태웠다. 불길 속에 백향목과 우슬초와 홍색 실을 넣게 했다.

그리고 남은 재를 흐르는 물에 타서 '정결케 하는 잿물'로 사용하게 했다. 제사장과 암송아지를 잡은 레위인들과 그 재를 거둔 자들은 모두 물로 옷을 빨고 자기 몸을 씻어 정결케 했다. 그들은 저녁까지 부정했다. 거룩함 못지않게 부정함에도 경계심을 늦추지 말아야 했다.

진영에서 누군가 죽으면 이 잿물을 뿌려서 정결의식을 행하였다. 시체와 무덤을 만진 사람뿐만 아니라 죽은 자의 장막에 들어간 사람도 일주일 동안 부정했다. 뚜껑을 덮어 놓지 않은 그릇도 부정했다. 부정한 사람에게는 사흘째 되는 날과 일주일째 되는 날에 잿물을 뿌려 정결하게 했다. 잿물을 뿌린 사람도 자기의 옷을 빨아야 했다. 이 정결법은 영구히 지켰다.

정결하게 되지 못한 자는 이스라엘에서 끊어졌다. 하나님의 성소를 더럽혔기 때문이다. 이 말은 하나님의 성막과 이스라엘의 진영 전체가 서로 밀접하게 연결되어 있음을 의미한다.

신약에 오면 이 붉은 송아지가 예수님을 상징하게 된다. 예수님도 성문 밖에서 죽으셨다. 히브리서 기자는 예수님이 우리의 죄를 짊어지시고 성 밖으로 나가셨다고 기록했다.

> "그러므로 예수도 자기 피로써 백성을 거룩하게 하려고 성문 밖에서 고난을 받으셨느니라"(히 13:12).

예수 그리스도의 피가 우리를 죄로부터 정결하게 해준다.

또 하나의 므리바

// 민수기 20장 //

> "첫째 달에 이스라엘 자손 곧 온 회중이 신 광야에 이르러 백성이 가데스에 이르더니 미리암이 거기서 죽으매 거기에 장사되니

라"(민 20:1).

이 '첫째 달'은 광야생활 40년째 되는 해의 첫째 달이라는 데 학자들의 의견이 일치한다. 그 달에 미리암이 신(Zin) 광야의 가데스에서 죽었다. 그때 모세의 나이가 120세였다. 미리암은 그보다 6-7세는 더 많았을 것이다. 당시의 평균연령이 얼마였는지 모르지만 적어도 모세 3남매는 모두 120세 이상을 장수했다. 어린 나이에 기지를 발휘하여 모세로 하여금 어머니 젖을 먹고 자라게 했던 미리암, 애굽에서 이스라엘 자손들이 나올 때에 선지자로서 모세의 리더십에 일조를 했던 미리암, 그러나 중간에 교만하여 일주일 동안 문둥병을 앓았던 미리암, 그녀가 세상을 떠났다. 백성들이 그녀의 죽음을 슬퍼했을 것이다.

그 후에 물이 없어서 백성들이 다시 모세와 다투었다. 이스라엘 백성들은 다분히 감정적인 기질을 지니고 있었다. 일단 다툼이 시작되면 말이 과격해지고 끝장을 보려고 했다. 이번에도 같은 일이 벌어졌다.

"백성이 모세와 다투어 말하여 이르되, 우리 형제들이 여호와 앞에서 죽을 때에 우리도 죽었더라면 좋을 뻔하였도다. 너희가 어찌하여 여호와의 회중을 이 광야로 인도하여 우리와 우리 짐승이 다 여기서 죽게 하느냐. 너희가 어찌하여 우리를 애굽에서 나오게 하여 이 나쁜 곳으로 인도하였느냐. 이곳에는 파종할 곳이 없고 무화과도 없고 포도도 없고 석류도 없고 마실 물도 없도다"(민 20:3-5).

그들은 여차하면 '죽겠다'며 주저앉고, 걸핏하면 '죽이려 하느냐'고 대들었다. 여기저기 방황하다가 오아시스가 있는 가데스로 돌아왔는데 가뭄이 들었는지 거기에도 물이 없었다. 지금도 구글 지도로 그 지역을 살펴보면 황량한 모래언덕뿐이다. 변변한 나무 한 그루 보이지 않는다. '너희가 어찌하여 우리를 애굽에서 나오게 하여 이 나쁜 곳으로 인도하였느냐?' 소리 지르며 백성들이 덤벼들었다. 백성들의 말에 가시가 돋쳐 있었다. 모세가 그들을 애굽에서 인도해 내었던가? 아니다. 하나님께서 인도해 내셨다. 백성들은 하나님에 대한 의식이 눈곱만큼도 없었다. 걸핏하면 모세에게 원망하고 불평했다. 하나님을 무시한 처사였다.

백성들의 분노를 누그러뜨릴 마땅한 방법이 떠오르지 않았다. 없는 물을 어디에서 끌어오며, 무화과 열매는 또 어디에서 얻어온다는 말인가. 모세는 다시 한 번 하나님 앞에 엎드렸다. 이번까지 계산하면 다섯 번째다. 첫 번째는 아론이 금송아지를 만들었을 때에 엎드렸다. 두 번째는 열 정탐꾼의 부정적인 보고 때문에 엎드렸다. 세 번째와 네 번째는 고라의 반역 때문에 엎드렸다. 때로는 자기들을 구원해 주시라고 간청했고, 때로는 백성을 용서해 주시라고 중보했다. 위기가 올 때마다 하나님 앞에 엎드리는 방법 외에 다른 길이 없었다. 그러나 그 길이야말로 가장 지혜롭고 올바른 길이었다.

하나님의 영광이 회막 문에 나타났다. 그리고 하나님께서 모세에게 말씀하셨다.

"지팡이를 가지고 네 형 아론과 함께 회중을 모으고 그들의 목전에서 너희는 반석에게 명령하여 물을 내라 하라. 네가 그 반석이 물을 내게 하여 회중과 그들의 짐승에게 마시게 할지니라"
(민 20:8).

모세가 아론과 함께 지팡이를 가지고 바위 앞으로 갔다. 회중이 뒤따라왔다. 모세는 지팡이로 바위를 두 번 내려치면서 음성을 높였다.

"반역한 너희여 들으라! 우리가 너희를 위하여 이 반석에서 물을 내랴?"

그러자 반석에서 많은 물이 쏟아져서 온 회중과 짐승들이 마시게 되었다. 그런데 그때까지 아무도 모르고 있었다. 모세가 화를 낸 일이 하나님의 영광을 가렸다는 사실을….

"여호와께서 모세와 아론에게 이르시되, '너희가 나를 믿지 아니하고 이스라엘 자손의 목전에서 내 거룩함을 나타내지 아니한 고로 너희는 이 회중을 내가 그들에게 준 땅으로 인도하여 들이지 못하리라' 하시니라"(민 20:12).

맑은 하늘에 날벼락 같은 말씀이었다. 모세가 하나님을 믿지 않았다고 책망하셨다. 모세가 바위를 향해 '여호와의 말씀대로 너는 물을 낼지어다' 하고 명령해도 물이 나오지 않으리라고 불신했다는 말씀일까? 아니다. 모세는 일말의 의심도 없이 믿었다. 그런데 믿음이 없었다니 무슨 말씀인가. 믿음은 인격적인 관계다. 모세는, 비록 잠시 동안이었지만, 하나님께서 거기 임재해 계심을 잊어버렸다. 모세도 사람이었다. 40여 년 동안 줄기차게 원망하는 이스라엘 백성들에게 지쳤다. 은혜에 감사할 줄 모르는 후안무치한 백성들 때문에 마음이 상했다. 그동안 억누르고 있던 분노가 치밀어 올랐다.

"반역한 너희여 들으라!"

'반역'이라는 말은 히브리어로 '마라'(מָרָה)다. 광야생활 초기에 나오는 바로 그 '쓴 물'이다. 이 단어는 '반역하는, 거역하는, 화를 돋우는, 불순종하는, 쓰디쓴, 변덕스러운, 탐욕스러운', 이런 뜻이다. 아마도 모세가 그들을 불렀던 '반역한 너희여' 속에 이 모든 뜻이 다 포함되어 있을 것이다. 치밀어 오르는 감정을 절제하지 못하고 지팡이를 들어 두 번이나 바위를 쳤다. 누가 모세를 비난할 수 있겠는가? 그러나 하나님은 거룩하신 분이시다. 모세는 잠시 하나님의 거룩하심을 망각했다. '믿음이 없음'은 하나님의 인자하심과 자비하심을 잊어버린 상태이다. 분노의 감정이 우리의 믿음을 무너지게 한다.

모세보다 더 젖과 꿀이 흐르는 땅을 보고 싶어 하는 사람이 누구일까. 그런데 그 기회를 잃어버렸다. 이보다 더 슬픈 일도 없을 것이다. 화들짝 놀란 모세가 하나님께 간청했다.

> "구하옵나니 나를 건너가게 하사 요단 저쪽에 있는 아름다운 땅, 아름다운 산과 레바논을 보게 하옵소서"(신 3:25).

얼마나 애절한 기도인가. 그러나 하나님께서 단호하게 거절하셨다.

> "그만해도 족하니 이 일로 다시 내게 말하지 말라"(신 3:26).

이 대목에서 오해하지 말자. 모세가 천국에 들어가지 못했다는 말이 아니다. 훗날 모세는 엘리야와 함께 변화산에 내려와서 예수님을 만났다(마 17:3). 주의 종들은 무슨 일이 있어도 하나님과 성도들 앞에서 분을 내지 않아야 한다. 주의 종이 분을 내면 사탄은 춤을 추고, 성령님은 슬퍼하신다.

모세는 가데스의 우물 이름을 '므리바'라고 지었다. '다툼'이라는 뜻이다. 성경을 보면 '므리바'라는 이름이 또 한 번 나온다. 애굽에서 나온 첫해에 르비딤 골짜기에서도 그런 일이 있었다(출 17:1-7). 그때도 백성들이 물 때문에 모세와 다투었다.

모세는 언제나 어머니의 심정으로 백성들을 돌보았다. 망나니 자식을 위해서도 어머니는 음식을 만들고 옷을 짓는다. 모세는 사명에 충성스러운 사람이었다. 그의 사명은 백성들을 젖과 꿀이 흐르는 땅으로 인도하는 것이었다. 모세는 다시 초심(初心)으로 돌아갔다. 비록 자신은 들어가지 못하겠지만 하나님께서 허락하신다면 백성들을 한 걸음이라도 더 그 땅 가까이로 인도하기를 원했다.

모세는 사람들을 에돔 왕에게로 보내며 길을 열어 달라고 간절히 부탁했다. 에돔은 에서의 후손이며 이스라엘 민족과 친척지간이었다. 그래서 모세는 '당신의 형제 이스라엘'이라고 소개했다.

"당신의 형제 이스라엘의 말에, 우리가 당한 모든 고난을 당신도 아시거니와 우리 조상들이 애굽으로 내려갔으므로 우리가 애굽에 오래 거주하였더니 애굽인이 우리 조상들과 우리를 학대하였으므로, 우리가 여호와께 부르짖었더니 우리 소리를 들으시고 천사를 보내사 우리를 애굽에서 인도하여 내셨나이다. 이제 우리가 당신의 변방 모퉁이 한 성읍 가데스에 있사오니 청

> 하건대 우리에게 당신의 땅을 지나가게 하소서. 우리가 밭으로나 포도원으로 지나가지 아니하고 우물 물도 마시지 아니하고 왕의 큰길로만 지나가고 당신의 지경에서 나가기까지 왼쪽으로나 오른쪽으로나 치우치지 아니하리이다"(민 20:14-17).

대답은 '절대 불가'였다. 에돔 지경으로 들어오기만 하면 칼로 치겠다고 위협했다. 모세는 다시 한 번 사람들을 보내며 간청했다. 큰길로만 지나가겠다고 했다. 광야 길에 지친 백성들이 평탄한 길로 지나갈 수 있다면 얼마나 좋겠는가? 혹시 짐승들이 물을 마시면 그 값을 지불하겠다고 했다. 그런데 정말로 에돔 왕이 많은 군사들을 데리고 나왔다. 하는 수 없이 지름길을 포기하고 방향을 바꾸어 호르 산에 이르렀다.

호르 산에서 해야 할 중요한 일이 모세와 아론을 기다리고 있었다. 하나님께서 모세와 아론에게 말씀하셨다.

> "여호와께서 에돔 땅 변경 호르 산에서 모세와 아론에게 말씀하시니라. 이르시되, 아론은 그 조상들에게로 돌아가고 내가 이스라엘 자손에게 준 땅에는 들어가지 못하리니 이는 너희가 므리바 물에서 내 말을 거역한 까닭이니라. 너는 아론과 그의 아들 엘르아살을 데리고 호르 산에 올라 아론의 옷을 벗겨 그의 아들 엘르아살에게 입히라. 아론은 거기서 죽어 그 조상에게로 돌아가리라"(민 20:23-26).

하나님의 말씀을 잠시 거역한 결과가 이렇게 엄청날 줄 몰랐다.

하나님을 섬기는 종들은 각별히 조심해야 한다. 누구보다도 하나님의 거룩하심에 가까이 잇대어 있기 때문이다. 하나님의 거룩하심에는 축복과 심판이 병존(竝存)한다. 그러므로 두렵고 떨림으로 하나님을 섬겨야 한다. 바울은 그 진리를 이렇게 표현했다.

> "그러므로 나는 달음질하기를 향방 없는 것같이 아니하고 싸우기를 허공을 치는 것같이 아니하며 내가 내 몸을 쳐 복종하게 함은 내가 남에게 전파한 후에 자신이 도리어 버림을 당할까 두려워함이로다"(고전 9:26-27).

오늘날 주의 종들이 바울만큼 이 문제를 심각하게 생각하고 있을까? 그렇다면 천만다행이다. 모세와 아론은 40년 동안 '젖과 꿀이 흐르는 땅'을 선포했지만 막상 자신들은 그 땅에 들어가지 못했다.

모세가 아론과 엘르아살을 데리고 호르 산으로 올라갔다. 아론은 자신이 죽으러 올라간다는 사실을 이미 알고 있었다. 하나님의 말씀을 모세와 함께 들었으니까. 죽음을 앞에 두고 당당할 수 있는 사람은 행복한 사람이다. 모세가 아론의 대제사장 옷을 벗겨서 그의 아들 엘르아살에게 입혀 주었다. 그때 아론은 무슨 생각을 했을까? 아마도 바울처럼 마음속으로 이렇게 외쳤을지 모른다.

> "나는 선한 싸움을 싸우고 나의 달려갈 길을 마치고 믿음을 지켰으니 이제 후로는 나를 위하여 의의 면류관이 예비되었으므로 주 곧 의로우신 재판장이 그날에 내게 주실 것이며 내게만 아니라 주의 나타나심을 사모하는 모든 자에게도니라"(딤후 4:7-8).

정말 그랬을까? 하나님께서 모세에게 '말 잘하는 네 형 아론이 있지 아니하냐'고 하셨지만 아론이 그의 언변으로 이스라엘 백성들에게 유익을 끼쳤던 적은 별로 없었다. 오히려 우유부단하게 처신한 금송아지 사건 때문에 하마터면 온 백성이 다 죽을 뻔했다. 누이 미리암의 주도 아래 일어난 반역 사건에서도 그의 존재는 미미했다. 오히려 모세에게 가슴 아픈 말을 했다.

그런데도 하나님께서 그를 용서하시고 사용해 주셨다. 그 사건 이후로 늘 하나님께서 '모세와 아론에게' 말씀하셨다. 그리고 아론을 이스라엘의 초대 대제사장으로 세워 주셨다. 한없는 은혜를 입혀 주셨다. 바울도 정말 자랑할 만해서 그렇게 자랑했겠는가? 하나님의 은혜 아니었던가? 하나님의 은혜야말로 우리가 마지막까지 붙들어야 할 믿음의 보루(堡壘)이다.

이스라엘이 애굽에서 나온 지 40년째 되는 5월 초하루, 아론이 호르 산 꼭대기에서 죽었다(민 33:38). 양력으로 치면 8월에서 9월 사이다. 나이는 123세였고, 그의 누이가 죽은 지 넉 달 후였다. 그날 세 사람이 호르 산으로 올라갔으나 모세와 엘르아살만 내려왔다. 그제야 이스라엘 온 회중은 아론의 죽음을 알게 되었다. 충격이 매우 컸다. 백성들은 30일 동안 호르 산 아래 머물며 아론을 위해 슬피 울었다.

불뱀과 놋뱀

// 민수기 21장 //

이스라엘 백성들이 가데스를 떠나 (정탐꾼들이 올라갔던 길로) 올라온다는 소식을 듣고 아랏(Arad) 왕이 선제공격을 가해서 백성 중에 몇 명을 잡아갔다. 만일 이 '아랏'이 현재의 아라드(Arad)라면 가데스 바네아에서 직경으로 80킬로미터 거리에 있는 성읍이다. 지금도 가데스 바네아(Kadesh Barnea)라는 이름의 이스라엘 마을이 이집트의 국경 옆에 있다(지도에는 Nitzanei Sinai라고 표기되어 있다). 뜻밖의 공격을 당한 이스라엘 백성들은 하나님의 허락을 받고 올라가서 그 성을 멸하고 이름을 '호르마'(철저히 망함)라고 불렀다.

어느새 젖과 꿀이 흐르는 땅을 향해 험난한 진군이 시작되고 있었다. 민수기는 크게 세 부분으로 나누어진다. 1-10장은 행군을 위한 준비, 11-20장은 광야생활, 그리고 21장부터는 요단 동편을 향한 행군 기록이다.

드디어 40여 년 동안 맴돌던 광야를 벗어나게 되었다. 그러나 에돔을 우회하여 돌아가는 광야 길은 험하고 고달팠다. 백성들의 마음이 상하기 시작했다. '원망'이라는 해묵은 병이 되살아났다. 늘 해오던 똑같은 불평이다.

> "백성이 하나님과 모세를 향하여 원망하되, 어찌하여 우리를 애굽에서 인도해 내어 이 광야에서 죽게 하는가. 이곳에는 먹을 것도 없고 물도 없도다 우리 마음이 이 하찮은 음식을 싫어하노라"(민 21:5).

만나가 그렇게 하찮은 음식인가? 하나님께서 하루라도 그들을 굶긴 채 잠들게 하신 적이 있던가? 목말라 죽게 하신 일이 있던가? 누가 그들의 불평을 들었다면 형편없는 신이 그들을 인도하고 있다고 오해했을 것이다. 백성들이 원망할 때마다 심판이 임했다. 진 끝에 불이 붙기도 하고, 전염병이 돌기도 했다. 그렇게 해서 그 세대가 모두 광야에 묻혔다. 그런데도 이스라엘의 원망하는 버릇은 여전했다. 이번에는 불뱀들이 백성들을 물기 시작했다. 불같은 독을 가진 사막의 독사들이다.

이스라엘 백성들은 원망도 쉽게 하고 회개도 쉽게 했다. 진정으로 회개했다면, 그들이 하나님을 얼마나 슬프시게 했는지 자각하며 가슴을 치고 회개했다면 원망하는 빈도수가 훨씬 줄었을 것이다. 독사에 물려 죽어가는 백성들이 모세에게 부르짖었다.

"우리가 여호와와 당신을 향하여 원망함으로 범죄하였사오니 여호와께 기도하여 이 뱀들을 우리에게서 떠나게 하소서."

하나님께서 모세로 하여금 놋으로 뱀 모양을 만들어 장대에 높이 매달게 하시며 말씀하셨다.

"물린 자마다 그것을 보면 살리라."

하나님께서 살려주신다는 믿음을 가지고 장대 위의 놋뱀을 쳐다보는 사람들은 모두 살아났다. 그러나 믿지 않는 자들은 보지 않음으로 죽었다. 치료의 능력은 놋뱀에서 나오지 않았다. 하나님의 말씀을 믿고 순종하는 행위에서 나왔다. 훗날 히스기야 왕은 성전에서 놋뱀을 제거하고 '느후스단'(놋조각)이라고 불렀다. 그때까지 백성들이 놋뱀을 우상처럼 숭배하고 있었기 때문이다.

그렇게 자주 나오던 '원망'이라는 단어가 민수기 21장 7절 이후에는 다시 등장하지 않는다. 그 후에도 이스라엘 백성들이 죄를 범하고 심판을 받았지만 더 이상 원망하지 않았다. 이스라엘의 그 지긋지긋한 원망이 놋뱀과 함께 사라졌다. 신기한 일이다. 여기에서 우리는 십자가의 놀라운 진리를 발견하게 된다.

모든 사람은 자기 죄 값으로 죽어야 한다. 그러나 예수님께서 십자가에 달려 돌아가신 후에는 아무도 자기 죄 때문에 죽지 않는다. 다만 십자가를 통해 베풀어 주신 하나님의 용서의 은혜를 믿지 않기 때문에 죽는다. 마치 모세의 말을 믿지 않고 놋뱀을 쳐다보지 않은 사람들이 다 죽었던 것과 마찬가지다. 그렇다면 모세의 놋뱀과 십자가는 우연의 일치일까? 아니다. 하나님의 섭리였다.

예수님은 자신도 모세가 만든 놋뱀처럼 (십자가 위에) 높이 들리실 것이라고 말씀하셨다.

"모세가 광야에서 뱀을 든 것같이 인자도 들려야 하리니 이는 그를 믿는 자마다 영생을 얻게 하려 하심이니라"(요 3:14-15).

십자가 위에서 예수님은 온 세상의 죄를 짊어지셨다.

"그는 우리 죄를 위한 화목제물이니 우리만 위할 뿐 아니요 온 세상의 죄를 위하심이라"(요일 2:2).

예수님은 또한 십자가 위에서 모든 율법과 심판의 마침이 되셨다.

"그리스도는 모든 믿는 자에게 의를 이루기 위하여 율법의 마침이 되시니라"(롬 10:4).

그리하여 예수님을 믿는 자들은, 모세의 놋뱀을 쳐다보았던 자들처럼, 죄와 사망의 법에서 놓여나게 된다.

"그러므로 이제 그리스도 예수 안에 있는 자에게는 결코 정죄함이 없나니 이는 그리스도 예수 안에 있는 생명의 성령의 법이 죄와 사망의 법에서 너를 해방하였음이라"(롬 8:1-2).

불뱀 사건이 일단락되자 행군 속도가 빨라졌다.

"이스라엘 자손이 그곳을 떠나 오봇에 진을 쳤고, 오봇을 떠나 모압 앞쪽 해 돋는 쪽 광야 이예아바림에 진을 쳤고, 거기를 떠나 세렛 골짜기에 진을 쳤고, 거기를 떠나 아모리인의 영토에서 흘러 나와서 광야에 이른 아르논 강 건너편에 진을 쳤으니, 아르논은 모압과 아모리 사이에서 모압의 경계가 된 곳이라"(민 21:10-13).

세렛(Zered) 골짜기는 오늘날 요르단의 '와디 알 하사'(Wadi al Hasa)이고, 아르논 강은 그 위에 있는 '와디 무집'(Wadi Mujib)이었던 것 같다. 아르논은 '급류'라는 뜻으로, 지금도 많은 강물이 사해로 흘러 들어가고 있다. 그 강을 거슬러 상류로 올라가면 물에 깊게 파인 바위 협곡들이 있다.

이스라엘 백성들은 서쪽에 있는 신(Zin) 광야를 떠나 지금의 요르단 땅으로 들어갔다. 그리고 다시 북쪽으로 올라갔다. 바야흐로 젖과 꿀이 흐르는 땅에 곧 들어가게 된다고 생각하니 새 힘이 솟아났다. 브엘(우물이라는 뜻)에 이르러서는 마음에 여유가 생겨서인지 '우물 노래'도 지어 불렀다(민 21:17-18, 현대인의성경 참조).

> "우물물아 솟아나라! 이 물을 노래하세! 이것은 귀족들이 판 우물이요 백성의 지도자들이 홀과 지팡이로 판 우물이라네."

마침내 광야가 내려다보이는 비스가 산(山) 아래 모압 골짜기에 이르렀다. 모세는 그곳에서 지난번 에돔 왕에게 했던 것처럼 아모리 왕 시혼에게 사람을 보내어 길을 빌려 달라고 요청했다.

> "우리에게 당신의 땅을 지나가게 하소서. 우리가 밭에든지 포도원에든지 들어가지 아니하며 우물 물도 마시지 아니하고 당신의 지경에서 다 나가기까지 왕의 큰길로만 지나가리이다"(민 21:22).

골짜기에 있는 '왕의 큰길', 그 길뿐이었다. 다른 길이 없었다. 그런데 아모리 왕은 가타부타 말도 없이 병사들을 끌고 와서 이스라엘을 치기 시작했다. 전에 에돔을 치는 일은 하나님께서 허락하지 않으셨다. 그러나 이번에는 아모리 군대를 이스라엘의 손에 붙이셨다. 모세는 아르논 강 북쪽에 있는 야하스에서 아모리 왕 시혼을 죽였다. 그리고 사해 동편으로부터 시작해서 직경 80킬로미터 위쪽에 있는 얍복 강(지금 요르단의 Zarqa River)까지 단숨에 점령해 버렸다.

얍복 강은 야곱이 하란에서 돌아올 때 건넜던 바로 그 강이다. 지금까지 광야생활만 하던 이스라엘 백성들이 아모리 사람들을 몰아내고 그들의 성을 삶의 터전으로 삼았다. 그중에서도 헤스본은 아모리 왕 시혼이 머물던 도성으로서, 이전에 그가 모압에게서 탈취한 큰 성이었다.

아모리 지역에 자리를 잡은 이스라엘 백성들은 요단 강 동편을 타고 헬몬 산 아래에 있는 바산(지금의 골란 고원 북쪽)까지 올라갔다. 아모리 족속의 바산 왕 옥을 에드레이(지금의 시리아 땅 Darra)에서 치고 그 땅을 정복했다. 이렇게 해서 몇 달 만에 사해 동편에서 갈릴리 동편까지 순식간에 이스라엘의 땅이 되었다. 신명기 3장 4절을 보면 그때 모세가 점령한 아모리 북부 지역의 성읍이 60개였다고 기록하고 있다. 바산 왕국의 대부분을 차지했다는 말이다.

지난 40년 동안의 광야생활은 느리고 지루하고 정체된 삶이었다. 그러나 때가 이르자 하나님께서 이스라엘 백성들을 약속의 땅으로 인도하시는데, 그 속도가 너무 빨라서 정신을 차릴 수가 없었다. 이제 요단 강을 건너 젖과 꿀이 흐르는 땅으로 들어가는 일만 남아 있었다.

제6장
모압 평지에서

민수기 22장부터 36장에는 모압 평지에서 일어난 일들이 기록되어 있다. 모압 평지의 중심부는 사해 북쪽 요단 강에서 동쪽으로 8킬로미터에 이르는 지역이었다. 지금도 구글 지도에서 보면 초록색의 비옥한 땅이다.

> "요단 강가 모압 평지의 진영이 벧여시못에서부터 아벨싯딤에 이르렀더라. 여리고 맞은편 요단 강가 모압 평지에서 여호와께서 모세에게 말씀하여 이르시되"(민 33:49-50).

넓게 보면 모압의 평지는 아모리의 두 왕 시혼과 옥의 영토까지 다 포함되었다. 북쪽으로는 에드레이(갈릴리 호수에서 동쪽으로 48킬로미터에 있는)로부터 남동쪽으로는 메드바(현재의 Madeba)까지 이르렀다. 그 평지에서 많은 일이 일어났다. 하마터면 발람이라는 거짓 선지자로 인하여 이스라엘이 몰살을 당할 뻔했다. 그 후에 이스라엘은 미디안을 철저히 패망시켰다. 이곳에서 모세는 이스라엘 백성들에게 신명기에 기록된 설교를 했다. 그리고 느보 산에 올라 가나안 땅을 먼발치로 바라본 후에 죽었다(모세가 죽은 이야기는 민수기가 아닌 신명기에 기록되어 있다).

발락과 발람 이야기

// 민수기 22-25장 //

백성들이 약속의 땅으로 들어가기 위해 요단 강 동편에 집결했다. 강 건너편 산 아래 여리고 성이 먼발치로 보였다. 그때도 지금처럼 여리고 성에 많은 종려나무들이 있었을 것이다. 광야의 모래와 바위만 쳐다보며 살던 백성들의 눈에는 여리고 성이 낙원으로 보였다.

그런데 이 무렵 모압 왕 발락이 음흉한 계획을 세우고 있었다. 그는 이스라엘 백성들을 두려워했다. 이전에는 아모리 왕 시혼과 옥이 자기의 성들을 빼앗아 갔다. 그런데 이스라엘 백성들은 식은 죽 먹듯이 아모리의 두 왕들을 치고 그 땅을 점령해 버렸다. 그는 이스라엘이 돌아서서 자기들도 칠 것이라고 생각했다. 그러나 그것은 오해였다. 하나님께서 이스라엘에게 에돔 땅에 들어가지 말라고 하셨던 것처럼 모압 사람들도 괴롭히지 말라고 명령하셨기 때문이다.

"너는 또 백성에게 명령하여 이르기를, 너희는 세일에 거주하는 너희 동족 에서의 자손이 사는 지역으로 지날진대 그들이 너희를 두려워하리니 너희는 스스로 깊이 삼가고 그들과 다투지 말

라. 그들의 땅은 한 발자국도 너희에게 주지 아니하리니 이는 내가 세일 산을 에서에게 기업으로 주었음이라"(신 2:4-5).

"우리가 세일 산에 거주하는 우리 동족 에서의 자손을 떠나서 아라바를 지나며 엘랏과 에시온 게벨 곁으로 지나 행진하고 돌이켜 모압 광야 길로 지날 때에 여호와께서 내게 이르시되, 모압을 괴롭히지 말라. 그와 싸우지도 말라. 그 땅을 내가 네게 기업으로 주지 아니하리니 이는 내가 롯 자손에게 아르를 기업으로 주었음이라"(신 2:8-9).

불행하게도 모압 왕은 이 사실을 알지 못했다. 어떻게 해서든지 이스라엘을 막아야 한다고 생각했다. 그래서 고안해 낸 방법이 복술가(卜術家)를 불러다가 이스라엘을 저주하는 일이었다. 모압 왕 발락이 스스로 멸망의 불구덩이 속으로 들어가고 있었다. 당시 미디안 사람들(아브라함의 후처 그두라가 낳아 준 넷째 아들의 후손들)은 여기저기 흩어져 살고 있었다. 그들은 모압 왕 발락과 친분을 나누고 있었다. 발락은 미디안의 장로들을 불러서 말했다.

"이제 이 무리가 소가 밭의 풀을 뜯어먹음같이 우리 사방에 있는 것을 다 뜯어먹으리로다."

그리고 모압과 미디안의 장로들로 하여금 예물을 들고 브돌에 사는 브올의 아들 발람을 찾아가 왕의 말을 전하게 했다.

"보라, 한 민족이 애굽에서 나왔는데 그들이 지면에 덮여서 우리 맞은편에 거주하였고 우리보다 강하니 청하건대 와서 나를 위하여 이 백성을 저주하라. 내가 혹 그들을 쳐서 이겨 이 땅에서 몰아내리라. 그대가 복을 비는 자는 복을 받고 저주하는 자는 저주를 받을 줄을 내가 앎이니라"(민 22:5-6).

발람, 여호수아는 그를 점술가라고 불렀다(수 13:22). 그는 강가에 있는 브돌에 살았는데 이 강은 아마도 유프라테스 강이었을 것이다. 그는 당시에 '그가 저주한 자는 반드시 저주를 받고 축복하는 자는 반드시 축복을 받는다'고 소문난 점술가였다. 초대 기독교의 교부(敎父)였던 터툴리안과 제롬은 발람이 본래 참 선지자였으나 물질에 눈이 어두워 타락하게 되었다고 했다.

우리는 그가 어떤 사람이었는지 정확하게 알 길이 없다. 분명한 것은 그가 여호와 하나님을 알고 있었고, 또 하나님께서 그를 적절하게 사용하셨다는 사실이다. 그는 훗날 모압 사람들에게 이스라엘을 멸망시킬 수 있는 조언을 해주었는데, 그것은 바로 우상을 숭배하도록 유혹하는 방법이었다. 그래서 그는 미디안의 다섯 왕들과 함께 죽임을 당했다(민 31:8).

이제 발락과 발람 사이에 있었던 일들을 살펴보도록 하자.

발람이 자기를 찾아온 발락의 사자들에게 말했다.

"이 밤에 여기서 유숙하라. 여호와께서 내게 이르시는 대로 너희에게 대답하리라."

하나님께서 발람에게 그들이 누구냐고 물으셨다. 몰라서 물으셨겠는가? 발람이 대답했다.

"모압 왕 십볼의 아들 발락이 내게 보낸 자들이니이다. 이르기를, '보라. 애굽에서 나온 민족이 지면에 덮였으니 이제 와서 나를 위하여 그들을 저주하라. 내가 혹 그들을 쳐서 몰아낼 수 있으리라' 하나이다."

하나님의 명령이 단호했다.

"너는 그들과 함께 가지도 말고 그 백성을 저주하지도 말라. 그들은 복을 받은 자들이니라."

"그들은 복을 받은 자들이니라", 이것이 하나님의 본심이었다. 아브라함 때로부터 지금까지 하나님의 목적은 이스라엘 백성들에게 복을 주시는 것이었다. 하나님께서 복을 받은 자들이라고 하시는데 어떻게 그들을 저주한단 말인가. 발람은 발락의 귀족들을 불러서 말했다.

"너희는 너희의 땅으로 돌아가라. 여호와께서 내가 너희와 함께 가기를 허락하지 아니하시느니라."

발람의 말을 듣고 사자들이 떠났다. 얘기가 여기에서 끝났으면 얼마나 좋았을까. 그런데 발락이 더 높은 신하들과 더 많은 선물들을 다시 보내왔다. 모압 땅에서 발람이 사는 곳까지는 대략 400마일(640킬로미터)이다. 그들은 그 길을 쉬지 않고 달려왔다.

올바른 신앙생활은 '예'와 '아니오'가 분명해야 한다. 한 번 결심했으면 번복하지 말아야 한다. 예는 예고, 아니오는 아니오여야 한다. 아무리 높은 지위의 사신들이 왔더라도 발람은 그들을 즉시로 돌려보냈어야 했다. 그런데 선물에 대한 욕심이 그를 망설이게 했다. 그 순간을 놓치지 않고 사신들이 왕의 말을 전했다.

"십볼의 아들 발락의 말씀에 청하건대, '아무것에도 거리끼지 말고 내게로 오라. 내가 그대를 높여 크게 존귀하게 하고 그대가 내게 말하는 것은 무엇이든지 시행하리니 청하건대 와서 나를 위하여 이 백성을 저주하라' 하시더이다"(민 22:16-17).

그 말에 발람의 총명이 흐려지기 시작했다.

"발락이 그 집에 가득한 은금을 내게 줄지라도 내가 능히 여호와 내 하나님의 말씀을 어겨 덜하거나 더하지 못하겠노라. 그런즉 이제 너희도 이 밤에 여기서 유숙하라 여호와께서 내게 무슨 말씀을 더하실는지 알아보리라"(민 22:18-19).

하나님의 말씀에 더하거나 덜하지 못하겠다고 해놓고 무엇을 더 기다리라는 말인가. 하나님께서 그들을 따라가지 말라고 하지 않으셨던가. 죄는 타협의 대상이 아니다. 그런 의미에서 시편 1편의 말씀은 진리다.

"복 있는 사람은 악인들의 꾀를 따르지 아니하며 죄인들의 길에 서지 아니하며 오만한 자들의 자리에 앉지 아니하고 오직 여호와의 율법을 즐거워하여 그의 율법을 주야로 묵상하는도다"(시 1:1-2).

발람은 처음부터 그들과 말을 섞지 말았어야 했다. 그들의 꾀를 따르지 않아야 했다. 그들의 선물이나 위세(威勢)에 넘어가지 않았어야 했다. 그런데 발람은 그들을 다시 집에 들어오게 했다. 밤에 하나님께서 발람에게 말씀하셨다.

"그 사람들이 너를 부르러 왔거든 일어나 함께 가라. 그러나 내가 네게 이르는 말만 준행할지니라"(민 22:20).

하나님께서 처음에 분명히 '그들을 따라가지 말라'고 하셨다. 그러나 발람이 순종하지 않았으므로 차선책을 사용하셨다. 물론 하나님께서 기뻐하시는 일은 아니었다.

아침에 발람이 나귀를 타고 가는데 하나님의 사자가 손에 칼을 들고 길을 막았다. 발람은 사자를 보지 못했지만 나귀는 보았다. 나귀가 멈추어 섰다. 아무리 발람이 채찍질을 해도 꿈쩍도 하지 않았다. 오히려 발람의 발을 돌담에 짓눌렀다. 발람은 나귀가 보내는 긴급신호를 눈치 채지 못했다. 칼을 든 사자가 한 발 더 가까이 다가왔다. 놀란 나귀가 그 자리에 털썩 주저앉았다. 발람의 체면이 발락의 신하들 앞에서 구겨졌다. 발람은 이성을 잃고 나귀를 때리기 시작했다. 그때 하나님께서 나귀의 입을 열어 주셨다.

"내가 당신에게 무엇을 하였기에 나를 이같이 세 번을 때리느냐?"

"네가 나를 거역하기 때문이니 내 손에 칼이 있었더면 곧 너를 죽였으리라."

나귀가 사람 말을 했다. '세 번'이라고 숫자도 헤아렸다. 그보다 더 놀라운 것은 발람이 나귀의 말에 아무렇지도 않게 대답했다는 사실이다. 사람과 동물이 사람의 언어로 소통했다는 이야기는 여기가 처음이다. '내가 너를 죽였으리라.' 발람에게 나귀 한 마리쯤이야 아무것도 아니었다. 나귀와 발람 사이의 대화가 계속되었다.

"나는 당신이 오늘까지 당신의 일생 동안 탄 나귀가 아니냐. 내가 언제 당신에게 이같이 하는 버릇이 있었더냐?"

"없었느니라."

그 순간 하나님께서 발람의 눈을 열어 주셨다. 칼을 손에 든 사자가 앞에 서 있었다. 황급히 땅에 엎드리는 발람에게 사자가 말했다.

> "너는 어찌하여 네 나귀를 이같이 세 번 때렸느냐? 보라. 내 앞에서 네 길이 사악하므로 내가 너를 막으려고 나왔더니 나귀가 나를 보고 이같이 세 번을 돌이켜 내 앞에서 피하였느니라. 나귀가 만일 돌이켜 나를 피하지 아니하였더면 내가 벌써 너를 죽이고 나귀는 살렸으리라"(민 22:32-33).

> "내가 범죄하였나이다. 당신이 나를 막으려고 길에 서신 줄을 내가 알지 못하였나이다. 당신이 이를 기뻐하지 아니하시면 나는 돌아가겠나이다"(민 22:34).

이쯤 되면 말할 것 없이 즉시 일어나 돌아갔어야 했다. 자신의 잘못이 드러났기 때문이다. 그런데도 발람은 우물쭈물하며 말했다. '당신이 이를 기뻐하지 아니하시면…', 그러다가 기회를 놓쳤다. 기회를 놓쳤는지 아니면 알고도 무시했는지 우리는 모른다. 발람만 아는 일이다. 발람의 망설이는 모습을 보고 사자가 말했다.

> "그 사람들과 함께 가라. 내가 네게 이르는 말만 말할지니라"(민 22:35).

훗날 다윗은 자기의 행위가 의롭지 못함을 깨닫는 즉시 돌아섰다. 완전범죄를 모색하던 다윗의 사악함이 나단 선지자에 의해서 온 천하에 공개되자 다윗은 하나님 앞에 엎드려 회개했다.

"무릇 나는 내 죄과를 아오니 내 죄가 항상 내 앞에 있나이다. 내가 주께만 범죄하여 주의 목전에 악을 행하였사오니 주께서 말씀하실 때에 의로우시다 하고 주께서 심판하실 때에 순전하시다 하리이다"(시 51:3-4).

'내가 주께만 범죄하여', 이 말은 그가 하나님께 심판 받을 죄를 지었다는 고백이다. 발람은 이 점이 모호했다. 모압 왕 발락의 청을 들어주는 일과 하나님의 사자가 그의 길을 가로막은 사건, 이 둘을 분리하여 받아들이려고 했다. 이 잘못된 자세 때문에 발람은 망하게 된다.

발락은 왕궁에 도착한 발람을 융숭하게 대접했다. 그리고 산 위에 있는 바알 신당으로 데리고 올라가 이스라엘 백성의 진 끝까지 보게 하였다. 발람은 발락에게 일곱 제단을 쌓게 하고 짐승들을 잡아 하나님께 제사를 드리게 했다. 하나님께서 그 제사를 받으셨을까? 천부당만부당한 일이다. 발람이 발락에게 말했다.

"당신의 번제물 곁에 서소서. 나는 저리로 가리이다. 여호와께서 혹시 오셔서 나를 만나시리니 그가 내게 지시하시는 것은 다 당신에게 알리리이다"(민 23:3).

그리고 언덕으로 올라갔다. 하나님께서 발람의 입에 예언의 말씀을 넣어 주셨다. 발람이 돌아오니 왕과 신하들이 제사를 드리다 말고 그를 쳐다보았다. 그들은 강력한 저주의 말이 발람의 입에서 나오기를 기대했다.

> "발락이 나를 아람에서, 모압 왕이 동쪽 산에서 데려다가 이르기를 와서 나를 위하여 야곱을 저주하라, 와서 이스라엘을 꾸짖으라 하도다. 하나님이 저주하지 않으신 자를 내가 어찌 저주하며 여호와께서 꾸짖지 않으신 자를 내가 어찌 꾸짖으랴. 내가 바위 위에서 그들을 보며 작은 산에서 그들을 바라보니 이 백성은 홀로 살 것이라. 그를 여러 민족 중의 하나로 여기지 않으리로다. 야곱의 티끌을 누가 능히 세며 이스라엘 사분의 일을 누가 능히 셀고. 나는 의인의 죽음을 죽기 원하며 나의 종말이 그와 같기를 바라노라"(민 23:7-10).

기가 막혔다. 이스라엘이 특별한 민족이라느니, 그들 사분의 일을 세는 것보다 땅의 티끌을 세는 편이 더 쉽다느니, 자기도 그 백성 중의 하나가 되기를 바란다느니. 이스라엘을 저주하라고 불러왔더니 오히려 축복의 말을 하고 있었다. 발락이 불같이 화를 내며 말했다.

"그대가 어찌 내게 이같이 행하느냐. 나의 원수를 저주하라고 그대를 데려왔거늘 그대가 오히려 축복하였도다."

혹시 너무 많은 이스라엘 백성들을 보고 놀랐는가 싶어서 이번에는 일부분만 보이는 비스가 산꼭대기로 안내하고 다시 제단을 쌓았다. 그런데 하나님께서 발람에게 주신 예언은 이전보다 더 놀라웠다.

> "발락이여 일어나 들을지어다. 십볼의 아들이여 내게 자세히 들으라. 하나님은 사람이 아니시니 거짓말을 하지 않으시고 인생이 아니시니 후회가 없으시도다. 어찌 그 말씀하신 바를 행하지 않으시며 하신 말씀을 실행하지 않으시랴. 내가 축복할 것을 받았으니 그가 주신 복을 내가 돌이키지 않으리라. 야곱의 허물을 보지 아니하시며 이스라엘의 반역을 보지 아니하시는도다. 여호와 그들의 하나님이 그들과 함께 계시니 왕을 부르는 소리가 그중에 있도다. 하나님이 그들을 애굽에서 인도하여 내셨으니 그의 힘이 들소와 같도다. 야곱을 해할 점술이 없고 이스라엘을 해할 복술이 없도다. 이때에 야곱과 이스라엘에 대하여 논할진대 하나님께서 행하신 일이 어찌 그리 크냐 하리로다. 이 백성이 암사자같이 일어나고 수사자같이 일어나서 움킨 것을 먹으며 죽인 피를 마시기 전에는 눕지 아니하리로다"(민 23:18-24).

발람은 '내가 축복하라고 명령을 받았으니 그가 주신 복을 내가 돌이키지 않으리라'고 말했다. 이스라엘이 받은 복 중에 가장 큰 복이 무엇인가? 하나님께서 그들의 허물(죄)을 보지 아니하시고 그들의 반역을 기억하지 않으시는 축복이다. 그동안 하나님께서 덮어주신 이스라엘의 허물과 반역이 얼마나 많았던가? 다윗은 이렇게 노래했다.

"허물의 사함을 받고 자신의 죄가 가려진 자는 복이 있도다"(시 32:1).

발람은 그가 보았던 장면을 들려주었다. 여호와, 그들의 하나님이 그들과 함께 계셨다. 백성들은 왕을 부르듯이 하나님을 부르고 있었다. 하나님은 이스라엘을 애굽에서 인도해 내신 분이며, 그의 힘은 들소의 힘과 같았다. 백성들은 마치 사냥한 고기를 뜯어먹고 있는 사자들 같았다. 누가 이런 백성들을 저주할 수 있겠는가. 이 세상에 그런 복술가는 아무도 없다고 발람은 소리를 높였다. 그 말을 듣던 모압 왕이 발악하듯 소리쳤다.

"그들을 저주하지도 말고 축복하지도 말라."

"내가 당신에게 말하여 이르기를, 여호와께서 말씀하신 것은 내가 그대로 하지 않을 수 없다고 하지 아니하더이까?"

그래도 발락은 미련을 버리지 못했다. 이번에는 광야가 내려다보이는 브올 산꼭대기로 올라가서 다시 일곱 제단을 쌓았다. 이해할 수 없는 일은, 하나님께서 주신 말씀을 예언하면서도 발락 왕을 따라다니는 발람의 이중성이다. 그의 입에서 단물과 쓴 물이 번갈아 나오고 있었다. 발람은 하나님께서 이스라엘 축복하시기를 기뻐하시는 줄 알고 이번에는 점술을 사용하지 않고 예언했다.

"브올의 아들 발람이 말하며 눈을 감았던 자가 말하며, 하나님의 말씀을 듣는 자, 전능자의 환상을 보는 자, 엎드려서 눈을 뜬 자가 말하기를, 야곱이여 네 장막들이, 이스라엘이여 네 거처들이 어찌 그리 아름다운고. 그 벌어짐이 골짜기 같고 강가의 동산

같으며 여호와께서 심으신 침향목들 같고 물가의 백향목들 같도다. 그 물통에서는 물이 넘치겠고 그 씨는 많은 물가에 있으리로다. 그의 왕이 아각보다 높으니 그의 나라가 흥왕하리로다. 하나님이 그를 애굽에서 인도하여 내셨으니 그 힘이 들소와 같도다. 그의 적국을 삼키고 그들의 뼈를 꺾으며 화살로 쏘아 꿰뚫으리로다. 꿇어앉고 누움이 수사자와 같고 암사자와도 같으니 일으킬 자 누구이랴. 너를 축복하는 자마다 복을 받을 것이요 너를 저주하는 자마다 저주를 받을지로다"(민 24:3-9).

발람이 한 폭의 그림을 그리듯이 말했다. 발람은 이스라엘의 아름다움을 묘사하는 데 '강과 물'을 사용했다. '강가의 동산, 하나님께서 거기에 심으신 침향목과 백향목, 물통에 넘치는 물, 물가에서 자라는 많은 씨앗들', 이런 표현들은 메마른 땅에 살고 있는 모압인들에게 꿈같은 이야기들이었다. 지금도 침향목(aloeswood) 조각들은 그 향내 때문에 비싼 값에 아마존에서 거래되고 있다. 백향목은 하늘을 찌를 듯이 반듯하게 자라난 소나무의 일종이다.

발람은 이스라엘을 주변 나라들과 비교하며 축복했다. '이스라엘의 왕 하나님은 아각 왕보다 높은 분이시다. 그가 적국을 삼키고 그들의 뼈들을 꺾으며 화살로 꿰뚫을 것이다. 이스라엘은 암사자와 수사자 같아서 아무도 그들에게 명령을 할 수가 없다.' 그중에서도 마지막 말이 백미였다.

"너를 축복하는 자마다 복을 받을 것이요, 너를 저주하는 자마다 저주를 받을지로다."

마침내 모압 왕이 발작하듯 손뼉을 치며 소리를 질렀다.

"내가 그대를 부른 것은 내 원수를 저주하라는 것이어늘 그대가 이같이 세 번 그들을 축복하였도다. 그러므로 그대는 이제 그대의 곳으로 달아나라. 내가 그대를 높여 심히 존귀하게 하기로 뜻하였더니 여호와께서 그대를 막아 존귀하지 못하게 하셨도다"(민 24:10-11).

발람이 대답했다.

"당신이 내게 보낸 사신들에게 내가 말하여 이르지 아니하였나이까? 가령 발락이 그 집에 가득한 은금을 내게 줄지라도 나는 여호와의 말씀을 어기고 선악간에 내 마음대로 행하지 못하고 여호와께서 말씀하신 대로 말하리라 하지 아니하였나이까? 이제 나는 내 백성에게로 돌아가거니와 들으소서 내가 이 백성이 후일에 당신의 백성에게 어떻게 할지를 당신에게 말하리이다"(민 24:12-14).

그러면서 장래에 일어날 일들을 예언했다. 가깝게는 다윗 왕에게, 그리고 멀리는 예수님에게 적용되는 예언들이었다.

"브올의 아들 발람이 말하며 눈을 감았던 자가 말하며, 하나님의 말씀을 듣는 자가 말하며, 지극히 높으신 자의 지식을 아는 자, 전능자의 환상을 보는 자, 엎드려서 눈을 뜬 자가 말하기를, 내가 그를 보아도 이때의 일이 아니며 내가 그를 바라보아도 가까운 일이 아니로다. 한 별이 야곱에게서 나오며 한 규(왕의 손에 들린 황금 막대기)가 이스라엘에게서 일어나서 모압을 이쪽에서 저쪽까지 쳐서 무찌르고 또 셋의 자식들을 다 멸하리로다. 그의 원수 에돔은 그들의 유산이 되며 그의 원수 세일도 그들의 유산이 되고 그와 동시에 이스라엘은 용감히 행동하리로다. 주권자가 야곱에게서 나서 남은 자들을 그 성읍에서 멸절하리로다"(민 24:15-19).

발람은 주변 국가들에 대한 몇 가지 예언을 더 한 후에 자기 길로 돌아갔다. 이번에야말로 자기 집으로 돌아갔을까? 그랬더라면 얼마나 좋았을까. 물질에 대한 유혹이 발람의 발목을 잡았다. 그는 미디안 장로들에게 이스라엘을 멸망시킬 수 있는 꾀를 들려주었다. 그것은 바알 우상의 축제에 이스라엘 남자들을 초청하여 미디안 여인들과 성관계를 맺게 하는 꾀였다. 그 대가로 많은 선물을 받았을 것이다. 발람은 하나님께서 주신 여러 번의 기회들을 다 놓쳤다. 그리고 이스라엘을 올무에 걸려 넘어지게 했다. 이제 그에게 남은 것은 하나님의 진노뿐이었다.

훗날, 성경은 발람을 이렇게 묘사하고 있다.

"그들이 바른길을 떠나 미혹되어 브올의 아들 발람의 길을 따르는도다. 그는 불의의 삯을 사랑하다가 자기의 불법으로 말미암아 책망을 받되 말하지 못하는 나귀가 사람의 소리로 말하여 이 선지자의 미친 행동을 저지하였느니라"(벧후 2:15-16).

"화 있을진저 이 사람들이여, 가인의 길에 행하였으며 삯을 위하여 발람의 어그러진 길로 몰려갔으며 고라의 패역을 따라 멸망을 받았도다"(유 1:11).

발람의 꾀가 효력을 발휘하기 시작했다. 모압과 미디안 여자들이 이스라엘 남자들을 바알의 제사에 초청했다. 그들은 바알이 농사를 잘되게 해주는 신이라고 믿고 있었다. 알곡은 암꽃과 수꽃의 교배를 통하여 생겨난다. 그래서 바알을 섬기는 사람들은 산당의 제사가 끝나는 밤이면 들판으로 나가 아무하고나 파렴치한 불륜을 저질렀다. 그들은 이것을 일종의 종교행위로 여겼다. 초청을 받은 이스라엘 남자들도 바알에게 절을 하고 모압 여자들과 음행을 저지르기 시작했다.

마침내 하나님의 진노가 나타났다. 수많은 사람들이 염병으로 죽어갔다. 하나님께서 모세에게 백성의 수령들을 잡아 태양을 향해 목을 매달라고 하셨다. 모든 사람들이 다 볼 수 있도록 하라는 말씀이다. 모세는 바알 제사에 가담한 자들을 색출하여 죽이라고 했다. 하나님은 모든 저주로부터 이스라엘 백성들을 지켜 주셨는데 정작 그들은 하나님의 거룩함을 지켜 드리지 못했다.

온 회중이 회막 문 앞에서 울기 시작했다. 그때 시므온 지파의 지도자인 시므리가 미디안 두령의 딸인 고스비를 데리고 자기 천막으로 들어가는 모습을 온 회중이 보게 되었다. 기가 막혔다. 대제사장 엘르아살의 아들 비느하스가 창을 들고 뒤따라 들어갔다. 그리고 두 사람의 배를 꿰뚫었다. 그러자 전염병이 그쳤다. 그날 전염병으로 죽은 자가 무려 2만 4천여 명이었다.

하나님께서 모세에게 말씀하셨다.

"제사장 아론의 손자 엘르아살의 아들 비느하스가 내 질투심으로 질투하여 이스라엘 자손 중에서 내 노를 돌이켜서 내 질투심으로 그들을 소멸하지 않게 하였도다. 그러므로 말하라 내가 그에게 내 평화의 언약을 주리니 그와 그의 후손에게 영원한 제사장 직분의 언약이라. 그가 그의 하나님을 위하여 질투하여 이스라엘 자손을 속죄하였음이니라"(민 25:11-13).

두 번째 인구조사

// 민수기 26장 //

염병이 그친 후에 하나님께서 모세에게 두 번째 인구조사를 시키셨다. 그동안 민수기 1장에서 계수했던 '싸움에 나갈 수 있는' 20세 이상의 남자들은 모세와 여호수아와 갈렙 외에 모두 죽었다. 몇 달 후에는 모세도 죽게 될 것이다. 흥미롭게도 민수기 26장 이후에는 이스라엘 백성들이 죽었다는 기록이 나오지 않는다. 광야생활이 끝났다는 이야기다.

전쟁에 나갈 만한 20세 이상의 남자들을 다시 조사해 보았다. 처음과 나중의 숫자를 대조해 보니 1,820명이나 줄어 있었다. 지파별로 보면 시므온 지파의 숫자가 무려 62.5%로 가장 많이 줄었다. 왜 그랬을까? 한 가지 추측이 가능하다. 제사장 비느하스가 천막에 따라 들어가 죽였던 시므리가 바로 시므온 지파의 지도자 중 하나였다. 아마도 시므온 지파가 바알제단에 참여하고 미디안 여인들과 음란한 행위를 하는 데 앞장섰던 것 같다. 그렇다면 그날 염병으로 죽은 2만 4천 명의 대부분이 시므온 지파였을지도 모른다. 괄호 안의 숫자는 39년 전에 조사한 숫자다.

르우벤	43,730명	(46,500명)	-2,770명
시므온	22,200명	(59,300명)	-37,100명
갓	40,500명	(45,650명)	-5,150명
유다	76,500명	(74,600명)	+1,900명
잇사갈	64,300명	(54,400명)	+9,900명
스불론	60,500명	(57,400명)	+3,100명
에브라임	32,500명	(40,500명)	-8,000명
므낫세	52,700명	(32,200명)	+20,500명
베냐민	45,600명	(35,400명)	+10,200명
단	64,400명	(62,700명)	+1,700명
아셀	53,400명	(41,500명)	+11,900명
납달리	45,400명	(53,400명)	-8,000명
합계	601,730명	(603,550명)	-1,820명

인구를 조사하는 중에 갑자기 고라 자손의 이야기가 나온다. 고라가 다단과 아비람과 함께 모세에게 반역의 깃발을 들었을 때에 그의 아들들이 죽지 않았다는 기록이다. 아버지 고라의 반역에 참여하지 않았기 때문이다. 이들의 후손들은 여전히 레위인의 직분을 감당했다. 고라가 죽었을 때로부터 약 900여 년이 지난 후 이스라엘이 바벨론에서 70년 포로생활을 끝내고 돌아왔다. 기록에 의하면 그때 고라

의 자손들이 성전의 문지기들로 섬겼다. 또 성전을 위해 떡을 굽는 자가 되기도 하고, 찬송하는 자가 되기도 했다(대상 9:19, 31; 대하 20:19). 우리는 이 이야기에서 하나님의 자비하심을 볼 수 있다.

딸들의 유산 상속에 관하여

// 민수기 27장 1-11절 //

두 번째 인구조사에서 가장 많이 늘어난 지파는 요셉의 큰아들 므낫세 가문이다. 2만 500명으로 60% 정도가 증가되었다. 뚜렷한 단서는 찾아낼 수 없다. 다만 색다른 점은 므낫세 지파 중에 마길의 자손들이 지금의 바산과 시리아의 남동쪽에 있는 에드레이까지 점령했다는 사실이다. 훗날 그 지명을 '길르앗'이라고 불렀다. 아마도 최전선에서 전쟁을 하는 므낫세 지파에게 하나님께서 더 많은 젊은 이들을 주셨던 것 같다.

므낫세 지파에 대한 이야기가 하나 더 있다. 므낫세의 자손 중에 '슬로브핫'이라는 사람이 있었는데, 그는 아들이 없고 딸만 다섯이었다. 그 딸들이 훗날 약속의 땅에 들어가면 가족별로 땅을 나누어 준다는 소식을 듣고 모세를 찾아왔다.

"우리 아버지가 광야에서 죽었으나 여호와를 거슬러 모인 고라의 무리에 들지 아니하고 자기 죄로 죽었고 아들이 없나이다. 어찌하여 아들이 없다고 우리 아버지의 이름이 그의 종족 중에서 삭제되리이까? 우리 아버지의 형제 중에서 우리에게 기업을 주소서"(민 27:3-4).

자기 죄로 죽었다는 말은 일반적인 죽음을 말한다. 당시는 남성 중심의 사회였다. 난감한 모세가 그 사연을 하나님께 아뢰었다. 하나님께서 대답하셨다.

"여호와께서 모세에게 말씀하여 이르시되, '슬로브핫 딸들의 말이 옳으니 너는 반드시 그들의 아버지의 형제 중에서 그들에게 기업을 주어 받게 하되 그들의 아버지의 기업을 그들에게 돌릴지니라. 너는 이스라엘 자손에게 말하여 이르기를 사람이 죽고 아들이 없으면 그의 기업을 그의 딸에게 돌릴 것이요, 딸도 없으면 그의 기업을 그의 형제에게 줄 것이요, 형제도 없으면 그의 기업을 그의 아버지의 형제에게 줄 것이요, 그의 아버지의 형제도 없으면 그의 기업을 가장 가까운 친족에게 주어 받게 할지니라' 하고 나 여호와가 너 모세에게 명령한 대로 이스라엘 자손에게 판결의 규례가 되게 할지니라"(민 27:6-11).

하나님께서 모세에게 대답하신 말씀의 핵심은 '각 지파와 가문에 나누어 준 땅은 대를 물려 그 자손들이 소유하게 하라'는 것이었다. 이스라엘 백성들은 이 규례를 잊지 말고 지켜야 했다. 얼른 보기에 별로 중요하지 않은 이야기 같지만 구약은 이 사건을 세 번이나 기록하고 있다(민 27:1-11, 36:2-11; 수 17:3-6). 사실은 별로 중요하지 않은 이야기가 아니다. 이 점은 민수기 36장에 가서 다시 살펴보기로 하자.

모세는 항상 하나님께 물었다. 하나님께 물어서 하는 일에는 실수가 없다. 그런데도 왜 사람들은 묻지 않을까? 교만하거나 너무 가볍게 생각하거나 둘 중의 하나일 것이다. 우리들도 모세처럼 크고 작은 모든 일을 하나님께 물어야 한다. 하나님께서 반드시 응답하실 것이다. 하나님의 응답을 구하는 거룩한 습관을 가지자. 하나님께 아뢰고 기다리자. 그러면 우리들의 출입(出入)을 지켜 주실 것이다.

성전을 올라가며 부르던 시인의 노랫소리가 들려온다.

"내가 산을 향하여 눈을 들리라.
나의 도움이 어디서 올까.
나의 도움은 천지를 지으신 여호와에게서로다.
여호와께서 너를 실족하지 아니하게 하시며
너를 지키시는 이가 졸지 아니하시리로다.
이스라엘을 지키시는 이는 졸지도 아니하시고
주무시지도 아니하시리로다.
여호와는 너를 지키시는 이시라.
여호와께서 네 오른쪽에서 네 그늘이 되시나니
낮의 해가 너를 상하게 하지 아니하며
밤의 달도 너를 해치지 아니하리로다.
여호와께서 너를 지켜 모든 환난을 면하게 하시며
또 네 영혼을 지키시리로다.
여호와께서 너의 출입을 지금부터 영원까지 지키시리로다"
(시 121:1-8).

모세의 후계자 여호수아

// 민수기 27장 12-23절 //

성경은 모세를 가리켜 '하나님의 온 집에서 종으로서 신실하였다'고 증언한다(히 3:5). 하나님께서 맡겨 주신 일에 충성을 다했다는 말이다. 모세의 장점은 온유와 겸손이었다. 주제넘게 일을 처리하지 않았다. 모세는 자신이 떠날 때가 점점 가까이 다가오고 있음을 직감했다. 자기의 뒤를 이어 백성들을 인도할 지도자는 누구일까? 모세는 하나님 앞에 간절히 기도했다.

"여호와, 모든 육체의 생명의 하나님이시여. 원하건대 한 사람을 이 회중 위에 세워서 그로 그들 앞에 출입하며 그들을 인도하여 출입하게 하사 여호와의 회중이 목자 없는 양과 같이 되지 않게 하옵소서"(민 27:16-17).

하나님의 나라는 영원하다. 하나님의 나라는 한 지도자와 함께 흥망성쇠의 길을 걸어가지 않는다. 지도자의 마지막 책임은 하나님과 그의 백성들을 섬길 후임자를 세우는 일이다. 이 일은 반드시 기도 가운데 하나님의 인도하심을 받아야 한다. 하나님께서 모세의 기도에 응답하셨다.

"여호와께서 모세에게 이르시되, 눈의 아들 여호수아는 그 안에 영이 머무는 자니 너는 데려다가 그에게 안수하고 그를 제사장 엘르아살과 온 회중 앞에 세우고 그들의 목전에서 그에게 위탁하여 네 존귀를 그에게 돌려 이스라엘 자손의 온 회중을 그에게 복종하게 하라"(민 27:18-20).

하나님께서 여호수아를 택하셨다. 이유는 간단했다. 모세처럼 성령이 그 안에 머물러 계셨기 때문이다. 성령으로 충만한 사람만이 하나님의 뜻을 깨닫고 복종할 수 있다. 모세는 한 번도 하나님 앞에 자기의 의견을 내세우며 고집부리지 않았다. 비록 지도자의 길이 힘들고 고단해서 '내 생명을 거두어 가세요' 하고 투정한 적은 있었지만 '나는 하나님과 마음이 맞지 않아서 못하겠습니다' 하고 말한 적은 없었다. 지난 40년 동안 모세를 시중들었던 여호수아도 그런 사람이었다.

모세는 지체하지 않았다. 여호수아를 데려다가 안수하고 제사장 엘르아살과 온 회중 앞에 후계자로 세웠다. 그것은 단순한 이취임식이 아니었다. 모세의 권위를 위임해 주는 일이었다. NIV는 '모세의 권위 중의 일부를 주었다'고 번역했다(Give him some of your authority). 그러나 개역개정 성경에는 "네 존귀를 그에게 돌려"라고 번역했다. '일부'라고 번역된 히브리어 '민'(מִן)은 '~으로부터'라는 뜻이 더 강하다. 이 말은 '네 존귀를 너로부터 그에게 돌려'라는 뜻이다. 모세는 그가 백성들로부터 받고 있던 존경과 권위의 전부를 남김없이 여호수아에게 넘겨주어야 했다.

물론 모세는 여호수아를 후계자로 세워 취임식을 거행한 뒤에도 민수기 28장부터 36장에 이르기까지 지도자의 위치에 있었다. 요즘 말로 표현하면 잠시 동안 여호수아와 동사(同事)를 한 셈이다. 그리고 느보 산에 올라 가나안 땅을 멀리서 바라본 후에 죽었다(신 34장).

그 후에는 여호수아가 모세의 역할을 대신했다.

만일 모세가 130세쯤 살았다면 어떻게 되었을까? 그의 권위의 일부분만 여호수아에게 넘겨주고 뒤에서 수렴청정하였을까? 하나님은 그가 누리던 '존귀'를 온전히 여호수아에게 넘겨주라고 하셨다. 백성들이 여전히 모세를 사랑하고 존경할 수 있다. 그러나 지도자의 권위는 모세에게서 여호수아에게로 완전히 넘어가야만 했다. 만일 모세가 더 오래 살았다면 여호수아의 권위 아래 자신을 두었을 것이다. 그렇게 함으로써 하나님의 질서를 지켰을 것이다.

이제부터 하나님과 백성들 앞에 존귀하게 될 사람은 모세 자신이 아니고 여호수아였다. 하나님은 지금까지 모세에게 위임해 주신 모든 책임과 의무를 그에게 완전하게 넘겨줄 뿐만 아니라 온 회중으로 하여금 여호수아에게 복종하게 하라고 선포하셨다.

그럼 이제부터 여호수아는 무한한 권력을 소유하게 되는가? 아니다. 하나님께서 한계를 그어 주셨다. 그는 반드시 대제사장을 통하여 하나님의 뜻을 구해야 했다. 대제사장은 그때마다 가슴에 매달고 있는 '우림과 둠밈'이라는 두 돌을 통하여 하나님께 물어야 했다 (이 돌들을 어떻게 사용했는지에 대하여 성경은 자세하게 설명해 주지 않는다).

"그는 제사장 엘르아살 앞에 설 것이요 엘르아살은 그를 위하여 우림의 판결로써 여호와 앞에 물을 것이며, 그와 온 이스라엘 자손 곧 온 회중은 엘르아살의 말을 따라 나가며 들어올 것이니라"(민 27:21).

제물과 절기들

// 민수기 28–29장 //

모세가 떠날 시간이 가까이 다가왔다. 하나님께서 모세로 하여금 그의 사명을 끝까지 다할 수 있도록 은혜를 베풀어 주셨다. 먼저 제사에 드릴 예물들과 지켜야 할 절기들에 관하여 자세하게 말씀하셨다.

> "이스라엘 자손에게 명령하여 그들에게 이르라. 내 헌물, 내 음식인 화제물 내 향기로운 것은 너희가 그 정한 시기에 삼가 내게 바칠지니라"(민 28:2).

하나님께서 일 년 되고 흠 없는 숫양을 매일 아침저녁으로 한 마리씩 '상번제'로 드리라고 하셨다. '상번제'란 매일 불로 태워 드리라는 말이다. 제물은 이스라엘 백성들이 하나님과 긴밀한 관계를 유지하는 수단이었다. 안식일에는 숫양 두 마리를 더 드렸다. 그리고 매월 초하루에는 수송아지 두 마리와 숫양 한 마리, 일 년 되고 흠 없는 숫양 일곱 마리로 번제를 드렸다.

이스라엘 백성들이 지키는 절기는 크게 유월절-무교절, 칠칠절, 그리고 초막절이다.

첫째 달 14일에 유월절을 지키고, 15일부터 일주일 동안 누룩 없는 떡을 먹었다. 그리고 유월절로부터 49일째 되는 칠칠절에는 처음 익은 열매로 하나님께 제사를 드렸다.

일곱째 달에도 중요한 절기가 있었다. 초하루는 아무 일도 하지 않고 성회로 모여서 죄를 용서받기 위해 제사 드렸다. 이날에 나팔을 불었기 때문에 나팔절이라고도 불렀다. 10일째 되는 날은 뿔나팔을 불며 속죄일로 지켰다(레 25:9). 이날은 죄를 회개하는 마음으로 심령을 괴롭게 하며 아무 일도 하지 않았다. 15일째 되는 날부터 7일 동안 매일 속죄 제사를 드렸다. 이것은 죄 사함을 받기 위해 지키는 특별한 절기였다.

첫날인 15일에는 수송아지 열세 마리를 드리고 매일 한 마리씩 줄어들어 마지막 날에는 일곱 마리를 드렸다. 그 외에는 제사의 모든 절차가 동일했다. 8일째 되는 날에는 '장엄한 대회'로 모였다. 아마도 죄 사함 받은 기쁨을 나누는 날이 되었을 것이다. 다른 곳에서는 이 절기를 초막절이라고 부르고 있다. 초막절은 이스라엘이 광야를 지났던 일들을 기억하며 종려나무나 버드나무 잎으로 만든 움막에서 일주일을 지내는 절기였다(레 23:33-44).

이렇게 매일 드리는 제사와 여러 가지 절기의 제사들을 통하여 하나님은 무엇을 원하셨을까? 비록 하나님께서 '내 음식'이라는 표현을 사용하셨지만 하나님은 짐승을 음식으로 드시는 분이 아니시다. 하나님께서 시인 아삽을 통하여 이렇게 말씀하셨다.

> "내가 수소의 고기를 먹으며 염소의 피를 마시겠느냐? 감사로 하나님께 제사를 드리며 지존하신 이에게 네 서원을 갚으며 환난 날에 나를 부르라. 내가 너를 건지리니 네가 나를 영화롭게 하리로다"(시 50:13-15).

하나님께서는 이스라엘 백성들이 약속의 땅에 들어간 다음 그의 은혜를 잊지 않고 감사하며 살기를 원하셨다. 그러면 하나님께서 계속해서 그들과 함께하실 것이다. 그들이 여호와의 이름을 부를 때에 들으시고 건져 주실 것이다. 그렇게 하심으로 하나님께서 영광 받기를 원하셨다. 제사와 절기는 이스라엘 백성들로 하여금 하나님의 은혜를 기억하게 하는 일종의 도구였다.

모세가 백성들에게 당부했다.

> "네 하나님 여호와께서 네 조상 아브라함과 이삭과 야곱을 향하여 네게 주리라 맹세하신 땅으로 너를 들어가게 하시고 네가 건축하지 아니한 크고 아름다운 성읍을 얻게 하시며 네가 채우지 아니한 아름다운 물건이 가득한 집을 얻게 하시며 네가 파지 아니한 우물을 차지하게 하시며 네가 심지 아니한 포도원과 감람나무를 차지하게 하사 네게 배불리 먹게 하실 때에, 너는 조심하여 너를 애굽 땅 종 되었던 집에서 인도하여 내신 여호와를 잊지 말고 네 하나님 여호와를 경외하며 그를 섬기며 그의 이름으로 맹세할 것이니라"(신 6:10-13).

오늘날 그리스도인들도 하나님의 은혜를 기억하기 위해서 예배를 드린다. 예배는 궁극적으로 우리에게 큰 축복이 임하는 통로가 된다.

여성들의 서원에 대하여

// 민수기 30장 //

서원은 반드시 이행되어야 한다. 그러나 여성이 서원할 때는 안전 장치가 필요했다.

어린 여자아이들의 서원은 아버지에 의해서 통제를 받았다. 예를 들어 아직 시집가지 않은 여자아이가 여호와께 서원할 때에 아버지가 아무 말도 하지 않았다면 반드시 그 서원을 지켜야 했다. 그러나 아버지가 그 서원을 듣는 날에 허락하지 않았다면 서원은 무효가 되었다. 이런 원칙은 결혼한 아내와 남편 사이에서도 지켜졌다.

아내가 서원이나 서약을 입으로 말할 때에 남편이 아무 말이 없었다면 반드시 지켜야 했다. 그러나 남편이 서원하는 말을 듣는 날에 허락하지 않았다면 무효가 되었다. 만일 아내의 서원을 들을 때에 가만히 있다가 여러 날이 지난 후에 무효화시키면 남편이 아내의 죄를 담당해야 했다. 다만 과부나 이혼 당한 여자가 서원한 모든 서약들은 반드시 지켜져야 했다.

여성의 서원에 대한 이야기가 두 번 반복되어 있다. 그만큼 중요했기 때문이다. 왜 중요한가? 여성에 대한 권위가 가정의 아버지와 남편에게 있기 때문이다. 하나님은 가정의 질서를 대단히 중요하게 여기셨다. 이 점은 신약시대에도 동일했다(엡 5장 참조).

미디안을 치라

// 민수기 31장 //

하나님께서 모세에게 마지막 사명을 주셨다. 그것은 미디안 사람들을 쳐서 이스라엘의 원수를 갚는 일이었다.

미디안 족속들의 시조(始祖)는 아브라함의 후처 그두라에게서 태어난 넷째 아들 미디안이다(창 25:2). 넓게 보면 이스라엘 백성들처럼 아브라함의 핏줄에서 나왔다. 아브라함은 죽기 전에 그두라가 낳은 여섯 아들들에게 재산을 나누어 주며 동쪽으로 떠나게 했다. 당시 아브라함은 헤브론에 머무르고 있었다. 그래서 미디안 족속들은 가나안 땅의 동남쪽으로 널리 퍼져 있었다. 시내 광야에서 모세를 사위로 삼은 이드로도 미디안의 제사장이었다. 요셉을 사다가 애굽의 시위대장에게 팔아넘긴 장사꾼들도 미디안 사람들이었다.

모압은 아브라함의 조카 롯이 술에 취해 자기 큰딸에게서 낳은 자식이다. 둘째 딸 역시 아버지로부터 암몬이라는 아들을 낳았다. 성경은 이런 부끄러운 이야기들까지 가감 없이 기록하고 있다. 하나님께서 암몬과 모압의 후손들은 절대로 하나님의 회중에 들어올 수 없다고 선을 그으셨다. 그런데 훗날 나오미의 며느리 모압 여인 룻이 예수님의 가계(家系)에 당당히 들어왔다. 하나님의 은혜가 인간의 수치심보다 크고 넓다.

멀리 보면 야곱과 에서, 미디안과 모압, 그리고 암몬 족속이 아브라함의 아버지 데라의 피를 나눈 한 가족들이었다. 그래서인지 하나님께서 가나안 땅에서 쫓아내시려는 여섯 족속들 중에 그들의 이름이 없었다.

"내가 내려가서 그들을 애굽인의 손에서 건져내고 그들을 그 땅에서 인도하여 아름답고 광대한 땅, 젖과 꿀이 흐르는 땅 곧 가나안 족속, 헷 족속, 아모리 족속, 브리스 족속, 히위 족속, 여부스 족속의 지방에 데려가려 하노라"(출 3:8).

하나님은 에서의 후손인 에돔 족속과 싸우지 말고 우회(迂廻)해서 올라가게 하셨다. 모압 지경을 지날 때에도 아모리 족속의 땅과 모압 땅의 경계선을 따라 올라가게 하셨다. 그러나 아모리의 두 왕, 시혼과 옥이 그들과 싸우려고 일어나자 북쪽에 있는 바산 땅까지 점령하도록 허락하셨다. 원래 모압이나 미디안은 이스라엘의 관심 밖이었다. 하나님께서 금하셨기 때문이었다.

그런데 모압 왕과 미디안 왕들이 미리 겁을 먹고 이스라엘을 대적했다. 발람을 불러다가 이스라엘을 저주하게 했다. 그러나 하나님께서 발람을 막으시고 오히려 축복하게 하셨다. 그 정도에서 끝났더라면 좋을 뻔했다. 그런데 모압과 미디안은 넘지 말아야 할 선을 넘었다. 물질에 눈이 어두운 발람이 그들에게 은밀한 꾀를 일러 주었다. 미디안의 여인들을 앞세워 이스라엘의 남자들을 바알 신당으로 유인하는 책략이었다. 그렇게 하면 이스라엘이 멸망 받으리라고 생각했다. 발람의 꾀로 인하여 하나님의 백성 2만 4천 명이 염병으로 죽었다. 하나님께서 이 일을 기억하고 계셨다. 모세가 죽기 전에 마지막으로 할 일은 미디안 족속을 치는 일이었다.

모세는 열두 지파에서 천 명씩 뽑아서 특공대를 조직했다. 그리고 제사장 비느하스에게 성소의 기구와 신호 나팔을 들려 함께 보냈다. 하나님께서 함께하시니 전쟁은 이스라엘의 대승(大勝)이었다.

미디안의 다섯 왕들과 모든 남자들을 죽이고, 브올의 아들 발람도 죽였다. 그러나 이스라엘 군사들은 한 사람도 죽지 않았다. 그들은 많은 전리품들을 가지고 돌아왔다. 미디안의 여자들과 아이들을 포로로 잡아왔다. 엄청난 숫자의 가축과 양 떼와 재물도 탈취해 왔다. 그리고 모든 성읍들과 촌락들은 불로 다 태웠다.

전쟁에 이기고 돌아오는 군사들을 보면서 백성들이 기뻐했다. 그런데 모세만 기뻐하지 않았다. 오히려 분노를 터뜨리며 말했다.

> "보라, 이들이 발람의 꾀를 따라 이스라엘 자손을 브올의 사건에서 여호와 앞에 범죄하게 하여 여호와의 회중 가운데에 염병이 일어나게 하였느니라. 그러므로 아이들 중에서 남자는 다 죽이고 남자와 동침하여 사내를 아는 여자도 다 죽이고 남자와 동침하지 아니하여 사내를 알지 못하는 여자들은 다 너희를 위하여 살려둘 것이니라"(민 31:16-18).

'발람의 꾀'라는 말이 여기에 처음으로 나온다. 왜 그는 고향으로 돌아가지 않고 미디안 사람들 틈에 머물러 있었을까? 베드로는 그가 불의한 삯을 사랑했다고 기록하고 있다(벧후 2:15). 발락이 주겠다는 금은보화에 끌려서 재난의 땅을 떠나지 못했던 것이다. 훗날 예수님은 버가모 교회에 보내신 편지에서 발람이 무슨 일을 했는지 말씀하셨다.

> "그러나 네게 두어 가지 책망할 것이 있나니 거기 네게 발람의 교훈을 지키는 자들이 있도다. 발람이 발락을 가르쳐 이스라엘

자손 앞에 걸림돌을 놓아 우상의 제물을 먹게 하였고 또 행음하게 하였느니라"(계 2:14).

그래도 모세의 말을 이해하기 어려워하는 분들이 있을 것이다. 어떻게 모든 여자들과 남자아이들을 다 죽일 수 있다는 말인가? 왜 하나님께서 그처럼 혹독하게 미디안 사람들을 다루셨을까? 대답은 간단하다. 그들이 이스라엘 백성들을 멸망의 자리로 인도했기 때문이다. 이스라엘은 하나님께서 구속의 역사를 이루기 위해 택하신 백성이다. 그들을 멸망시키려는 계획은 곧 하나님의 뜻에 정면으로 대적하는 가장 큰 죄악이었다. 형벌의 크기는 언제나 죄악의 크기와 정비례했다.

이스라엘은 온 천하에 복의 근원이 되도록 특별하게 택하신 민족이었다. 그들은 하나님의 말씀을 받았고 그 말씀대로 살아야 하는 거룩한 민족이었다. 비록 이스라엘 민족사에 수도 없이 하나님을 떠나고 우상을 숭배했지만 하나님께서는 끝까지 그들을 포기하지 않으셨다. 이스라엘 백성들은 끝까지 세상의 죄와 악으로부터 보호받아야 했다. 그들을 변질시키려는 세력은 언제나 하나님의 즉각적인 심판의 대상이었다.

이 전쟁에 대하여 좀 더 살펴보자. 아직도 마음에 이 사건을 처리하시는 하나님의 방식이 이해되지 않는 분들이 있을 테니까. 신명기를 보면 가나안 땅에 사는 사람들은 하나도 살려두지 말라고 하셨다. 그 이유는 단순했다.

"오직 네 하나님 여호와께서 네게 기업으로 주시는 이 민족들의 성읍에서는 호흡 있는 자를 하나도 살리지 말지니 곧 헷 족속과 아모리 족속과 가나안 족속과 브리스 족속과 히위 족속과 여부스 족속을 네가 진멸하되 네 하나님 여호와께서 네게 명령하신 대로 하라. 이는 그들이 그 신들에게 행하는 모든 가증한 일을 너희에게 가르쳐 본받게 하여 너희가 너희의 하나님 여호와께 범죄하게 할까 함이니라"(신 20:16-18).

앞으로 들어갈 가나안 땅의 원주민들이 '모든 가증한 일을 이스라엘 백성들에게 가르쳐 본받게 하여 하나님 여호와께 범죄하게 할까' 염려하셨기 때문이라고 말씀하셨다. 가나안 사람들과의 전쟁은 단순히 땅과 재물을 뺏는 전쟁이 아니었다. 민족 전체가 사느냐 죽느냐의 영적인 전쟁이었다. 만일 이스라엘이 토착민들의 우상숭배에 물들게 되면 이스라엘은 하나님의 진노 아래 있게 될 것이다. 그러므로 이 문제는 엄하게 다룰 수밖에 없었다. 옛날 농촌에서 감당할 수 없는 무서운 전염병이 논밭에 퍼지면 전부 불태워 버렸다.

오늘날에는 심판이 즉각적으로 임하지 않는다. 그렇다고 심판이 면제된 것은 아니다. 하나님께서 심판을 유보하시며 회개하기를 기다리고 계실 뿐이다.

"주의 약속은 어떤 이들이 더디다고 생각하는 것같이 더딘 것이 아니라. 오직 주께서는 너희를 대하여 오래 참으사 아무도 멸망하지 아니하고 다 회개하기에 이르기를 원하시느니라"(벧후 3:9).

그러므로 그리스도인들은 죄를 심각하게 다루어야 한다. 죄와 타협하지 말아야 한다. 선이 분명해야 한다. 죄에 대한 하나님의 기준은 언제나 명확하고 분명하다. 히브리서 기자는 말했다.

> "너희가 죄와 싸우되 아직 피 흘리기까지는 대항하지 아니하고" (히 12:4).

마지막 이야기들

// 민수기 32-36장 //

요단 동편에는 가축들을 기르기에 좋은 넓은 목초지가 있었다. 그래서 갓 지파와 르우벤 지파가 그곳에 머물기를 원했다. 두 지파의 지도자들이 모세를 찾아와서 말했다.

> "우리가 만일 당신에게 은혜를 입었으면 이 땅을 당신의 종들에게 그들의 소유로 주시고 우리에게 요단 강을 건너지 않게 하소서"(민 32:5).

얼른 들으면 오해하기 딱 좋은 말이었다. 처음에는 모세도 '우리에게 요단 강을 건너지 않게 하소서' 하는 그들의 말을 오해했다. 모세에게 정탐꾼 사건은 일종의 트라우마(trauma)였다. 모세는 이들이 열 명의 정탐꾼처럼 백성들의 사기를 저하시키려 한다고 꾸짖었다.

"보라. 너희는 너희의 조상의 대를 이어 일어난 죄인의 무리로서 이스라엘을 향하신 여호와의 노를 더욱 심하게 하는도다. 너희가 만일 돌이켜 여호와를 떠나면 여호와께서 다시 이 백성을 광야에 버리시리니 그리하면 너희가 이 모든 백성을 멸망시키리라"(민 32:14-15).

그러자 두 지파의 지도자들이 해명했다. 먼저 가족들을 위하여 성을 견고하게 한 뒤에 다른 지파들의 앞에 서서 가나안 땅을 함께 점령하겠다고 맹세했다.

"이스라엘 자손이 각기 기업을 받기까지 우리 집으로 돌아오지 아니하겠사오며 우리는 요단 이쪽 곧 동쪽에서 기업을 받았사오니 그들과 함께 요단 저쪽에서는 기업을 받지 아니하겠나이다"(민 32:18-19).

오해가 풀리자 므낫세의 아들 마길의 자손들도 그 지역에 남기를 소원했다. 그래서 두 지파 반이 요단 동편의 땅을 차지했다.

민수기 33장에는 이스라엘 백성들이 라암셋을 떠나 요단 강가 모압 평지에 이르기까지 40년 동안에 41차례나 옮겼던 곳들의 이름이 기록되어 있다. 그중에 많은 이름들이 지금은 사라졌다. 평균 그들은 1년에 한 번씩 옮겼다. 물론 어떤 곳에서는 잠깐 머물고, 다른 곳에서는 더 오래 머물렀을 것이다. 하나님께서 이스라엘 백성들에게 다시 한 번 엄하게 명하셨다.

> "너희가 요단 강을 건너 가나안 땅에 들어가거든 그 땅의 원주민을 너희 앞에서 다 몰아내고 그 새긴 석상과 부어 만든 우상을 다 깨뜨리며 산당을 다 헐고 그 땅을 점령하여 거기 거주하라. 내가 그 땅을 너희 소유로 너희에게 주었음이라"(민 33:51-53).

만일 이스라엘이 하나님을 떠나 우상을 숭배하면 지금 가나안 여섯 족속들이 받는 벌을 그들도 받게 될 것이라고 경고하셨다.

> "나는 그들에게 행하기로 생각한 것을 너희에게 행하리라"(민 33:56).

민수기 34장에는 이스라엘 백성들에게 주신 땅의 경계선이 기록되어 있다. 3,400여 년 전의 지명이므로 지금은 정확히 찾을 수 없는 곳도 있다. 그러나 아홉 지파 반이 물려받을 땅은 남북으로 직사각형 모양이었다. 남쪽으로는 에돔과의 국경을 중심으로 지중해 바다로부터 사해 남쪽 끝까지다. 서쪽은 지중해 해안이고, 동쪽은 요단 강을 중심으로 갈릴리 호수 동쪽에서 사해에 이른다. 북쪽 경계는 지중해에서 호르 산(이 호르 산은 아론이 죽었던 곳이 아니다)까지 일직선을 이룬다. 많은 세월이 흘렀지만 그때의 국경이 지금까지도 거의 그대로 유지되고 있다.

민수기 35장에는 레위인들에게 나누어 줄 48개 성읍을 기록하고 있는데, 그중에 여섯 성읍은 도피성이었다. 아마도 각 지파마다 네 성읍씩 주었을 것이다. 그러나 많은 땅을 받은 지파는 많은 성읍을 레위인들에게 주라고 말씀하셨다. 레위인들이 사는 성읍의 사방 2킬로미터씩은 레위인들에게 속한 들이 되었다.

도피성은 실수로 살인한 사람들이 피살자의 가족들로부터 피하는 곳이었다. 그들은 정당한 재판을 받을 때까지 피하였다. 고의적으로 살인한 사람은 반드시 죽임을 당해야 했다. 그러나 고의적 살인이 아니라는 판결이 나오면 그 사람은 그해의 대제사장이 죽을 때까지 도피성에서 살아야 했다. 도피성을 떠나면 피살자의 가족들로부터 합법적으로 죽임을 당할 수 있었다. 대제사장이 죽기 전에는 속전(贖錢)을 주고 성을 나갈 수가 없었다. 그러나 대제사장이 죽은 다음에는 죄를 면하고 고향으로 돌아갈 수 있었다. 왜 이런 제도를 마련하셨을까? 하나님께서 말씀하셨다.

> "너희는 너희가 거주하는 땅을 더럽히지 말라. 피는 땅을 더럽히나니 피 흘림을 받은 땅은 그 피를 흘리게 한 자의 피가 아니면 속함을 받을 수 없느니라. 너희는 너희가 거주하는 땅 곧 내가 거주하는 땅을 더럽히지 말라. 나 여호와는 이스라엘 자손 중에 있음이니라"(민 35:33-34).

이스라엘이 앞으로 들어가서 살 땅은 거룩한 곳이었다. 하나님께서 그들과 함께 거주하실 곳이기 때문이었다. 이스라엘은 하나님과 접촉된 모든 것들, 사람과 물건과 시간과 공간까지도 다 거룩하게 된다는 사실을 기억해야 했다. 하나님께서 명령하시는 모든 일들을 '거룩'이라는 관점에서 이해하고 복종해야 했다.

놀랍게도 민수기의 마지막 장인 36장은 다시 한 번 슬로브핫의 딸들에게 돌아갈 땅의 유산에 대한 이야기로 끝을 맺는다. 27장과 다른 점이 있다면, 딸만 있는 집안의 소유지가 다른 지파로 넘어가서는 안 된다는 부연설명이 있다. 하나님께서는 한 가정이나 한 지파가 다른 가정이나 지파에게 속한 땅을 합법적이든 불법적이든 영원히 빼앗아가는 것을 허락하지 않으셨다.

그래서 피치 못할 사정으로 땅을 팔았을 경우라도 50년째 '희년'이 되면 무상으로 원래 주인에게 돌려주라고 하셨다. 그 이전에라도 친족 중에 넉넉한 사람이 있으면 그 땅을 사서 땅 주인에게 돌려줄 수 있었다. 이 제도의 이름이 '땅 무르기'(히브리어로 '고엘')이다. 룻기를 보면 보아스가 나오미네 집을 위해 이런 일을 했다. 이 제도는 철저히 사유재산을 인정하고 지켜 주는 인류 역사상 가장 훌륭하고 완전한 제도이다.

이렇게 해서 이스라엘 백성들의 출애굽 여행이 거의 끝에 이르렀다. 남은 이야기는 여호수아서에 기록되어 있다.

그동안 필자와 함께 40여 년의 긴 여행을 함께해 주신 여러분께 감사를 드린다. 그리고 긴 여행을 짧게 요약해 주는 다음의 여행후기를 꼭 읽어 보시기 바란다.

부록

여행 후기

모든 여행자들은 보고 듣고 경험한 일들을 기록으로 남기기를 원한다. 출애굽기와 민수기는 지도자 모세가 남긴 여행 기록이다. 만일 이스라엘 백성 중에 똑똑한 젊은이가 있어서 40년 동안 일어난 일들을 기록으로 남겼다면 어떤 내용일까? '가슴으로 읽는 성경, 출애굽기와 민수기 편'을 집필하다가 그런 생각을 했다. 누군가 출애굽의 여행 기록을 쓴다면 흥미로울 것이다.

그런데 여행이 끝나갈 무렵에 '야곱'이란 이름을 가진 사람을 만났다. 복 있는 사람이 되라고 어머니가 붙여 준 이름이다. 애굽을 떠날 무렵 그는 17세였다. 그는 '싸움에 나갈 만한 20세 이상의 남자' 그룹에 들지 못했다. 그래서 지금까지 살아남았고, 머지않아 여리고 성이 무너지는 장면도 보게 될 것이다.

고맙게도 그는 출애굽 이후 40여 년에 걸친 여행을 간단하게 기록해 오고 있었다. 그것은 단순한 여행 후기가 아니었다. 여행 중의 사건들을 분석하고 거기에서 얻은 교훈들을 기록해 두었다. 그의 여행 후기에는 진지함과 진실함이 담겨 있다. 문필력도 대단했다. 나는 그의 여행기를 이 책에 부록으로 넣기로 했다.

물론 야곱은 가슴으로 출애굽기와 민수기를 읽다가 만난 '가상인물'(假象人物)이다.

다음은 야곱의 여행 후기이다.

여행을 떠나던 날

그날은 새벽부터 부산스러웠다. 무엇을 어떻게 준비해야 할지 가닥을 잡을 수가 없었다. 너무 갑작스러운 여행이었기 때문이다. 어린 동생들은 멋모르고 들떴지만 할아버지와 할머니는 걱정부터 하셨다. 나이가 들면 환경을 바꾸는 일이 두려울 것이다. 열일곱 살이었던 나는 부모님을 도와 급히 짐을 꾸려야 했다. 여유 있는 나들이가 아니었다.

일반적으로 '여행을 떠난다'는 말은 '여행에서 돌아온다'는 말과 짝을 이룬다. 그러나 이번에 떠나는 여행에는 돌아오는 날짜가 없다. 다시는 애굽으로 돌아오지 못할지도 모른다. 아니다. 우리 부모님은 '절대로 다시 이 땅에 돌아오지 말아야 한다'고 말씀하셨다. 뭔가 의미심장한 여행이었다.

이번 여행의 특이한 점은 일정표가 없다는 것이다. 막연히 '젖과 꿀이 흐르는 땅'이라고 알려진 곳을 향해 길을 떠났다. 가는 길에 황량한 광야가 있다는 말을 들었다. 그런데 언제 어디에 도착한다는 말이 없다. 물어보면 하나님이 인도하실 것이라는 말이 전부였다. 그래서 어떤 사람들은 더 불안해했다.

사실 이번 여행은 하나님께서 시작하셨다. 엄밀히 말하자면 우리는 하나님의 여행에 객으로 참여한 셈이다. 여행 경비를 포함하여 모든 준비를 하나님께서 하셨다. 그런데도 불구하고 우리는 수도 없이 여행이 불편하다고 원망했다. 우리는 마치 억지로 끌려나온 사춘기 아이들처럼 행동했다.

함께 여행하는 우리들은 거의 다 이스라엘 자손들이었다. 우리는 비교적 응집력이 강한 민족이었다. 듣기에 애굽인들은 우리의 목축업을 부정하게 생각한다고 했다. 그래서인지 우리는 애굽인들과 잘 섞이지 않았다. 그러나 몇몇 다른 민족 사람들이 우리 여행길에 함께 가겠다고 나섰다.

홍해를 건너던 밤

그 즈음에 우리는 왕의 창고를 짓기 위해 날마다 벽돌을 만들어야 했다. 중노동이었다. 애굽 왕은 우리 민족이 숫자가 많아지면 얼마 전에 애굽에서 쫓겨난 힉소스 족들과 내통하여 반역을 일으킬 것이라고 의심하고 있었다. 그래서 우리를 종처럼 부리며 중노동을 시키고 있었다. 기를 죽여 놓겠다는 생각이었다. 내가 아는 한 우리 부모님은 그런 생각을 해본 적이 없었다. 참 억울하고 고달픈 세월이었다.

그런데 모세라는 노인이 갑자기 나타났다. 하트셉수트 황후의 양자였는데, 40년 전에 살인사건을 저지르고 도망갔다가 돌아왔다고 했다. 그가 광야에서 하나님이라는 신을 만났는데 그 신이 우리들을 애굽에서 구하기 위해 자기를 보냈다고 했다. 어른들 중에는 눈물을 흘리는 사람도 있었지만 나를 포함하여 대부분의 사람들은 특별한 감동이 없었다. "젖과 꿀이 흐르는 땅으로!" 하며 몇 사람들이 외쳤지만 모두들 구경꾼처럼 보고만 있었다. 우리는 그동안 하나님에 대하여 별로 들어 본 적이 없었다.

모세가 온 후로 일만 더 고약하게 꼬여갔다. 전에는 관리들이 벽돌을 만들 수 있는 진흙과 볏짚을 공급해 주었다. 그런데 모세가 왕궁에 들어가서 '백성을 광야로 내보내 내게 제사를 드리게 하라'는 하나님의 말씀을 전한 후로는 볏짚이 나오지 않았다. 하루에 만들어야 할 벽돌 숫자는 변함이 없었다. 고통이 갑절로 더해졌다.

사람들이 수군대기 시작했다. 왜 고달픈 인생에 끼어들어서 더 힘들게 하는지, 솔직히 말하면 나도 모세가 원망스러웠다. 구출이고 뭐고 그냥 좀 놔두었으면 좋겠다는 생각을 했다. 그런데 모세는 포기하지 않았다. 아니다. 그를 보내신 하나님이 포기하지 않으셨다. 듣자니 애굽은 하나님께서 내리신 재앙들로 인하여 이미 초토화되었다고 한다. 그러나 우리가 살고 있는 곳에는 아무 일도 일어나지 않았다.

그렇게 몇 달이 지난 후에 우리는 갑자기 애굽을 떠나게 되었다. 그날 밤에 우리는 양을 잡아먹었다. 그리고 피를 집 문틀에 발랐다. 분위기가 무겁게 가라앉아 있어서 아무도 입을 열지 않았다. 그날 저녁에 온 애굽 사람들의 가정에서 장자가 죽었다고 했다. 그리고 뒷날 아침에 우리는 피난을 가듯이 고향을 떠났다. 애굽 사람들이 우리의 등을 떠밀었기 때문에 가재도구도 제대로 챙길 수가 없었다. 아수라장이었다. 사람들은 그날을 '유월절'이라고 불렀다. 장자를 죽이는 영이 피를 보고 그 집을 넘어갔기 때문이다.

고향을 떠난 후 우리는 바다 앞에 이르렀다. 젖과 꿀이 흐르는 땅으로 간다는데 제대로 알고 있는 사람이 아무도 없었다. 막막하기만 했다. 날은 어두웠는데 아무도 잠자리에 들려고 하지 않았다. 여기저기 둘러앉아 모닥불을 피우고 긴장된 얼굴로 서로 쳐다보고만 있었다. 그때 애굽의 그 악명 높은 전차군단이 우리를 쫓아왔다는 소식이 들려왔다. 모두가 얼어붙었다. 몇몇 어른들은 모세에게 따지러 가겠다며 자리를 박차고 일어났다. 그 순간 밝은 빛이 우리를 비추기 시작했다. 불기둥이었다. 애굽군들이 모여 있는 곳에는 어둠이 있었다.

그리고 바람이 불어왔다. 정말로 강한 바람이 바다를 가르기 시작했다. 멀리 모세가 손에 지팡이를 들고 바다를 향해 서 있는 모습이 보였다. 처음에는 모두 망설였다. 그런데 다른 수가 없었다. 잠시 후에 모두 앞다투어 바다로 들어섰다. 물벽 사이로 난 길은 젖었지만 걸을 만했다. 우리는 뒤도 돌아보지 않고 건너편으로 달려갔다. 그 후에 무슨 일이 벌어졌는지 우리는 정확히 모른다.

새벽녘에 바닷물은 다시 넘실거렸고, 애굽 군대의 시체들만 파도에 떠밀려 다니고 있었다. 누군가 춤을 추며 하나님을 찬송하기 시작했다. 모두들 목이 쉬도록 찬양했다. 지금도 모세의 누나 미리암의 노랫소리가 귀에 들리는 듯하다.

"너희는 여호와를 찬송하라. 그는 높고 영화로우심이요 말과 그 탄 자를 바다에 던지셨음이로다."

우리는 그렇게 우리 조상의 하나님을 만났다. 지난 400여 년 동안 우리를 잊지 않고 계셨다는 하나님을 만났다. 정확하게 표현하자면, 우리가 하나님에게 만나졌다. 우리는 애굽 왕을 굴복시키신 하나님의 권세를 보았다. 바다를 가르시는 하나님의 능력도 보았다. 그리고 모세의 지도력도 보았다. 그것은 누구도 반박할 수 없는 생생한 경험이었다.

사흘 길을 더 간 후에

홍해를 건넌 흥분은 사흘 만에 가라앉았다. 찬송은 변하여 불평이 되었다. 물이 떨어졌기 때문이다. 얼마 후에 우물을 몇 개 찾아냈지만 물이 써서 마실 수가 없었다. 너도나도 모세를 원망하기 시작했다. 누군가가 소리쳤다. "단물이 되었다!" 모세가 나뭇가지를 그 우물에 던졌더니 물맛이 변했다고 했다.

그 후에 우리는 엘림이라는 곳에서 휴식을 취했다. 먼 길을 떠나면서 어른들은 이구동성으로 몸이 아프면 어찌하느냐며 걱정을 했다. 하나님께서 그 말씀을 들으셨을까? 모세가 하나님의 말씀을 들려주었다.

"내가 애굽 사람에게 내린 모든 질병 중 하나도 너희에게 내리지 아니하리니 나는 너희를 치료하는 여호와임이라."

어느 날 아침부터 우리는 만나라는 특별한 음식을 먹게 되었다. 지면에 서리처럼 내려 있었다. 우리는 그 만나를 삶아서 먹기도 하고, 찧어서 과자를 만들어 먹기도 했다. 만나가 없어서 굶은 집이 없었다. 모두 풍족하게 거두어다가 배부르게 먹었다. 너무 놀라운 일이라서 설명할 길이 없다.

그렇게 우리는 광야길을 걸어가다가 다시 물 때문에 원망하기 시작했다. 하나님께서 이번에는 반석을 깨뜨리시고 물이 솟아나게 해주셨다. 모든 백성들이 마실 만큼 충분했다. 모세는 그곳을 '므리바'라고 불렀다. 백성들이 다투었기 때문이다.

물을 마신 후에 우리는 아말렉과 싸우게 되었다. 그들은 악한 사람들이었다. 광야길에 목마르고 지친 우리 백성들의 후진을 공격해 왔다. 그날 여호수아가 백성들을 데리고 나가서 아말렉을 물리쳤다. 그때나 지금이나 아말렉은 이스라엘의 원수다.

홍해를 건넌 후에 계속해서 기적적인 일들이 일어났다. 너무 놀라운 일들이 연속적으로 일어나니 오히려 혼란스러웠다. 그런데도 우리 백성들은 하나님께 감사할 줄 몰랐다. 내가 보아도 우리는 참 뻔뻔스러운 민족이다.

시내 산 아래서

시내 산에 도착했다. 모세가 하나님을 뵈었다는 바로 그 바위산이었다. 뜨거운 태양빛 때문인지 바위들마다 검은 회색빛이었다. 바위 끝마다 감자처럼 뭉그러진 모습이었다. 우리는 그 산 아래 진을 쳤다. 어느 날인가 빽빽한 구름이 산을 덮고 우레와 번개가 그 속에 있었다. 온 산은 연기로 뒤덮이고, 나팔 소리는 골짜기로 퍼져나갔다. 소식을 전하는 청년들이 천막 사이로 내달리며 소리쳤다.

"산에 오르지 말라. 오르면 죽을 것이다."

하나님께서 그 산에 내려와 계셨다고 했다. 너무 두려워서 올라가라고 해도 갈 사람이 없었을 것이다. 그날 모세가 산으로 올라갔다. 그리고 하나님께로부터 십계명과 율법들을 받아가지고 내려왔다. 우리는 모세의 말에 귀를 기울였다. 한 가지 독특한 점은, 어떤 형상으로도 하나님을 만들지 말라는 말씀이었다. 모든 신들은 다 형체를 가지고 있는데 왜 하나님은 자신을 형상화시키지 말라고 하셨을까? 형상이 없는 신을 어떻게 섬길 수 있을까?

하나님을 본 사람이 아무도 없다고 했다. 본 적이 없는데 어떻게 형상으로 만들 수 있겠는가? 다른 모든 것들은 하나님이 만드신 피조물이다. 피조물의 형상을 만들어 놓고 그 형상이 창조주라고 말할 수는 없지 않겠는가? 하긴 사람들이 섬기는 모든 우상들은 사람이 고안해 낸 작품들에 불과했다. 아무도 그 신을 본 사람이 없었다. 아니다. 그런 신들이 존재하지도 않았다. 그렇게 생각하고 보니 자신을 형상화하지 말라는 하나님이야말로 참 신이라는 생각이 들었다.

하나님께서 모세에게 주신 십계명은 하나같이 바르고 진실한 내용들이었다. 다른 사람은 몰라도 나는 마음에 깊이 새겨 두었다. 평소에 '사람이 바른 교훈 하나만 가슴에 새겨도 큰 사람이 된다'던 할아버지의 말씀이 생각났기 때문이다. 모세가 전한 십계명은 다음과 같았다.

첫째, 나 외에는 다른 신들을 네게 두지 말라.
둘째, 너를 위하여 우상을 만들지 말라.
셋째, 네 하나님 여호와의 이름을 망령되게 부르지 말라.
넷째, 안식일을 기억하여 거룩하게 지키라.
다섯째, 네 부모를 공경하라.
여섯째, 살인하지 말라.

일곱째, 간음하지 말라.
여덟째, 도둑질하지 말라.
아홉째, 네 이웃에 대하여 거짓 증거하지 말라.
열째, 네 이웃의 집을 탐내지 말라.

아직 어린 나이였지만 나는 그렇게만 살면 하나님을 기쁘게 하고 사람들에게 존경받으리라는 확신이 들었다. 모세는 그 외에도 함께 사는 데 유익이 되는 많은 율법들을 우리들에게 전해 주었다. 우리는 짐승을 잡아 제사를 드리면서 십계명과 율법을 어김없이 지키겠다는 피의 서약식을 거행했다.

모세는 다시 시내 산으로 올라갔다. 이번에는 40일이나 산 위에 머물러 있었다. 하나님께서 성막과 그 안에 있는 기구들을 제작하는 자세한 방법들을 그에게 알려주셨다. 제사장들의 의복을 짓는 방법에 대해서도 하나님께 직접 배웠다.

모세가 산에 올라간 지 여러 날이 되자 사람들은 불안을 느끼기 시작했다. 모세가 죽었다는 괴담이 돌기도 했다. 성질 급한 사람들이 모세의 형 아론을 찾아갔다. 그리고 이렇게 말했다.

"우리를 위하여 우리를 인도할 신을 만들어 주시오. 우리를 애굽에서 인도하여 낸 모세는 어찌 되었는지 우리가 알 수 없소."

점점 동조하는 사람들이 많아져 갔다. 그때 나는 무엇인가 잘못되어 가고 있다는 직감이 들었다. 왜 우리 민족은 참을성이 없는지 이해가 되지 않았다. 견디지 못한 아론이 백성들이 가져온 금으로 송아지를 만들었다. 그리고 말했다.

"이스라엘아, 이 금송아지가 너희를 애굽 땅에서 인도하여 낸 너희의 신이다."

아론의 말이 떨어지자 사람들은 환호성을 올렸다. 그다음 날에는 금송아지 신상에 제사를 드리고 춤을 추었다. 아무도 이렇게 하면 안 된다고 말리는 사람이 없었다. 설사 말렸더라도 듣지 않았을 것이다. 그날 나는 혼자서 슬퍼했다.

마침내 일이 터졌다. 모세는 가지고 내려오던 십계명 돌판을 산 아래로 던지며 크게 화를 냈다. 금송아지를 불에 태우고 가루로 만들어 물에 탄 후에 모든 백성들로 마시게 했다. 그리고 레위 지파 사람들이 칼을 들고 3천 명을 죽였다. 대부분이 금송아지를 만들자고 선동하던 사람들이었다.

그런데 사람은 참 간사하다. 내 마음에 하나님께서 너무 심하게 심판하신다는 생각이 들었다. 꾸짖고 다시 못하게 하면 될 일을 꼭 저렇게 대량 살육까지 하실 필요가 있는지 이해가 되지 않았다. 말은 하지 않았지만 이 생각은 오랫동안 내 마음 깊은 곳에 자리잡고 있었다.

모세는 그 일 후에 다시 시내 산으로 올라가서 40일 동안 머물렀다. 지난번의 학습효과가 나타났을까? 이번에는 아무도 다른 신상을 만들자고 나서지 않았다. 모세가 내려올 때까지 조용히 기다렸다. 훗날 들으니 모세는 산 위에서 자기의 생명을 내걸고 하나님의 용서를 구했다고 했다. 하나님 외에 다른 신이 없다는 진리를 받아들이는 데 우리는 많은 값을 치러야 했다.

산에서 내려온 모세는 오홀리압과 브살렐이라는 사람을 지명하여 성막과 제사장들의 옷을 짓게 했다. 특히 대제사장 아론이 입은 옷은 이스라엘을 대표하는 복장이었다. 성막에 대해서도 전해 들었다. 하나님께서 지성소에 찾아와 계신다고 했다. 그래서인지 성막 위에는 늘 구름이 덮여 있었고, 밤이면 그 안에 밝은 불빛이 있었다.

애굽에서 나온 지 만 1년이 되는 날, 아빕월 14일에 우리는 두 번째 유월절을 지켰다. 유월절 다음 날부터 일주일은 누룩 없는 딱딱한 떡과 쓴 나물을 먹는 무교절로 지켰다. 1년 전의 기억이 생생했다. 고향을 떠나면 곧 죽을 것 같은 두려움이 있었는데 이렇게 광야에서 잘살고 있다. 먹고 마시고 입고 잠자는 일에 어려움 없이 1년을 지냈다. 그러면서 우리는 하나님에 대하여 조금씩 알아가고 있었다. 하나님에 대한 내 생각을 정리해 보았다.

하나님은 그의 약속을 반드시 지키신다.
하나님의 능력은 모든 어려움을 극복하고도 남는다.
하나님은 거룩하신 분이다. (우리가 알고 있던 다른 신들과 전혀 다른 분이시다.)
하나님의 심판은 타협할 수가 없다.
하나님은 참 좋으신 분이다. (우리의 모든 필요를 채워 주신다.)

가나안 땅을 향해

드디어 가나안 땅으로 들어갈 시간이 되었다. 모두들 흥분했다. 먼저 지파별로 '전쟁에 나갈 만한 20세 이상'의 숫자를 계수하니 모두 603,550명이었다. 물론 나는 두 살이 어려 그 숫자에 들어가지 못했다. 레위 지파 대신 요셉의 두 아들 에브라임과 므낫세의 자손들이 들어갔다. 레위 지파는 성막의 설치, 운반, 그리고 보호를 맡았다. 구름이 성막에서 떠오르자 우리는 짐을 싸기 시작했다. 성막을 중심으로 세 지파씩 네 진영으로 나누어서 행군했다. 거대한 움직임이었다. 옛날 우리 조상 아브라함에게 하셨던 하나님의 말씀이 기억났다.

> "내가 너로 큰 민족을 이루고 네게 복을 주어 네 이름을 창대하게 하리니 너는 복이 될지라."

여행에는 흥분과 불평이 공존한다. 사람은 누구나 살던 터전을 옮길 때에 불편해한다. 겨우 1년을 살았지만 그래도 시내 산 산자락에 정이 들었다. 모래바람과 강렬한 햇볕 아래를 지나면서 많은 사람들이 불평하기 시작했다. 그때 진영 끝에서 불이 일어났다. 검은 연기가 하늘로 치솟고 있었다. 모세가 신속하게 기도하지 않았더라면 큰 참사가 일어날 뻔했다. 우리는 그 지역을 '다베라'라고 불렀다. '불사름'이라는 뜻이다.

그런데 결국 올 것이 오고야 말았다. 이번에는 음식 때문에 불평이 일어났다. 1년 내내 만나를 먹으니 싫증이 났던 것 같다. 하긴 나도 조금은 그런 생각을 하고 있었다. 사람들은 애굽에서 먹던 온갖 채소들의 이름을 들추어냈다. 그들은 애굽에 있을 때에 값없이 그런 채소를 먹었는데 이제는 만나만 먹으니 체력이 떨어진다고 불평했다.

그 점에 대해서 나는 동의하지 않는다. 애굽의 채소야 우리가 수고해서 먹었지만 만나는 하나님께서 주셨기 때문이다. 우리의 수고는 기껏해야 아침에 나가서 거두어 오는 것뿐이었다. 우리 민족은 감사할 줄 모른다는 생각이 처음으로 들었다.

모세의 말이 백성들 사이에 퍼졌다. 한 달 동안 하나님께서 고기를 먹게 해주실 것이라는 말이었다. 세상에, 과장도 분수를 넘으면 모멸감을 주는 법이다. 무슨 수로 한 달 동안 이 백성들에게 고기를 준다는 말인가? 아무도 믿는 사람이 없었다. 적어도 그다음 날 아침까지는….

간밤에 무슨 일이 일어났을까? 아침에 일어나 보니 메추라기 떼가 우리 허리 높이로 천막 사이를 날아다니고 있었다. 그것을 잡을 기구도 필요 없었다. 손만 벌리면 잡혔다. 이틀 동안 우리는 개인당 열 호멜씩 잡았다. 무려 2.2톤이다. 내 글을 읽는 사람들은 내가 너무 과장한다고 생각하겠지만 그것은 내 손 안에 잡혀 있는 메추라기만큼이나 사실이다. 우리는 메추라기로 잔치를 벌였다. 메추라기 고기는 특별한 맛이 있었다.

그날 밤, 불에 구운 메추라기를 뜯어 먹으면서 나는 하나님을 생각했다. 참 좋으신 분이시다. 보통 신들은 사람을 귀찮게 했다. 심할 때에는 자식을 불에 태워 제물로 바치라고도 했다. 그런데 하나님은 참 인격적인 분이시다. 그가 하신 말씀들이 우리로 하여금 바른 삶을 살게 해주셨다. 그뿐만 아니라 모든 것을 값없이 주셨다.

출애굽도, 홍해를 건너는 일도, 마라의 단물도, 르비딤의 생수도, 십계명과 율법도, 그리고 만나와 메추라기도 모두 거저 주시는 선물들이었다. 무엇보다도 병들어 죽는 사람들이 없었다. 먹을 것과 입을 것이 없어서 손을 내미는 사람들도 없었다. 비록 광야의 삶이었지만 모두가 만족했다.

그러나 불행하게도 원망과 불평을 주도했던 사람들은 그날 다 죽었다. 하나님의 심판이 그들에게 임했기 때문이다. 모세는 그곳 이름을 '기브롯 핫다아와'라고 불렀는데 '탐욕의 무덤'이라는 뜻이다. 거기에 우리의 탐욕을 다 묻어두고 감사만 가지고 떠났더라면 얼마나 좋았을까.

불평과 원망과 반역, 그리고 심판

나는 원래 다른 집안의 이야기에 관심이 없는 사람이다. 그런데 이번에는 달랐다. 우리들이 일주일 이상 지체해야 할 일이 생겼기 때문이다. 들리는 소문으로는 모세와 그의 누이 미리암, 그리고 그의 형 아론 사이에 세력 다툼이 벌어졌다고 했다. 누이와 형이 모세에게 '왜 네가 윗사람처럼 건방지게 구느냐'고 항의했는데 미리암이 갑자기 문둥병이 걸렸다는 이야기였다. 하나님께서 모세 편을 드셨다고 사람들이 수군거렸다. 그 일로 우리는 미리암의 문둥병이 나을 때까지 일주일 동안 행진할 수가 없었다. 그나저나 문둥병이 일주일 만에 치료된 일도 기적이었다.

약 3개월 후에 우리는 바란 광야를 지나 '가데스 바네아'라는 곳에 이르렀다. 우리가 들어가려는 '젖과 꿀이 흐르는 땅'의 최남단이었다. 그곳에서 모세는 각 지파를 대표하여 열두 정탐꾼을 보냈다. 무슨 소식을 가지고 오려나, 모두가 기대하며 기다렸다. 40일 후에 그들이 돌아왔다. 날짜만 보아도 그들이 다녀온 땅이 넓겠다고 나는 생각했다. 더 놀라운 일은 그들이 포도 한 송이를 장대에 꿰어

두 사람이 메고 왔다. 나도 그 열매를 보았다. 입을 다물 수 없을 정도로 크고 탐스러웠다.

그런데 문제가 있었다. 그들이 가져온 포도송이는 좋았는데 가져온 소식은 좋지 않았다. 그곳에 우리보다 갑절이나 큰 거대한 아낙 자손들이 있고, 견고한 산성에 철병거까지 있다고 했다. '스스로 보기에도 우리는 메뚜기 같았다'는 그들의 말이 우리를 주눅들게 했다. 열 명의 정탐꾼들과 달리 갈렙과 여호수아는 다른 보고를 했다.

"여호와를 거역하지는 말라. 또 그 땅 백성을 두려워하지 말라. 그들은 우리의 먹이라. 그들의 보호자는 그들에게서 떠났고, 여호와는 우리와 함께하시느니라. 그들을 두려워하지 말라."

그러나 두 사람의 소리는 군중의 함성 소리에 파묻히고 말았다.

"우리가 한 지휘관을 세우고 애굽으로 돌아가자."

그 순간 내 마음속에 두려움이 다가왔다. 하나님의 심판에 대한 두려움이었다. 이번에는 아무도 막을 수 없는 심판이 임할 것 같았다. 내 나이 또래 몇을 붙들고 '우리가 이래서는 안 된다'고 하소연해 보았지만 소용없었다. 그들은 이미 이성을 잃고 있었다.

결과는 비참했다. 부정적인 여론을 일으켰던 10명은 그 자리에서 즉사했다. 그리고 20세 이상의 모든 백성들이 광야에 묻힐 때까지 아무도 그 땅에 들어갈 수 없다는 말씀이 선포되었다. 뒤늦게 백성들이 회개하는 마음으로 그 땅에 올라갔지만 쓴 패배만 맛보고 돌아왔다. 우리는 모두 우리의 어리석음을 생각하며 슬피 울었다. 그리고 광야로 되돌아왔다. 나도 내 인생의 40여 년을 광야에서 보냈다.

광야에서 사는 동안 있었던 두 가지 사건을 기록하려고 한다. 하나는 고라와 아비람과 다단의 반역사건이고, 다른 하나는 또 하나의 '므리바' 사건이다.

고라는 레위 족속이고 아비람과 다단은 르우벤 족속이었다. 그들은 모세와 아론과 미리암을 향해 반기를 들었다. 250명의 지도자들도 동참했다. 사태가 꽤 심각했다. 그들이 주장하는 핵심은 '왜 너희가 우리를 다스리려고 하느냐?'였다. 그러나 사람들은 이들이 모세를 넘어뜨리고 자기들이 권력을 행사하려는 숨은 의도를 다 알고 있었다. 그들은 모세가 아닌 하나님께 반역하고 있었다. 결과는 참혹했다. 250명의 지도자들은 들고 있던 향로에서 불이 나와 다 타 죽었고, 고라와 아비람과 다단은 땅이 입을 열고 삼켜 버렸다. 나중에 하나님께서 열두 지파의 수령들이 가져온 지팡이 중에서 아론의 지팡이에 싹이 나고 살구열매를 맺게 하셨다. 그렇게 하심으로 권위에 대한 다툼은 일단락되었다.

또 다른 '므리바' 이야기는 이렇다. 광야 생활 40년째가 되던 첫째 달에 이런 일이 있었다. 또 한 번 물을 얻을 수 없어서 백성들이 모세와 다툰 적이 있었다. 그때는 오랜 광야생활로 인하여 백성들의 신경이 예민해 있을 때였다. 아마 모세도 마찬가지였을 것이다. 이번에도 반석에서 물이 솟아나는 기적이 일어났다.

그런데 모세는 "반석에게 명하여"라는 하나님의 말씀을 어기고 화를 내며 두 번이나 지팡이로 반석을 쳤다. 이 일로 인하여 모세는 백성 앞에서 하나님의 거룩함을 나타내지 못하였고, 결국 가나안 땅에 들어가지 못하게 되었다. 모세에게 가장 가슴 아픈 일이었다.

모압 평지에서

애굽에서 나온 지 40년째 되는 해 첫 달에 미리암이 세상을 떠났다. 어머니처럼 참 좋은 선지자였으므로 온 백성들이 몹시 슬펐다. 넉 달 후에는 아론도 세상을 떠났다. 우리의 슬픔은 배로 더 커졌다. 수십 일 동안 우리는 아론을 위하여 애곡했다. 모세는 아론의 아들 엘르아살을 대제사장으로 세웠다.

아론을 장사한 후에 우리는 정든 광야를 떠났다. 행군하는 동안 숨 막힐 정도의 긴박감이 흐르고 있었다. 에돔과 같은 주변의 나라들이 언제 우리를 덮칠지 모른다는 두려움이 밤마다 우리를 괴롭혔다. 그때마다 나는 아이들을 모닥불 곁에 모아놓고 우리를 구원하시고 보호하시는 은혜로우신 하나님에 대하여 들려주었다. 수도 없이 들었던 이야기였지만 아이들은 눈도 깜박이지 않고 경청했다. 하나님의 하신 일을 기억하는 그 시간에는 우리의 마음에서 모든 두려움이 다 사라졌다.

우리는 모압 평지로 올라갔다. 푸른 풀밭이 끝없이 펼쳐져 있었다. 그동안 익숙했던 모래밭은 좀처럼 볼 수 없었다. 여기저기 강물도 흐르고 있었다. 너무 염분이 높아 마실 수는 없지만 사해도 길게 누워 있었다. 요단 강만 넘으면 바로 그 '젖과 꿀이 흐르는 땅'이 시작된다고 했다. 멀리 보이는 여리고 성은 대추야자나무로 덮여 있었다. 이제 '고생 끝, 낙원 시작'이라고 누군가 외쳤다. 그런데 누가 알았겠는가. 그곳에 우리를 멸망시키려는 덫이 숨겨져 있었다는 사실을….

일의 전말은 이렇다. 유프라테스 강가에 사는 유명한 복술인(卜術

人)이 있었다. 그의 이름은 발람이었다. 그가 저주하는 자들은 반드시 저주를 받는다는 명성을 지니고 있었다. 우리가 모압 평지에 이르렀을 때에 모압 왕 발락이 우리를 저주하도록 그를 초청해 왔다. 많은 금은보화를 주기로 약조도 맺었다. 그런데 하나님께서 매번 발람을 막으시고 오히려 우리를 축복하게 해주셨다. 우리는 발람이 하나님을 두려워하고 자기 집으로 돌아간 줄 알았다. 그런데 그는 모압과 미디안 사람들과 함께 머물면서 사악한 꾀를 들려주었다.

'이스라엘이 우상을 숭배하면 하나님이 그들을 멸하신다.'

그래서 바알의 신당으로 우리 남자들을 초청했다. 물론 나는 가지 않았다. 가는 날에는 하나님의 심판이 불을 보듯 분명한데 왜 거기에 간다는 말인가. 내 친구들도 가지 못하도록 적극적으로 말렸다. 그런데 시므온 지파의 지도자들이 그 꾐에 빠져들어 갔다. 이미 하나님의 심판으로 백성들이 염병을 앓고 있었다. 시므온에 속한 한 지도자가 모압 수령의 딸을 데리고 뻔뻔스럽게 백성들이 보는 앞에서 자기 막사로 들어가고 있었다. 그때 제사장 엘르아살의 아들 비느하스가 창을 들고 가서 그 둘의 배를 꿰뚫었다. 그러자 염병이 그쳤다. 이미 2만 4천여 명이 죽은 후였다.

그 후에 모세가 백성들을 다시 계수했다. 특별히 시므온 지파만 37,100명, 즉 62.5%나 줄었다. 말은 하지 않았지만 사람들은 시므온 지파 사람들이 발람의 꾀를 따라 바알을 숭배했기 때문이라고 생각했다. 나도 그렇게 생각하고 있다. 그런데 감사하게도 그 이후에는 아직까지 우리들 중에서 하나님께 반역하다가 죽었다는 사람이 없다. 앞으로도 우리 자손들이 그렇게만 살아간다면 얼마나 좋을까.

이제 모세만 남았다. 그를 향한 우리의 고마움을 어떻게 표현할 수 있을까? 지도자였지만 그는 우리에게 양 새끼 한 마리도 요구하지 않았다. 언제나 겸손하여서 우리 위에 군림하지도 않았다. 만일 그가 목숨을 걸고 하나님께 기도하지 않았다면 나를 포함하여 우리 민족은 광야에서 흔적도 없이 사라졌을 것이다. 하나님께서 그에게 건강을 주셔서 120세가 되도록 우리를 인도하게 해주신 은혜에 감사드린다.

이제 그 모세가 미리암과 아론처럼 우리를 떠날 날이 가까이 다가왔다는 소문이 들렸다. 벌써 느보 산에 올라가서 가나안 땅도 보았다는 말을 들었다. 그가 우리를 떠나는 날 우리는 감당할 수 없는 슬픔에 다시 한 번 잠길 것이다. 그래도 다행인 것은 모세가 여호수아를 그의 후계자로 세워 준 일이다. 여호수아는 우리 모두가 존경하는 지도자다. 이제 머지않아 여호수아가 우리를 저 '젖과 꿀이 흐르는 땅'으로 인도해 갈 것이다.

맺는말

어느새 내 나이 57세가 되었다. 내 인생의 40여 년을 광야에서 보냈다. 그러나 나는 광야에서 지낸 그 시절을 귀하게 생각한다. 왜냐하면 그 광야에서 내가 좋으신 하나님을 만났기 때문이다. 광야에서의 삶은 허송세월이 아니었다. 진리를 깨닫기 위해 필요한 시간이었다. 그리고 내가 최종적으로 받아들이고 인정한 일이 있다. 하나님의 심판은 절대로 과하지 않으며, 궁극적으로 우리에게 은혜와 축복이 되었다는 사실을….

하나님과 우리는 그 광야여행을 함께했다. 함께 여행하면서 서로를 더 깊이 알게 되었다. 하나님께서야 이미 우리를 알고 계셨겠지만 우리로서는 처음으로 하나님을 알아가는 과정이었다. 광야를 여행하면서 내가 알게 된 하나님은 이런 분이셨다.

우리는 악하지만 하나님은 선하시다.
우리는 흠이 많지만 하나님은 거룩하시다.
우리는 조급하지만 하나님은 오랫동안 참고 기다리신다.
우리는 범죄하지만 하나님은 우리의 허물과 과실을 덮으시고 기억하지 않으신다.
우리는 드린 것이 아무것도 없었지만 하나님은 모든 것을 공급해 주신다.
우리는 원망하고 불평하지만 하나님은 우리를 끝까지 사랑하신다.

나는 이런 하나님을 '은혜의 하나님'이라고 부르기로 했다. 나이가 들수록 그 은혜를 갚을 길이 없다는 생각뿐이다.

하나님, 참 좋으신 우리 하나님!

가슴으로 읽는 성경 3 출애굽기 · 민수기

하나님과 함께하는 여행

1판 1쇄 인쇄 _ 2019년 6월 1일
1판 1쇄 발행 _ 2019년 6월 5일

지은이 _ 김영길
펴낸이 _ 이형규
펴낸곳 _ 쿰란출판사

주소 _ 서울특별시 종로구 이화장길 6
편집부 _ 745-1007, 745-1301~2, 747-1212, 743-1300
영업부 _ 747-1004 FAX _ 745-8490
본사평생전화번호 _ 0502-756-1004
홈페이지 _ http://www.qumran.co.kr
E-mail _ qrbooks@gmail.com / qrbooks@daum.net
한글인터넷주소 _ 쿰란, 쿰란출판사
등록 _ 제1-670호(1988.2.27)
책임교열 _ 박은아 · 오완

 ISBN 979-11-6143-259-5 94230
979-11-6143-143-7 (세트)

책값은 뒤표지에 있습니다.